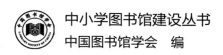

中小学图书馆建设丛书

中国图书馆学会 编

中小学图书馆概论

主 编◎柯 平

副主编◎张 靖

国家图书馆出版社

图书在版编目（CIP）数据

中小学图书馆概论 / 柯平主编 . -- 北京：
国家图书馆出版社，2024.10
（中小学图书馆建设丛书）
ISBN 978-7-5013-7398-7

I.①中… II.①柯… III.①中小学—学校图书馆—
图书馆工作—概论 VI.① G258.69

中国版本图书馆 CIP 数据核字（2021）第 258420 号

书　　名	**中小学图书馆概论**	
	ZHONGXIAOXUE TUSHUGUAN GAILUN	
著　　者	主编　柯平	
	副主编　张靖	
丛 书 名	中小学图书馆建设丛书	
责任编辑	高爽	
封面设计	云水文化	

出版发行	国家图书馆出版社（北京市西城区文津街 7 号　100034）
	（原书目文献出版社　北京图书馆出版社）
	010-66114536　63802249　nlcpress@nlc.cn（邮购）
网　　址	http://www.nlcpress.com
排　　版	金书堂
印　　装	河北鲁汇荣彩印刷有限公司
版次印次	2024 年 10 月第 1 版　　2024 年 10 月第 1 次印刷

开　　本	710mm×1000mm　1/16
印　　张	20.25
字　　数	303 千字
书　　号	ISBN 978-7-5013-7398-7
定　　价	108.00 元

目　录

图表目录

图目录

表目录

前　言

　　当代最成功的世界名人之一比尔·盖茨有一句名言："培养出我今日成就的，是我家乡的一个小图书馆。"① 年幼的比尔·盖茨读小学时，曾在学校图书馆当过义工，他非常喜欢图书馆的排架工作，在图书馆读了大量的书。

　　早在1915年，美国纽约一位中学学监就指出："现代中学最有活力的机构将是它的图书馆。"② 著名幽默作家及专栏作家艾玛·邦贝克说过，"我还是个孩子的时候，我最好的朋友是我的小学里的图书馆员，我当时相信图书馆里所有的书都是她的"③。

　　19世纪俄国文学评论家别林斯基指出，"最伟大的宝藏就是完善的图书馆。发展图书馆，不只是为了拥有众多的藏书，而是为了启迪人们的理性，陶冶心灵，以伟大的著作培养高尚的情操"④。苏联教育家苏霍姆林斯基说："我的教育信仰之一，就是无限信仰书籍的教育力量。学校——首先要有图书。教育——首先就是语言、图书和人们之间活生生的关系。书籍是一种强大的工具，知识丰富并且有感染力的图书，往往可以操纵一个人的命运。"⑤

---

　　① 　比尔·盖茨的成就［EB/OL］.［2023-02-15］.http：//ctsh9910112.blogspot.com/2010/10/blog-post.html.

　　② 　孙光成.世界图书馆与情报服务百科全书［M］.成都：四川民族出版社，1991：28.

　　③ 　Toronto Reference Library Blog［EB/OL］.［2023-02-15］.https：//torontopubliclibrary.typepad.com/trl/2011/07/as-a-child-my-number-one-best-friend-was-the-librarian-in-my-grade-school-i-actually-believed-all-th.html.

　　④ 　续建荣."读者第一"理念探析［J］.科技创新导报，2012（26）：228，230.

　　⑤ 　新教育理论的实践及推广研究总课题组.与理想同行"新教育实验"指导手册［M］.福州：福建教育出版社，2005：53.

中小学图书馆是图书馆的主要类型之一，有些国家称之为学校图书馆（School Library），包括幼儿园和中小学图书馆，还有"图书馆媒体中心"（Library Media Center）、"教学资源中心"（Learning Resources Center）或学校图书馆媒体中心（School Library Media Center）。我国一般称之为中小学图书馆，是中学和小学的有机组成部分，也是学校教育和教学不可缺少的条件。

联合国教科文组织 1980 年发布的《中小学图书馆宣言》（*School Library Manifesto*，国内也有学者译为《学校图书馆宣言》）指出，中小学图书馆是保证学校对青少年和儿童进行卓有成效的教育的一个必不可少的机构，是保证学校取得教育成就的条件，也是整个图书馆事业的不可缺少的组成部分。为适应信息时代中小学图书馆发展的新形势，1999 年联合国教科文组织修订的《中小学图书馆宣言》强调中小学图书馆为全体学校成员提供学习服务、图书和信息资源，这些能使他们成为有批判精神的思想者和各种形式、媒介的信息的有效用户。

在我国，继国家教育委员会 1991 年版《中小学图书馆（室）规程》、2003 年版《中小学图书馆（室）规程（修订）》之后，教育部于 2018 年 5 月颁布新修订的《中小学图书馆（室）规程》（教基〔2018〕5 号）明确指出，图书馆是中小学校的文献信息中心，是学校教育教学和教育科学研究的重要场所，是学校文化建设和课程资源建设的重要载体，是促进学生全面发展和推动教师专业成长的重要平台，是基础教育现代化的重要体现，也是社会主义公共文化服务体系的有机组成部分。

今天，基础教育面临着新的环境。如何培养新一代德才兼备的中小学生，如何提升中小学学习者的学习能力、创新能力与信息素养，如何提高中小学图书馆人员的能力，如何创新图书馆服务并推进中小学图书馆转型，这些都是新形势下迫切需要解决的重要问题。

从图书馆学科建设角度看，中小学图书馆理论研究、中小学图书馆职业教育有着悠久的历史。早在 1924 年，我国著名图书馆学家杜定友先生就受河南省教育厅邀请，前往开封参加河南省第四届小学教员暑期讲习会，会期持续 1 个月时间。杜定友先生在讲习会上主讲"小学图书馆管理法"课程。之后杜定友先生于 1926 年在《中华教育界》发表文章《小学图书馆问题》，1928 年其著作《学校图书馆学》由商务印书馆出版。今天，在图书馆学中，应当建立中小学图书馆学这一分支学科，以科学的理论指导中小学图书馆实践。应在大学图书馆学专业开设中小学图书馆学课程，在图书馆学会建立起中小学图书馆职业培训体系，为中小学图书馆事业可持续发展提供教育培训支撑。

中国图书馆学会一直是中小学图书馆建设与发展的重要领导者。1989 年 9 月中国图书馆学会设立的中小学图书馆委员会①，后成为中小学图书馆分会，承担中小学图书馆事业发展、业务交流、人员培训、行业协作、学术研究等重要任务。1989—1995 年，中国图书馆学会先后组织了六届全国中小学生"让精神世界更美好"读书活动。1993 年 3 月，李鹏总理为读书活动题词"让精神世界更美好"。

本书是中国图书馆学会组织编写的"中小学图书馆建设"丛书中的一本，旨在为广大中小学图书馆工作者提供图书馆知识入门读物，开启图书馆新理念，讲解中小学图书馆基本知识、基本原理和基本方法，促进中小学图书馆工作者业务能力的全面提升。

本书由南开大学信息资源管理系柯平教授担任主编，中山大学信息管理学院张靖教授担任副主编。参加本书编写的既有大学（南开大学、中山大学、云南大学、天津中医药大学、天津音乐学院、江苏第二师范学院等）从事中小学图书馆事业研究的教师和研究生，也有中学（天津南开中学、天津实验中学、天津市第八十中学、广州大学附属中学等）经验丰富的图书馆馆长、馆员与学校教育管理者。

全书由柯平编写大纲后组织研讨和分工编写。各章编写人员如下：第一章（胡娟编写一、二、三节，牛佳宁编写四、五节，柯平修改）；第二章

---

① 陈源蒸,张树华,毕世栋.中国图书馆百年纪事（1840—2000）[M].北京:北京图书馆出版社,2004:306.

（张靖、杨乃一编写）；第三章（柴会明编写）；第四章（李京胤编写，柯平修改）；第五章（裘爽编写一、二节，边荣编写第三节，杨长军修改）；第六章（田克君编写一、二、三节，杨长军编写第四节，柴会明修改）；第七章（奚悦编写一、二、三节，张蓝编写四、五节，刘蕾修改）；第八章（张楠编写）。全书最后由柯平统稿，张靖、胡娟、刘培旺、刘倩雯参加统稿工作。

柯　平

2023 年 9 月 28 日

第一章　中小学图书馆概述

第一节　中小学图书馆的概念

图书馆是搜集、整理、保存、传播和利用文献信息的一种专门机构。中小学图书馆是图书馆的一种类型。国际上一般将图书馆分为包括公共图书馆、学术图书馆、专门图书馆、学校图书馆等在内的共十三类。在我国，一般按行政隶属关系并结合其他标准将图书馆分为国家图书馆、公共图书馆、高等学校图书馆、科学和专业图书馆、中小学图书馆、工会图书馆、军事图书馆等类型。那么，什么是中小学图书馆？这是认识中小学图书馆的首要问题。

一、中小学图书馆的名称

中小学图书馆在国际上称为"学校图书馆"（School Library）。《国际图书馆统计标准》（*Information and Documentation—International Library Statistics*，ISO 2789：2022）[①] 称学校图书馆是"附属于高等教育的学校的图书馆，其主要功能是为这些学校的学生和教师服务"。

20 世纪 60 年代，美国的一些中小学率先将图书馆的服务范围扩大到文献资料以外的其他媒体设施（如电教设备），在已经设有独立的图书馆和媒体中心的学校，也将这两个部门进行了合并。20 世纪 60 年代以后，美国的

---

① ISO 2789：2022（E），Information and Documentation‑International Library Statistics [S].Geneva：ISO，2022.

学校图书馆以及仿照美国模式建立的学校图书馆更多地称作"学校媒体中心""学校图书馆电教中心""教学资源中心"①。

在我国，中小学图书馆包括中学图书馆、小学图书馆，统称为"中小学图书馆"。

二、中小学图书馆的定义

中小学图书馆，是指中小学校设立的专门为学校师生服务的图书馆。关于中小学图书馆（学校图书馆）的概念，国内外有各种各样的解释和界定。

国际图书馆协会与机构联合会（简称"国际图联"，IFLA）发布的《学校图书馆指南（第二版）》（*IFLA School Library Guidelines，2nd edition*）中提出，学校图书馆是一个学校的实体和数字学习空间，在这一空间里，借由阅读、查询、研究、思考、想象和创造，学生实现信息到知识的转化，并获得个人的、社会的和文化的成长。这一实体和数字场所有许多不同的名称（例如学校媒体中心、文献信息中心、图书馆资源中心、图书馆共享学习空间），但"学校图书馆"是最为常用的术语②。

美国图书馆协会（American Library Association，ALA）颁布的与未成年人服务有关的《图书馆权利法案》（*Library Bill of Rights*）的解释文件《学校图书馆资源与服务的利用》（*Access to Resources and Services in the School Library：An Interpretation of the Library Bill of Rights*）③指出，学校图书馆在促进、保护和教育智识自由（Intellectual Freedom）方面发挥着独特的作用，是学生自愿获取信息和思想的一个场所，也是学生学习的实验室，帮助他们获得多元社会所需的批判性思维和解决问题的技能。

日本《学校图书馆法》（1958年版）④规定学校图书馆是指在小学（包括

---

① 于良芝.图书馆情报学概论［M］.北京：国家图书馆出版社,2016：265.

② 学校图书馆指南（第二版）［EB/OL］.［2023-02-15］.https://www.ifla.org/files/assets/school-libraries-resource-centers/publications/ifla-school-library-guidelines-zh.pdf.

③ Appeal of IMC Decision［EB/OL］.［2023-02-15］.https://go.boarddocs.com/wa/ksdwa/Board.nsf/files/CF38551C9351/\$file/14.%20Appeal%20of%20IMC%20Decision%20（transmittal%20and%20attachments）%20-%20April%2029%2C%202022.pdf.

④ 谈维新.（日本）学校图书馆法［J］.广东图书馆学刊,1987（1）：95-96.

盲人学校、聋哑学校及保育学校的小学部）、初中（包括盲人学校、聋哑学校及保育学校的初中部）以及高中（包括盲人学校、聋哑学校及保育学校的高中部）里收集、整理及保存图书、视听教育资料及其他学校教育所必需的资料，并把这些资料提供给中小学生以及教师加以利用，以此协助学校的课程教学，同时以辅助中小学生的健全教育为目的而设置的学校的设施。

韩国《初、中等教育法》第二条规定，学校图书馆是高中及以下各级学校中，以向教师、学生、职员提供服务为主要目的的图书馆[1]。《学校图书馆振兴法》（2008 年）规定，学校图书馆是指在学校以支持学生和教师的学习和教学活动为主要目的的图书馆或图书室[2]。

我国的一些图书馆学著作讨论了学校图书馆和中小学图书馆的概念。王绍平等《图书情报词典》认为，学校图书馆即"中小学图书馆"，中小学图书馆是为中小学教学和学生学习服务的图书馆，担负着为教学提供图书资料、对学生进行思想道德教育、丰富学生的文化科学知识等重要任务，服务对象是学校的教师和学生，藏书侧重于学习参考书、科普读物、自学丛书以及适合青少年阅读的文艺书刊等[3]。黄宗忠《图书馆学导论》指出，学校图书馆是为中小学教学和学生学习服务的中心，其服务对象是中小学的教师和学生[4]。吴慰慈等在《图书馆学概论》中指出，中小学图书馆是中小学的有机组成部分，是学校教育和教学必不可少的条件[5]。

2018 年 5 月 28 日，我国教育部颁布了经过修订的《中小学图书馆（室）规程》（教基〔2018〕5 号），提出图书馆是中小学的文献信息中心，是学校教育教学和教育科学研究的重要场所，是学校文化建设和课程资源建设的重要载体，是促进学生全面发展和推动教师专业成长的重要平台，是基础教育

---

① 段明莲.韩国最新图书馆法研究［J］.大学图书馆学报,2014（3）:35-38.
② 卢海燕.国外图书馆法律选编［M］.北京:知识产权出版社,2014:73.
③ 王绍平,陈兆山,陈钟鸣,等.图书情报词典［M］.上海:汉语大词典出版社,1990:60.
④ 黄宗忠.图书馆学导论［M］.武汉:武汉大学出版社,1988:280.
⑤ 吴慰慈,董焱.图书馆学概论［M］.4版.北京:国家图书馆出版社,2019:120-121.

现代化的重要体现，也是社会主义公共文化服务体系的有机组成部分[①]。

综上所述，国内外对学校图书馆的定义多样，我国常称作"中小学图书馆"。我们所称的中小学图书馆是设立在公办、民办全日制普通中小学（包括特殊教育学校）内，为学生和教师提供学校教育以及个人发展所必需的文献信息资料及相关设施设备、空间和服务等的图书馆。

第二节　中小学图书馆的类型

我国初等教育学校包括普通小学和成人小学；中等教育分为初中阶段教育和高中阶段教育，前者包括初中和成人初中，后者包括高中（普通高中、成人高中）和中等职业教育学校，另外，还有特殊教育学校和工读学校[②]。本书所称中小学图书馆是指设立在以上类型学校的图书馆。

一、普通中小学图书馆

普通中小学图书馆是设立在普通中小学内（普通小学、初中、高中）的图书馆（室），是中小学基本设施与基础教育装备工作的重要组成部分。它与师资队伍、实验设备并称为教学科研的三大支柱。普通中小学图书馆在保障、服务与改善教学方面具有重要作用，既能促进学生形成自主学习与终身学习能力，也能促进教师的个人专业成长，还是推动学习型社会和书香社会建设的重要抓手。具体来看，普通中小学图书馆的作用包括以下几个方面：

1. 助力校园文化建设，提高学生精神素养

中小学时期是加强青少年行为规范、提高青少年心理素质以及培养青少年道德情操与人文素养的关键时期。普通中小学图书馆通过提供各种优秀

---

① 中小学图书馆（室）规程［EB/OL］.［2023-02-15］.http://www.moe.gov.cn/srcsite/A06/jcys_jyzb/201806/t20180607_338712.html.

② 各级各类学校校数、教职工、专任教师情况［EB/OL］.［2023-02-15］.http://www.moe.gov.cn/jyb_sjzl/moe_560/jytjsj_2016/2016_qg/201708/t20170823_311669.html.

读物与举办丰富多样的阅读活动，引导学生阅读经典作品，培养学生阅读习惯与阅读兴趣。在这个过程中，帮助学生提高文化修养、科学素养与综合素质，形成良好的校园文化氛围。

2.丰富课程教学资源，推动学生全面发展

优秀的课程教学不能局限于教材或者课本，而应是师生互动、教学相长的过程。中小学图书馆需要提供基本学科教材以及辅助场所，配合教学工作。尤其是研究性、实践性强的课程，中小学图书馆需要有能力、有资源辅助教师的课程开发，丰富教学内容，提高教学的趣味性。

3.创新学生学习方式，提高学生学习能力

自主学习和终身学习能力的重要性日益凸显。学生学习需要突破传统的被动接受知识的形式，转向更加灵活的自主学习，并培养终身学习的意识。中小学阶段是学生快速形成各项能力的黄金时期。中小学图书馆在辅助学科教学的同时，可以利用自身设施设备等培养学生独立思考、合作交流、创新探索等能力。

4.提供数字化、信息化设施设备

随着信息技术的发展，中小学图书馆需要重视技术在图书馆的利用[①]。借助信息技术升级图书馆阅读空间和服务水平，提升教学效果，提高学生学习的积极性，发挥图书馆对学校学科教育的支撑作用。

5.支持教师学术研究，提高教师教学能力

教师素质对学校的育人质量具有重要影响。为提高自身教学能力与科研能力，中小学教师需要不断掌握新型教学技术与手段，合理设计个人学习规划，持续丰富与扩充个人知识体系。教师的日常教学、自我学习、课题研究等都需要中小学图书馆资源与空间的支持。中小学图书馆可以帮助教师搜集、整理教学资料，增强教师知识储备。

在实际工作中，传统应试教育注重教学，学校管理层未充分认识图书馆在教学中的作用，图书馆事业发展没有得到应有的支持，从而影响和制约了图书馆（室）事业的发展。随着我国基础教育改革的推进，素质教育的重要

---

① 　覃凤兰.中小学图书馆（室）研究综述［J］.图书馆理论与实践,2017（8）:68-72.

性逐渐凸显，这是中小学图书馆发展的重要机遇。中小学图书馆应当积极响应学校发展的需求，提升图书馆的服务水平，承担起应有的责任。

二、中等职业技术学校图书馆

中等职业技术学校图书馆是设立在中等职业技术学校内的图书馆，区别于设立在普通中小学内的图书馆。由于中等职业技术学校与普通中小学在教学目标、教学内容等方面存在较大差异，中等职业技术学校图书馆的建设也与普通中小学图书馆存在差别。

在国民教育体系中，职业教育与社会发展、经济建设的关系最为紧密。在党和政府的重视与支持下，我国职业教育近几年发展迅速。国家先后颁布了《中华人民共和国职业教育法》《国务院关于大力推进职业教育改革与发展的决定》《国务院关于大力发展职业教育的决定》等文件法规以推动我国职业教育建设。相比职业学校的快速发展，中等职业技术学校图书馆的建设与发展在理论与实践中均未得到足够重视，其建设正面临着很大的发展困境：基础设施落后，现代化服务手段缺乏，大多没有独立的馆舍且场地狭小，设备设施落后；馆舍的限制和购书经费的缺乏导致图书馆的藏书不充足，且藏书存在质量低、内容旧、复本量少等问题；管理人才缺乏，管理水平有限导致图书馆的服务水平低下。这类问题均困扰着中等职业教育学校图书馆的发展，限制了其在职业教育中发挥作用。

中等职业技术学校图书馆建设滞后的原因是多方面的：学校领导不重视，其他部门不关心；人员缺乏积极性，工作能力不足；校园阅读氛围不浓厚，缺乏良好的读书风气，师生缺乏利用图书馆的意识；学校图书馆的评估标准与机制不够完善，发展缺乏保障。这些问题共同导致了中等职业技术学校图书馆的发展困境。

我国的职业教育正在不断发展，整体趋势向好。中等职业技术学校图书馆有必要根据学校发展需求，明确学校图书馆在职业教育中的定位，积极寻求解决方案，逐步提升学校图书馆在职业教育中的地位。

三、特殊教育学校图书馆

特殊教育学校是由政府、企业事业组织、社会团体、其他社会组织及公民个人依法举办的专门对残疾儿童与青少年实施的义务教育机构。特殊教育学校图书馆是指设立在特殊教育学校内的图书馆。

我国十分重视特殊教育事业的发展，在 2001 年颁布的《关于"十五"期间进一步推进特殊教育改革和发展的意见》即指出"要加强特殊教育学校图书馆（室）的建设，尤其要根据特殊教育需要配备有关图书、刊物；要加强对特殊教育学校教学仪器设备的配备和管理，争取在较短的时间达到国家规定的要求"[①]。《国家中长期教育改革和发展规划纲要（2010—2020 年）》指出："各级政府要加快发展特殊教育，把特殊教育事业纳入当地经济社会发展规划，列入议事日程。"并提出："到 2020 年，基本实现市（地）和30 万人口以上、残疾儿童少年较多的县（市）都有一所特殊教育学校。各级各类学校要积极创造条件接收残疾人入学，不断扩大随班就读和普通学校特教班规模。全面提高残疾儿童少年义务教育普及水平，加快发展残疾人高中阶段教育，大力推进残疾人职业教育。"[②] 特殊教育事业正面临新的机遇与挑战。

20 世纪 90 年代，全纳教育理念兴起，特殊教育办学模式不断发生变革。残疾人教育优先采取普通教育方式，给予更多残疾儿童进入普通学校的机会；而特殊教育学校则倾向于接收多重和重度残疾学生，并为残疾儿童进入普通学校就读及为社区相关部门服务特殊儿童提供支持性的服务，以此逐渐形成区域性的特殊教育资源中心。教育部等七部门发布的《第二期特殊教育提升计划（2017—2020 年）》明确提出，支持特殊教育学校建立特殊教育资

---

① 　国务院办公厅转发教育部等部门关于"十五"期间进一步推进特殊教育改革和发展意见的通知［EB/OL］.［2023-02-15］.http://www.gov.cn/zhengce/content/2016-10/11/content_5117369.htm.

② 　国家中长期教育改革和发展规划纲要（2010—2020 年）［EB/OL］.［2023-02-15］.http://www.moe.gov.cn/jyb_xwfb/s6052/moe_838/201008/t20100802_93704.html.

源中心，提供特殊教育指导和支持服务①。特殊教育学校图书馆的建设完善程度关系到特殊少年儿童的知识学习和文化生活质量，完备的特殊教育学校图书馆有助于特殊少年儿童克服自身障碍，汲取精神食粮滋养心灵，构建坚强的人生信念，逐步走向自我独立。特殊教育学校与普通中小学存在各方面的差异，尤其是用户的身心障碍使得特殊教育学校图书馆建设比普通中小学图书馆建设更具难度。

意识到差异性与困难度，上海市多年来投入市、区专项经费，支持特殊教育相关重点项目的研究和推进，对特殊教育学校图书馆、普通学校资源教室进行改建，改善学生学习环境，提升教育教学质量②。我国香港特别行政区也十分重视特殊教育，如香港的智障儿童学校图书馆建设得比较好。智障儿童学校是对智障儿童、青少年实施特殊教育的机构，智障儿童学校图书馆担负着为教师、学生和家长提供教学资源、丰富智障儿童精神生活的责任。香港的智障儿童学校图书馆馆舍环境、设施设备、阅读环境建设较好，还划出用于儿童交流、游戏、休闲的空间③，且大多配有多媒体设备和视听资源，能根据智障儿童的特点提供比较全面的资源和服务④。其智障儿童学校图书馆的服务主要分为3类：配合课程发展，为教师提供课程设置、教学法探讨等方面书籍以及大量关于特殊儿童教育、特殊儿童心理与卫生的资源；针对智障儿童特点，设置图书馆课程以及开展图书馆活动；提供"家长图书服务"，为家长提供伴读资源与玩具，促进良好亲子关系，还为家长提供教育子女的相关资源，如书籍、杂志、光盘以及社会服务资讯等⑤。

---

① 教育部等七部门关于印发《第二期特殊教育提升计划（2017—2020年）》的通知［EB/OL］.［2023-02-15］.http://www.gov.cn/xinwen/2017-07/28/content_5214071.htm.
② 上海市：以内涵提升品质,办人民满意的特殊教育［EB/OL］.［2023-02-15］.http://www.moe.gov.cn/s78/A06/gongzuo/ztzl_gdtsjyal/202012/t20201201_502741.html.
③⑤ 陈玉婷,束漫.我国香港智障儿童学校图书馆服务［J］.图书馆论坛,2018（3）：11-15,29.
④ 特殊教育概览［EB/OL］.［2023-02-15］.https://www.edb.gov.hk/tc/about-edb/policy/special/index.Html.

四、工读学校图书馆

工读学校是对有违法和轻微犯罪行为的中学生进行特殊教育的半工半读学校，是普通教育中的一种特殊形式，也是实施九年义务教育的一种不可缺少的教育形式。工读学校的任务是全面贯彻执行教育方针，把有违法和轻微犯罪行为的学生教育、挽救成为有理想、有道德、有文化、有纪律并掌握一定生产劳动技术和职业技能的社会主义公民①。由于工读学校的性质、目的和学生经历特殊，工读学校图书馆的建设与普通中小学图书馆具有较大区别，《关于办好工读学校的几点意见》中指出，"要逐步创造条件，把这类学校办成职业技术教育性质的学校"②。因此，工读学校图书馆的建设也可适度参考中等职业教育学校图书馆的建设，同时着重发挥图书馆在学生政治教育中的作用。

第三节　中小学图书馆的发展历史

中小学图书馆的发展是世界图书馆事业发展的一个重要标志。1958年，美国颁布的《国防教育法》（*National Defense Education Act*）使联邦政府开始将中小学图书馆纳入联邦的财政预算中；1965年，美国通过的《中小学教育法》（*Elementary and Secondary Education Act*）设立1亿美元的中小学图书馆发展专项经费。这两部教育法推动了美国中小学图书馆的发展。在法律的保障与推动下，1950年到2000年期间美国中小学图书馆发展迅速③。

二战结束后，美国对日本的"战后教育改革"政策促使日本重视学生的素质教育和自学能力的培养，重视学校图书馆的作用。1953年，日本颁布了

---

①② 国务院办公厅转发国家教育委员会、公安部、共青团中央关于办好工读学校的几点意见的通知［EB/OL］.［2023-02-15］.https://xuewen.cnki.net/CJFD-GWYB198108003.html.

③ 张丽.推动美国中小学图书馆发展的两部教育法［J］.国家图书馆学刊,2010（3）:89-94.

《学校图书馆法》。作为一部规范学校图书馆的专门法，该法明确规定"学校必须设置图书馆"。在日本，学校是指义务教育阶段的小学和初中，在初中教育基础上的"高等学校"（相当于我国的普通高中和职业高中）以及同级别的特殊教育学校，如聋哑学校、盲人学校、保育学校等①。该法的颁布促进日本的学校图书馆迅速发展。

1980 年，国际图联在菲律宾首都马尼拉召开有关中小学图书馆的会议。会议通过的《学校图书馆宣言》（1980），于 1980 年 12 月由联合国教科文组织正式发布。这部宣言论述中小学图书馆的办馆宗旨、地位和职责、办馆条件、服务内容、资源共享等问题，其中指出："中小学图书馆是保证学校对青少年和儿童进行卓有成效的教育的一项必不可少的事业，是保证学校取得教育成就的基本条件，也是整个图书馆事业的不可缺少的组成部分。"②这对明确中小学图书馆重要性，指导全世界各国中小学图书馆工作具有重要意义。

由于历史原因，我国中小学图书馆的发展过程较为曲折，发展程度也较国外相对落后。我国中小学图书馆伴随着我国图书馆事业发展而发展。

一、萌芽时期（1884—1911 年）

我国真正意义的中小学图书馆诞生于 19 世纪末，源于西方传教士主办的教会学校，如上海的圣芳济书学于 1884 年成立了图书馆，北京的汇文学校也于 1885 年建立了图书馆，两所中学均是当时的教会学校，其办馆方针、管理方法等均来源于西方。这个时期的我国中小学图书馆数量甚少，尚处于萌芽状态。

戊戌变法期间，不少维新派人士主张推行新政要从"开通民智，作育人材"入手，进而要立学校、办报纸、建公共性图书馆等。1902 年颁发的《钦定学堂章程》中的《钦定小学堂章程》和《钦定中学堂章程》中规定中小学

---

① 何兰满，王鸿飞.日本学校图书馆法律体系研究［J］.图书馆建设，2016（3）:85-90.
② 小学图书馆优化课外阅读策略探微［EB/OL］.［2024-05-15］.http://edu.foshan.gov.cn/kslm/fssjyzbw/gzjl/tsgjs/tsggz/content/post_232206.html.

堂应配置图书室^①。除此之外，不少开明之士纷纷撰文倡导建设中小学图书馆，如1909年《教育杂志》第一卷第一期"教育琐谈"栏目发表《藏书楼与学堂之联络》，庄俞在文中指出："近来藏书楼有一事令人不能不为之注备，即兼备儿童图书馆书籍也。不特兼备儿童用书籍，如公立藏书楼，且与学堂互相联络矣。"^②这类文章的发表对中小学图书馆的建设起到一定的倡导与促进作用。1910年建立的上海工部局立华童公学图书馆、1911年建立的上海市立万竹小学图书馆和1912年建立的北平公立第一中学图书馆都是著名的中小学图书馆^③。

二、初创时期（1912—1948年）

（一）政府倡导推动（1912—1919年）

1912年，国民政府成立教育部，有关图书馆的事情由社会教育司负责管理。1915年，国民政府教育部颁发了《图书馆规程》和《通俗图书馆规程》，这两部规程是我国历史上最早由政府颁布并在图书馆实践中发挥重要作用的图书馆法规^④。《图书馆规程》第二条规定"公立、私立各学校、公共团体或私人，依本规程所规定得设立图书馆"，《通俗图书馆规程》第一条也规定"私人或公共团体、公私学校及工场，得设立通俗图书馆"^⑤。两个规程的颁发，在一定程度上倡导建设学校图书馆，从而推动了该阶段学校图书馆的建立。这一时期有较多公立学校设立图书馆，如广东省立一中图书馆（1912年）、北京市立一中图书馆（1912年）、北京市立三中图书馆（1912年）、北京市立四中图书馆（1912年）、北京市立女一中图书馆（1913年）和天津扶轮中学图书馆（1918年）等。许多私立学校也成立了图书馆，如北京的贝满中学图书馆（1912年）、崇实中学图书馆（1918年），天津的南开

---

① 清末和民国时期四川图书馆业大事记［EB/OL］.［2023-02-15］.https://www.guayunfan.com/baike/166127.html.

② 吉士云.图书馆学导论［M］.呼和浩特:远方出版社,2004:194.

③ 唐巧进.浅议县级公共图书馆与学校图书馆合作中的几个问题［J］.中国科教创新导刊,2014（13）:251-252.

④⑤ 李彭元.《图书馆规程》和《通俗图书馆规程》的公共图书馆思想研究［J］.图书馆理论与实践,2013（1）:78-80,85.

中学图书馆（1916 年），上海的启秀女中图书馆（1915 年）、沪北中学图书馆（1918 年）等。

（二）扩充兴建（1920—1936 年）

20 世纪 20 年代至 30 年代，随着我国图书馆事业发展整体进入高潮时期，我国中小学图书馆也不断扩充与兴建。

1925 年，中华图书馆协会对全国图书馆进行调查，全国图书馆共有 502 所；1929 年，全国图书馆数目已达 1428 所，其中学校图书馆 387 所，占 27.1%；1931 年全国图书馆共有 1527 所，其中学校图书馆 413 所[①]。图书馆事业的整体发展，尤其是学校图书馆（主要是大学图书馆）的快速发展对中小学图书馆产生了积极的影响。截至 1936 年，中国共有 162 所中小学图书馆[②]。

这一时期，中小学图书馆的建设具有一定规模，但是藏书量上两极分化现象较严重，发展较不平衡。据对北京、天津、上海、杭州、广州五城市的统计，1920 年至 1936 年共建立中学图书馆 99 所、小学图书馆 9 所。其中公立中学建立图书馆 22 所，私立中学建立图书馆 77 所，公立小学建立图书馆 6 所，私立小学建立图书馆 3 所。藏书最多的中学图书馆藏书达到 6.6 万册（北京孔德学校图书馆），藏书在 3 万册以上的中学图书馆有 5 所，2 万册以上的中学图书馆有 8 所，1 万册以上的有 31 所；藏书最少的北京市立三中图书馆只有 2000 册。小学图书馆藏书建设方面两极分化现象也较严重，藏书最多的小学图书馆藏书达到 15 000 册（广州中山大学附属小学图书馆），藏书最少的是上海中华小学图书馆，藏书只有 763 册[③]。

（三）萧条低落（1937—1948 年）

1937 年以后，日本大规模入侵中国，在战争的破坏下，各地中小学图书馆遭受巨大的损失。1945 年抗日战争胜利后，国民政府政治腐败、物价飞涨，全国教育事业处于十分萧条的状态，中小学图书馆也无从恢复和发展。直到

---

① 谢灼华.论 20 世纪前半叶的中国图书馆 [J].大学图书馆学报,1999（6）:22-28.

② 中国大百科全书总编辑委员会.中国大百科全书 图书馆学·情报学·档案学 [M].北京:中国大百科全书出版社,1998:608.

③ 张树华,董焱.中小学图书馆工作概论 [M].北京:海洋出版社,1993.7-8.

1949年中华人民共和国成立以后，我国的中小学图书馆事业才得到迅速发展[①]。

三、开启新事业时期（1949—1976年）

1949年10月1日，中华人民共和国成立。随着基础教育事业的发展，我国中小学图书馆开启了社会主义初等教育图书馆事业的新时期。

1949年至1957年，中小学图书馆事业破旧立新。1949年到1952年，我国对1949年前留下的中小学进行改造、整顿和调整，全国中小学数量有所减少。我国普通中学从1949年的4045所减少到1952年的3300多所，因此中小学图书馆的数量也略有下降。1953年到1957年，我国中小学教育得到很大发展，1957年普通中学达到了11 096所[②]。1956年，教育部发出《关于指导小学生阅读少年儿童读物的指示》，要求为中小学生提供更多的阅读场所，引导他们在多读书、读好书的活动中开阔视野、增长知识、陶冶情操、健康成长[③]。在中小学发展的背景下，中小学图书馆事业发展较快，部分原有和新建的完全中学和中心小学建立了图书馆（室），部分中小学则采取各种方式在部分教学班建立图书角。

"大跃进"时期，中小学图书馆事业也遭遇了挫折。这一时期极左思潮盛行，导致中小学数量增长太快。1958年，普通中学一下子增加到28 931所。1959至1961年，中小学图书馆经费出现困难，数量难以增加[④]。

1962年，我国度过了经济困难时期，中小学数量大幅度上升。至1966年，普通中学增加到55 010所，大中城市的重点中小学大都建立独立的图书馆（室）。在购书经费方面，1963年8月31日，教育部颁发《购买教学图书问题》[⑤]的通知，提出"各厅、局与财政厅商量，注意今后经费中小学多安排一些图书经费，尽可能按用款计划，使学校能有计划地订购各种必需的图

①　张树华,董焱.中小学图书馆工作概论［M］.北京:海洋出版社,1993:33.

②④　吉士云,芮国金.我国中小学图书馆事业历史发展现状［J］.中小学图书情报世界,2004（3）:3-11.

③　王晓芳,胡圣方,宋晓琴.西北地区少数民族信息资源开发与阅读文化构建［M］.兰州:甘肃人民出版社,2014:97.

⑤　吉士云.图书馆学导论［M］.呼和浩特:远方出版社,2004:200.

书"，推动了这一阶段中小学图书馆的藏书量进一步增加。

1966 年到 1976 年，中小学图书馆事业遭到巨大破坏，中小学图书馆的馆藏文献遭到损毁，原有藏书被禁锢、处理，无新文献入藏，图书馆人员的工作队伍遭到破坏，有些中小学图书馆甚至关门。

这一时期，虽然我国中小学图书馆事业遭遇了一定的挫折与困难，但是伴随着新中国成立后我国政治、经济、文化各方面的恢复，中小学图书馆事业也整体向前发展。

四、恢复重建时期（1977—1988 年）

"文化大革命"结束后，我国中小学图书馆事业步入新的历史时期。教育事业开始恢复和发展，一些地方教育部门和学校逐步认识到加强中小学图书馆（室）建设的重要意义。1978 年，党的十一届三中全会开启了改革开放历史新时期。

20 世纪 80 年代，在国家有关部门的重视和领导下，全国各地先后开展了一系列整顿和加强中小学图书馆建设的工作，中小学图书馆事业得以恢复和发展[①]。我国中小学图书馆真正迎来了从停顿走向恢复和建设的新时期。

1981 年 5 月 12 日，文化部、教育部、共青团中央联合召开了"全国少年儿童图书馆工作座谈会"，会议对当时中小学图书馆（室）基础十分薄弱的客观事实有了明确认识，并也对办好中小学图书馆（室）提出要求。同年 7 月，国务院办公厅转发《关于全国少年儿童图书馆工作座谈会的情况报告》，报告要求"各地文化、教育部门和共青团、少年队组织，要密切配合，加强协作，在少年儿童文化艺术委员会的指导下，并取得妇联、工会和出版发行部门的支持，建立经常性的联系，共同研究解决少年儿童图书馆事业建设和开展读书活动中的有关问题，为下一代的健康成长做出应有的贡献"。"各地要加强领导，从当地情况出发作出规划，分期分批进行中小学图书馆（室）的恢复和建设。建议各地在分配普通教育经费时，应按学生（或班级）

---

① 吴梦.我国中小学图书馆阅读指导课发展路径探析［J］.新世纪图书馆,2018（9）:33-37.

数目安排一定数量的图书购置费"①。国家对于中小学图书馆事业发展给予高度重视。

1981 年，教育部转发《天津市中小学图书馆工作条例》，这是 1949 年后经教育部批转的首个中小学图书馆（室）工作方面的章程。1982 年到 1987 年，重庆、天津、上海、南京、延吉、浙江和哈尔滨等地先后制定了中小学图书馆条例以保障当地中小学图书馆建设，对巩固和提高地方中小学图书馆建设水平起到了积极促进作用。我国中小学图书馆事业从单一发展模式转变为多种发展模式，图书馆的数量迅速增加。

五、快速发展时期（1989—2002 年）

1989 年 1 月，国家教育委员会（简称国家教委）在北京召开全国中小学图书馆工作会议，会议讨论了《关于中小学图书馆工作的若干规定》（征求意见稿），并成立了全国中小学图书馆协会筹备组②。这是 1949 年以来召开的第一次全国性中小学图书馆工作会议，标志着我国中小学图书馆建设逐步走上正轨。

1991 年，国家教委办公厅在全国高等学校图书情报工作委员会基础上，成立了国家教育委员会图书馆工作委员会，配合行政部门，对全国大、中、小学图书情报事业进行研究、协调、咨询和业务指导③。同年，国家教委颁发了《中小学图书馆（室）规程》，对中小学图书馆（室）的书刊资料、管理机构和工作人员、条件保障等内容予以规范，这是 1949 年后我国中小学图书馆领域第一部具有法规性质的文件，具有里程碑意义，标志着我国中小学图书馆建设趋向科学化、规范化。在此之后，我国各地掀起贯彻落实《中小学图书馆（室）规程》的热潮，一些省市结合本地实际制定、出台相关规章或规程性文件、发展规划及针对《中小学图书馆（室）规程》的实施

---

①　国务院办公厅转发文化部等单位关于全国少年儿童图书馆工作座谈会的情况报告的通知［EB/OL］.［2024-05-15］.http://www.reformdata.org/1981/0724/17071.shtml.

②　邹华享.中国图书馆事业 1989 年大事记［J］.图书情报知识，1991（2）：56-58.

③　国家教委办公厅关于成立国家教育委员会图书馆工作委员会的通知［EB/OL］.［2024-10-30］.https://law.lawtime.cn/d528630533724.html.

细则等，明确本地区中小学图书馆（室）的工作标准和具体任务，并通过采取阶段性评估验收等措施，推动中小学图书馆全面高速发展和规范建设。全国各级还相继建立健全中小学图书馆（室）主管部门、装备部门、图工委，有的地方成立相关的学会、协会和专业委员会。1993 年 9 月国家教委条件装备司和国家教委中小学图工委创办并公开发行《中小学图书情报世界》，极大促进中小学图书馆事业的信息交流和学术研究[①]。

1992 年开始，国家教委条件装备司向全国出版社征集适合中小学读者阅读的书目，聘请专家、学者对提交书目进行审核，并按年度编制《全国中小学图书馆（室）必备书目》。1998 年，条件装备司在机构改革中被撤并，其中小学图书馆管理职能被调整到基础教育司技术装备处[②]。基础教育司技术装备处的课程教材发展中心继承书目发布工作，并于 1999 年发布《1998—1999 年度高中图书馆（室）推荐书目》《1998—1999 年度初中图书馆（室）推荐书目》《1998—1999 年度小学图书馆（室）推荐书目》，但名称已由"必备书目"改为"推荐书目"。

20 世纪 90 年代末，在现代信息技术发展和我国科教兴国战略的驱动下，中小学图书馆迎来新的机遇和挑战。我国基础教育开始从"应试教育"向"素质教育"转变，中小学图书馆也逐渐由封闭走向开放，步入信息化与现代化建设。1996 年 11 月 25—28 日，《中小学图书情报世界》编辑部和常州市教委受国家教委委托，在江苏省常州市召开了"全国首届中小学图书馆计算机管理研讨会"[③]，来自全国各地的中小学图书馆上级主管部门代表、中小学图书馆（室）工作者、相关专家学者、信息公司代表等 200 余名代表就中小学图书馆现代化与素质教育、软硬件建设、标准化问题、现代化与人才培训等进行深入交流，分享学术研究成果，这是中小学图书馆事业迈入现代

---

① 吉士云,芮国金.我国中小学图书馆事业历史发展现状[J].中小学图书情报世界,2004（3）:3-11.

② 于本梅,王颖,叶梅.关于中国教育装备的重大改革事件——王富访谈[J].中国现代教育装备,2013（22）:74-77.

③ 儒言剑文.抓住机遇 促进发展——全国首届中小学图书馆计算机管理研讨会综述[J].中小学图书情报世界,1997（1）:3-4.

化、自动化管理的重要标志。之后，适于中小学图书馆（室）使用的管理软件相继研制成功并投入使用，全国基础教育网络开通。2000年11月14日，教育部发布《关于在中小学实施"校校通"工程的通知》和《中小学信息技术课程指导纲要（试行）》等文件，为我国中小学图书馆（室）实现现代化管理创造良好条件。

这一时期，我国中小学图书馆事业拥有更具指导性和操作性的政策法规文件，拥有明确的管理部门，并积极吸纳先进技术，中小学图书馆事业快速发展。

六、变革发展时期（2003年至今）

2003年3月，教育部印发《中小学图书馆（室）规程（修订）》，使其更加适用于21世纪中小学图书馆的发展。随后5年，中小学图书馆研究成为热点，产生了丰富的以中小学图书馆现代化为主题的研究成果，也开始出现以中小学图书馆建设现状和发展方向为研究内容的硕士论文。学术研究的不断加强，使得中小学图书馆的实践工作有了更多的理论指导。

2008年以来，我国中小学图书馆事业的发展渐趋稳定，但也进入"瓶颈期"，需要创新发展模式，以更好地匹配我国快速发展的基础教育事业。2011年，教育部和新闻出版总署联合下发《教育部、新闻出版总署关于进一步加强中小学图书馆（室）图书配备和管理工作的通知》，指导中小学图书馆（室）图书配备和管理工作。2015年5月20日，教育部、文化部、国家新闻出版广电总局联合发布《关于加强新时期中小学图书馆建设与应用工作的意见》（教基一〔2015〕2号），该意见针对我国中小学图书馆不同程度地存在馆藏质量不高、图书馆与教育教学融合不够等突出问题，提出一系列具有针对性的工作举措，明确新时期中小学图书馆的发展定位[1]。

为贯彻党的十九大精神，落实立德树人根本任务，加强对中小学图书馆（室）工作的指导，2018年，教育部对《中小学图书馆（室）规程（修订）》

---

[1]　共筑学生精神家园　促进学生健康成长——教育部等三部门联合印发《关于加强新时期中小学图书馆建设与应用工作的意见》[EB/OL].［2023-02-15］.http://www.moe.gov.cn/jyb_xwfb/gzdt_gzdt/s5987/201506/t20150601_188733.html.

进行了修订，印发了《中小学图书馆（室）规程》（教基〔2018〕5 号），2018 年版规程针对中小学图书馆发展所面临的问题进行系统性完善，具有更强的现实性、指导性和可操作性。2019 年，为贯彻全国教育大会精神，配合新版规程的要求，进一步提高中小学图书馆（室）图书质量，推动中小学生阅读活动深入开展，教育部办公厅印发《2019 年全国中小学图书馆（室）推荐书目》，将其作为中小学图书馆（室）馆藏建设的主要参考依据，指导全国中小学图书馆（室）合理配置纸质图书①。

随着信息技术的快速发展，中小学图书馆也进入智能化、智慧化的转型期。2021 年全国中小学图书馆工作会议上，中国图书馆学会中小学图书馆分会主任李玉先提出希望全国中小学图书馆能充分利用中小学图书馆分会平台优势，积极结合新一代信息技术，实现图书馆服务创新，做师生读者需要的图书馆②。中小学图书馆融合信息技术发展已是大势所趋，运用大数据、物联网、云计算等信息技术，开发智能感知、处理、分析与推送等多样化功能，满足中小学生的使用需求，符合当前智慧图书馆建设的发展需求。例如，2021 年 1 月，《安徽省中小学智慧图书馆（室）建设指南》提出，要"建设快速、高效、安全的智慧图书馆服务体系，不断提高图书馆建设与管理的智能化水平，引导学生'爱读书、多读书、读好书'，打造信息化、智能化和个性化的书香校园"③。

2021 年 7 月，《教育部办公厅关于支持探索开展暑期托管服务的通知》（教基厅函〔2021〕30 号）提出"供托管服务的学校应开放教室、图书馆、运动场馆等各类资源设施，在做好看护的同时，合理组织提供一些集体游戏

---

① 教育部办公厅关于印发《2019 年全国中小学图书馆（室）推荐书目》的通知［EB/OL］.［2023-02-15］.http：//www.moe.gov.cn/srcsite/A06/s3321/201911/t20191112_407873.html.

② 2021 年中国图书馆学会中小学图书馆分会工作会议成功召开［EB/OL］.［2024-05-09］.https：//www.caigou.com.cn/news/2021052416.shtml.

③ 安徽省中小学智慧图书馆（室）建设指南［EB/OL］.［2023-02-15］.https：//www.ah.gov.cn/szf/zfgb/553945751.html.

活动、文体活动、阅读指导、综合实践、兴趣拓展、作业辅导等服务"①，暑期托管服务的逐渐开展，将对中小学图书馆产生新的需求。

随着我国图书馆事业一体化发展，我国中小学图书馆与公共图书馆事业的共建共享工作逐步推进，如浙江省温州市教育局、温州市文化广电旅游局联合出台《关于推进温州市公共图书馆和学校图书馆"馆校通"工程的实施意见》，提出"到2023年底之前，实现公共图书馆与中小学图书馆互联互通、互借互还"②。中小学图书馆与公共图书馆事业的联动发展，能够有效满足市民、教师、学生的文献信息需求，有利于提高阅读资源利用率，促进全民阅读。

进入新时代后，我国高度重视中小学图书馆事业的发展。互联网、物联网、大数据、云计算等新技术发展迅速以及我国基础教育事业的不断完善，对我国中小学图书馆事业提出变革转型的时代发展需求。中小学图书馆必须积极适应环境的变化，提升自身建设水平，以更加符合新时代对于中小学图书馆事业的要求，从而充分发挥中小学图书馆在我国基础教育中的重要作用。中小学图书馆人应当充分认识到中小学图书馆所需承担的责任、所面临的机遇及挑战，积极把握时机，承担起新时代给予中小学图书馆的新使命。

第四节　中小学图书馆的性质与地位

一、中小学图书馆的性质

一般来说，图书馆具有社会性、服务性、学术性、教育性等性质。中小学图书馆因其特殊的服务对象和服务内容，其性质与特征主要是服务教学、

---

① 教育部办公厅关于支持探索开展暑期托管服务的通知［EB/OL］．［2023-02-15］．http://www.moe.gov.cn/srcsite/A06/s3321/202107/t20210708_543210.html.

② 中小学图书馆与公共图书馆将一卡通［EB/OL］．［2023-02-15］．http://www.wenzhou.gov.cn/art/2020/9/1/art_1217380_55894038.html.

阅读指导、科学专业性。

（一）服务教学

中小学作为基础教育的实施机构，所有工作与活动都紧密围绕贯彻教育方针、培养德智体美全面发展人才的中心任务开展，中小学校园活动首先也要围绕教育教学这个中心任务开展[①]。因此中小学图书馆本质上利用各类资源为在校师生提供知识型服务和辅助型服务。

（1）知识型服务。中小学图书馆将文献作为工具，通过书刊资料的借阅、宣传、推荐等方式来满足学校师生教与学的需要。它以传播科学文化知识为主要服务目的，所以它提供的是一种知识型服务[②]。

（2）辅助型服务。中小学图书馆以提供教学参考资料和教育信息等方式，为教学服务，为学校管理服务。图书馆提供的教育信息服务，是对教师教学的辅助，能帮助教师提高教学质量，取得较好的教学效果。图书馆要参与教师的日常教学活动，要根据教学计划和教学要求为教师提供相应的图书资源、充实和丰富教学参考资料，这对教师迅速获得教学信息、提高课堂质量、取得教学效果有较大的影响。《中小学图书馆宣言》（1999）指出，中小学图书馆要"紧密配合学校的教育大纲，促进教育事业的发展和改革"，"配合学校全部课程的设置及实施，选择和编制有关资料，促进课程顺利进展"[③]。

（二）阅读指导

中小学图书馆从职业立场出发，应该在校园阅读活动中发挥重要作用，这种地位"得天独厚、独一无二"，作为校园阅读活动的主力军"当仁不让、非我莫属"[④]。中小学图书馆通常收藏了大量的图书，这些图书涵盖了各个学科和领域，为学生提供了广泛的阅读选择。图书馆员通常具备专业的图书管理知识和阅读指导能力，能够为学生提供有效的阅读建议和帮助。图书馆可以组织策划各类阅读活动，如读书节、书展、阅读分享会等，为学生

①④　杨玉麟,王铮,赵冰.中小学图书馆在校园阅读活动体系中的主体作用及未来路向[J].中国图书馆学报,2022（5）:43-58.

②　施建国.中小学图书馆管理[M].杭州:浙江文艺出版社,2008:11.

③　联合国教科文组织.《中小学图书馆宣言》[J].中国现代教育装备,2004（8）:74.

提供多样化的阅读体验。图书馆可以积极与其他教育机构合作，共同开展阅读推广活动，扩大阅读活动的影响力和覆盖面。图书馆通过举办各类阅读活动，能够激发学生的阅读兴趣，引导他们养成良好的阅读习惯。并且图书馆需要不断创新发展，引入新的阅读理念和技术手段，提高阅读活动的质量和效果。

（三）科学专业性

中小学图书馆的工作本身就是一种学术性工作。中小学图书馆对于馆内的文献处理，并不仅是简单地随意罗列，而是需要进行组织和整理，使之成为一个科学的知识体系[①]。文献分类、文献管理、文献数字化等都是带有研究性质的学术性工作，没有一定科研能力的人是很难胜任的[②]。同时，在读者服务的过程中，中小学图书馆人员根据读者需求，有针对性地搜集和推荐各类资料的过程，也是研究的过程，这一过程也可以体现中小学图书馆的学术性。中小学图书馆活动是整个学校学术研究活动不可分割的组成部分。素质教育要求加大在教学科研上的投入，这无疑把图书馆推上一个新的位置，即加强对教学科研的服务，成了中小学图书馆一个更加重要的任务。中小学图书馆作为校内书刊齐全、资料广泛的信息聚散中心，以其丰富的资料和大量的信息作为保障，为教师提供教学科研的信息服务。中小学图书馆要参与学校学术科研项目，主要包括科研题目的选择、科研计划的制定、科研资料的收集、科研成果的鉴定和查新及本校教育科研成果保存等。这就要求中小学图书馆进一步加强学术科研信息的收集和服务，丰富各种科研参考资料、教学论文集、工具书和科研信息等，掌握科研领域的最新动态，提供参考咨询服务和出具查新报告。

二、中小学图书馆的地位

《中小学图书馆（室）规程》（教基〔2018〕5号）第一章"总则"第三条对中小学图书馆的地位作出了明确指示："图书馆是中小学校的文献信息

---

①　施建国.中小学图书馆管理［M］.杭州:浙江文艺出版社,2008:13.

②　吴慰慈,董焱.图书馆学概论［M］.4版.北京:国家图书馆出版社,2019:79.

中心，是学校教育教学和教育科学研究的重要场所，是学校文化建设和课程资源建设的重要载体，是促进学生全面发展和推动教师专业成长的重要平台，是基础教育现代化的重要体现，也是社会主义公共文化服务体系的有机组成部分。"①

中小学图书馆是中小学文献信息中心，需要根据实际情况，针对不同年级的读者和不同学科的教师，收集中小学教育教学和教育科学研究等方面的文献信息，包括纸质文献信息和数字文献信息，来为全校的师生提供文献服务②。

中小学图书馆是中小学教育教学和教育科学研究的重要场所，有着大量丰富的有关教育教学的图书资料，同时，教师可在图书馆的帮助下，获取更多的教育资源。中小学图书馆为教师的教育科学研究提供极大的便利条件，如美术课的教师可使用图书馆的艺术类文献资源授课。中小学图书馆教学资源的合理使用，也会使教学效率提升。

中小学图书馆是学校文化建设和课程资源建设的重要载体。图书馆是学校的文化窗口、文化高地，图书馆的形象代表着学校的形象。图书馆是一个文化氛围浓郁的地方，也是一个学校"文化"的象征，对学生会有潜移默化的影响，这是任何课程都无法比拟的。新课改实施之后，对课程资源有了更高的要求，需要学生更多地利用课余时间学习知识，充分利用好学校图书馆，以作为对课程资源的补充。同时，学生还可以在课余时间，利用学校图书馆的资源，来完成老师布置的作业。

中小学图书馆是促进学生全面发展和推动教师专业成长的重要平台。中小学图书馆要重视学生的全面发展，包括学生的智力、体力、才能、志趣和道德品质等多个方面。中小学图书馆定期举办、开展的系列课外活动，能够丰富中小学生的课余生活，让孩子们"学会读书、学会用书"，培养学生批判性思维、综合解决问题能力、心理抗压能力。同时，中小学图书馆组织的

---

① 中小学图书馆（室）规程（2018）［EB/OL］.［2023-02-15］.http://www.moe.gov.cn/srcsite/A06/jcys_jyzb/201806/t20180607_338712.html.

② 江苏省教育装备与勤工俭学管理中心.中小学图书馆管理与服务［M］.修订版.北京：国家图书馆出版社，2010：13.

一些学术交流会议，能够帮助教师学习先进的教学经验和教学案例，推动教师的专业成长。

中小学图书馆是基础教育现代化的重要体现。教育现代化包括教育观念现代化、教育内容现代化、教育装备现代化、师资队伍现代化、教育管理现代化等。中小学图书馆现代化作为基础教育现代化的重要组成部分，突出表现为：信息载体的多样化，不再只有传统的纸质文献资源，即更加注重数字资源的建设；随着新技术的应用，图书馆网站能够提供的新型学习模式，开拓学生的自主学习方式，图书馆网站给学生的学习提供了更为广阔的平台，打破时间、地域的约束①。

中小学图书馆是社会主义公共文化服务体系的有机组成部分。中共中央办公厅、国务院办公厅印发《关于加快构建现代公共文化服务体系的意见》中，明确指出，"要保障特殊群体基本文化权益……开展学龄前儿童基础阅读促进工作和向中小学生推荐优秀出版物、影片、戏曲工作"②。中小学图书馆最主要的服务对象是中小学生，中小学图书馆的重要使命之一就是要保障未成年人群体的基本文化权益。

第五节 中小学图书馆的任务与定位

一、中小学图书馆的任务

《中小学图书馆（室）规程》（教基〔2018〕5号）中指出，"中小学图书馆的主要任务是：贯彻党的教育方针，培育社会主义核心价值观，弘扬中华优秀传统文化，促进学生德智体美全面发展；建立健全学校文献信息和服务体系，协助教师开展教学教研活动，指导学生掌握检索与利用文献信息的知

---

① 江苏省教育装备与勤工俭学管理中心.中小学图书馆管理与服务［M］.修订版.北京：国家图书馆出版社，2010：250-254.
② 关于加快构建现代公共文化服务体系的意见［EB/OL］.［2023-02-15］.http://www.gov.cn/xinwen/2015-01/14/content_2804250.htm.

识与技能；组织学生阅读活动，培养学生的阅读兴趣和阅读习惯"[①]。

（一）贯彻党的教育方针

中小学图书馆要根据党的教育方针，在教育改革中起到相应的作用。《国务院关于基础教育改革与发展的决定》指出，要"大力普及信息技术教育，以信息化带动教育现代化。……各级人民政府和教育行政部门要重视常规实验教学，因地制宜地加强中小学实验室、图书馆（室）及体育、艺术、劳动技术等教育设施的建设，并充分向学生开放，提高教学仪器设备、图书的使用效益。鼓励各地乡（镇）中小学建立中心实验室、图书馆等，辐射周边学校"[②]。

（二）培育社会主义核心价值观

树立社会主义核心价值观是时代要求，是国家繁荣昌盛的必备条件。习近平总书记曾总结社会主义核心价值观，指出爱国、敬业、诚信、友善是公民层面的价值要求[③]。作为中小学生的"第二课堂"，中小学图书馆要肩负起培育社会主义核心价值观的任务。首先，全面提供利于培育社会主义核心价值观的文献资料，保证采购渠道的正规性和内容的权威性，不仅要有纸质资源，还要有数字资源。其次，做好知识的二次加工。对于一些超出中小学生认知范围的内容，中小学图书馆要运用多种载体，以生动活泼的形式将其表达出来，便于低年级同学的理解，深入持久地进行社会主义核心价值观的学习和宣传教育活动，通过切实有效的途径不断增强学生对社会主义核心价值观的认识、认知、认同、践行。最后，提升图书馆人员自身的服务质量，改善服务态度。图书馆人员要以身作则、言传身教，在日常的工作中，用自己的实际行动影响读者，起到模范带头作用。

---

① 中小学图书馆（室）规程（2018）［EB/OL］.［2023-02-15］.http://www.moe.gov.cn/srcsite/A06/jcys_jyzb/201806/t20180607_338712.html.

② 国务院关于基础教育改革与发展的决定［EB/OL］.［2023-02-15］.http://www.gov.cn/gongbao/content/2001/content_60920.htm.

③ 树立社会主义核心价值观，习近平这些话要牢记［EB/OL］.［2024-05-15］.http://www.xinhuanet.com/politics/2018-07/25/c_1123173737.htm.

（三）弘扬中华优秀传统文化

中华优秀传统文化，是中华文明创造力的源泉，是中华民族发展历史上道德传承、文化思想、精神观念形态的总体。因此，优秀传统文化教育应贯穿学校教育的始终。中小学图书馆作为中小学课堂教育的延伸，在弘扬中华优秀传统文化有着不可替代的作用。教育部在《基础教育课程改革纲要（试行）》中提出，课程改革的目标，是要使学生具有爱国主义、集体主义精神，热爱社会主义，继承和发扬中华民族的优秀传统和革命传统[①]。

在具体实际操作中，中小学图书馆可以在特定时期，如传统节日，开展传统文化知识竞赛、征文比赛等活动，吸引中小学生主动弘扬中华优秀传统文化，加深中小学对于中华优秀传统文化的了解。图书馆要设立服务专员，在馆内摆放一些有关传统文化的故事海报，让同学们一进入图书馆就受到中华优秀传统文化的熏陶，为他们营造一个适宜的文化氛围和环境。同时，还应开展各种特色的传统文化讲堂，结合各种讲座、展览等方式，弘扬中华优秀传统文化。

（四）促进学生德智体美劳全面发展

教育是全方位的，我们不能只重视学生的智育发展，还要提升学生的综合素质，促进学生德育、智育、体育、美育、劳动教育全面融合，使学生成为德智体美劳全面发展的社会主义建设者和接班人。

中小学图书馆应合理配置各类资源，要按照《中小学图书馆（室）藏书分类比例表》保证各类文献资源的比例。2019 年 4 月，教育部印发的《关于开展向全国中小学图书馆（室）推荐优秀图书活动的通知》强调，这次活动重点推荐的图书包括注重提高学生科学文化素质，促进学生德智体美劳全面发展的优秀图书[②]。中小学图书馆应以 2019 年 10 月印发的《2019 年全国中小学图书馆（室）推荐书目》为主要参考依据，根据适读对象，结合各校的

---

① 基础教育课程改革纲要（试行）［EB/OL］.［2023-02-15］.http：//www.gov.cn/gongbao/content/2002/content_61386.htm.

② 关于开展向全国中小学图书馆（室）推荐优秀图书活动的通知［EB/OL］.［2023-02-15］.http://www.moe.gov.cn/jyb_xwfb/gzdt_gzdt/s5987/201904/t20190408_376980.html.

实际情况，合理配置纸质图书及各类文献资源^①。

中小学图书馆应有效整合各类教育资源，加强与科技馆、博物馆、美术馆等专业机构的合作，让它们走进校园，积极引导学生参加各类社会实践。这些单位的专业性更强，可以为中小学生的全面发展提供更好的帮助。

（五）建立健全学校信息服务体系，协助教师开展教学教研活动

中小学图书馆是中小学的信息中心，要根据学校的实际情况，多种类、多渠道、多载体地选择、采购各类型文献，除各类图书期刊外，还应该注重对学科教育资源的集藏，如各科目习题、考试试卷、网络课程等。同时，中小学图书馆也是学校教育和教学研究的服务中心。

中小学图书馆作为服务机构，要做好以下几个方面的工作：

首先，要明确服务对象。中小学图书馆不同于公共图书馆，它的服务对象主要是学校的学生和老师，服务要围绕学校，面向师生，面向实际教学活动。中小学图书馆作为学校的教学辅助机构和科研辅助机构，要协助教师开展教学教研活动，要在学校各有关部门的配合下，采用丰富多彩的形式，举办各种类型活动，激发学生的学习热情。

其次，要转变服务态度。服务态度的转变是多方面的，小到图书的排架，大到工作人员的沟通能力，要做到"以人为本，事无巨细"。同时还要做好导读工作，了解当下的图书热点，撰写书籍介绍、推荐理由等参考信息，要根据读者不同年级来有针对性地做好图书推荐工作。

最后，要提升服务质量。中小学图书馆要建立完善的馆内制度，包括竞争机制、奖惩机制和评估机制，竞争上岗，优化组合，形成良好的工作环境，从而提高工作效率并提升服务质量。图书馆人员则应具有过硬的专业素质，提升自学能力，不断学习新方法和新技术，培养创新思维。

（六）指导学生掌握信息检索与利用文献信息的知识与技能

信息时代对中小学生教育工作提出新的更高的要求。掌握信息检索与利用文献信息的知识与技能就是其中之一，该技能对于中小学生发展的重要性

---

① 2019年全国中小学图书馆（室）推荐书目［EB/OL］.［2023-02-15］.http://www.moe.gov.cn/srcsite/A06/s3321/201911/t20191112_407873.html.

不言而喻。

早在1984年时，邓小平同志就提出"计算机的普及要从娃娃抓起"①。计算机能力和信息检索能力并不是天生的，需要后天教育和指导，是要通过系统培养在实际操作中逐步形成的。图书馆可以利用自身的专业优势、技术优势、人才优势、资源优势等，开设信息检索课程，给中小学生提供系统的培训，培养他们的信息素养。同时，信息检索课程，可以使学生们获得新的学习方法，了解更多的学习平台，让他们有能力、有机会去获取更多的知识，这样做也有益于提升他们的学习主动性。"授人以鱼，不如授人以渔"，不仅要教给中小学生学习的技能，图书馆还要帮助他们树立一种终身学习的思想。

（七）组织阅读活动，培养学生的阅读兴趣和阅读习惯

课外阅读是中小学教育必不可少的组成部分，课外阅读活动的开展可以激起中小学生浓厚的学习兴趣以及强烈的求知欲望，有利于学习和巩固老师在课堂上所教的知识，有助于培养自主学习的良好习惯，提高学生的阅读技能，丰富学生的课余生活。《义务教育语文课程标准》（2011）要求学生9年课外阅读总量达到400万字以上。当前，全国各地都在开展书香进校园活动。为了让学生在阅读中收获乐趣和知识，营造良好的阅读氛围、培养学生良好的阅读习惯和阅读兴趣是中小学图书馆工作的基本任务之一。

虽然兴趣是最好的老师，但是只靠兴趣，没有方法，读书的效果就会打折扣。中小学图书馆可以开设专门的阅读课程，课程应包括对阅读方法及阅读内容的指导；可以根据学生的阅读兴趣有针对性地为他们推荐读物，并根据实际情况精心挑选适合他们的读物，如为低年级学生推荐一些童话故事，为高年级学生选择一些名著；可以教学生如何记阅读笔记，如要求不同年级的学生根据不同题材的课外读物来记笔记，以此培养学生获取知识、梳理总结知识的能力。中小学图书馆应开展经常性主题读书活动，传播社会主义核

---

① 计算机普及要从娃娃抓起［EB/OL］.［2023-02-15］.http://cpc.people.com.cn/n1/2019/1030/c69113-31428714.html.

心价值观，培养学生阅读兴趣、阅读习惯等①。

二、中小学图书馆的定位

2015 年，《关于加强新时期中小学图书馆建设与应用工作的意见》明确了中小学图书馆的定位，指出："使图书馆与教育教学全面深度融合，成为学校信息资源高地和师生智慧中心、成长中心、活动中心。"②

（一）学校信息资源高地

中小学图书馆作为学校的信息资源高地和文献信息中心，是广大师生获取信息资源不可或缺的重要途径。《关于加强新时期中小学图书馆建设与应用工作的意见》指出："基本形成中小学图书馆与公共图书馆、高等学校图书馆馆藏资源共享格局。"③这就要求中小学图书馆要注重网络化建设，力争实现联机编目、馆际互借，打破时间和空间的束缚，与公共图书馆和高校图书馆形成一个完整的图书馆共享资源网络体系。这样做的好处是学生们可以通过网络获取公共图书馆和高校图书馆的资源，可以节约中小学图书馆的办馆成本，还可以打破教学资源的"数字鸿沟"，达到合理分配教育资源的目的。

（二）智慧中心

中小学教育是学生接受学校教育的开端，是开发学生智慧的场所，也是教育事业的基础。特别是小学，它是为学生的成长和未来事业发展奠定良好品德及文化科学知识基础的第一阵地。中小学图书馆有藏书等各类资源，汇聚前人的智慧结晶，是中小学的智慧中心，能够帮助学生拓宽视野，启迪学生分析、思考和探求真理的能力。

中小学图书馆要充分利用自身的技术优势和资源优势，推动图书馆与学科教育融合；倡导学生利用图书馆资源，将图书馆作为课堂之外知识的补充场所和教育教学的"第二课堂"，让中小学图书馆成为课堂之外重要的智慧场所。

---

①②③　关于加强新时期中小学图书馆建设与应用工作的意见［EB/OL］.［2023-02-15］.http://www.moe.gov.cn/srcsite/A06/jcys_jyzb/201505/t20150520_189496.html.

（三）成长中心

中小学图书馆既是学生成长的中心，也是教师成长的中心。师生共同成长，不仅包括知识的增加，还包括人生阅历的丰富、身心成长、综合素质全面发展。

中小学图书馆是师生成长的有力保障和理想平台，为师生的成长提供重要帮助。教师可以充分利用学校图书馆的各类信息资源，促进自身的专业发展，从而达到改善教学方法、转变教学观念、提升教学能力、提高业务水平的目的。图书馆可以培养学生良好的学习习惯、提升学生自主学习的能力，改善学生的学习方法，如可以让学生参与图书馆的日常工作，提高他们的实践能力以及培养他们的责任意识和乐于助人的精神。在增长学生知识的同时，中小学图书馆要帮助学生树立正确的世界观、人生观和价值观，做到身体、心理共同健康成长。

（四）活动中心

中小学图书馆作为学校的活动中心，对于丰富日常校园文化生活，推动"书香校园"的建设具有重要意义。作为活动中心，中小学图书馆要以丰富的活动为载体，完成中小学图书馆的任务；要做到寓教于乐，让同学们学有所乐、乐有所得。中小学图书馆可以在一些特定时间，如每年的4月23日"世界图书与版权日"（又称"世界读书日"）积极开展各种形式多样的阅读活动；在12月9日举办"一二·九运动"纪念活动，牢记历史，缅怀革命先烈；还可以定期举办各类型的课余文化活动，如书法展览、文化沙龙、朗诵比赛、摄影作品展等，邀请家长和学生共同参加。这样不仅可以提升学生的文化水平，锻炼学生的交往能力、沟通能力，增强自信，还可以增进亲子关系。

第二章　中小学图书馆制度

中小学图书馆法规制度体系是中小学图书馆事业可持续发展的重要支撑，是以专门法规为基础，同时包括所有与中小学图书馆活动有关的相关规范等制度文件的保障系统。本章主要对我国现行中小学图书馆法规政策进行梳理与分析，并选取美国、英国、日本和澳大利亚的中小学图书馆法律体系建设情况进行案例分析，对国际中小学图书馆服务标准进行介绍。

第一节　我国中小学图书馆制度体系

当前，我国尚未建立中小学图书馆专门法，在行政法规文件和地方法规规章中也并未起草与发布专门的制度文件。中小学图书馆工作规范主要依据教育部发布的相关规章以及文化和旅游部等部门发布的相关政策文件。中小学图书馆管理的归口单位为教育部基础教育司①，由其拟订基础教育的基本制度规范文件，指导中小学图书馆装备工作。我国中小学图书馆制度体系结构，见图2-1。

---

① 基础教育司介绍［EB/OL］.［2019-01-01］.http://www.moe.gov.cn/s78/A06/moe_892/201704/t20170405_301893.html.

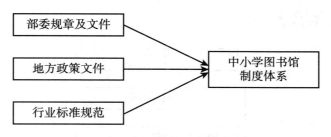

图 2-1　我国中小学图书馆制度体系示意图

一、专门规章

现阶段，我国中小学图书馆建设依据的是 2018 年教育部颁布的《中小学图书馆（室）规程》。该文件是新时代中小学图书馆（室）建设的纲领性文件，对中小学图书馆的建设与发展有着重要作用，指导中小学图书馆工作适应社会经济和教育形势的发展和当前教育改革的需要。各地教育部门均参照规程内容，制定本地中小学图书馆装备标准，统筹推进区域内城乡义务教育一体化改革建设。

（一）《中小学图书馆（室）规程》的编制

1991 年 8 月 29 日，国家教委首次颁布《中小学图书馆（室）规程》（6 章 26 条）。而后，为贯彻落实《国务院关于基础教育改革与发展的决定》，全面推进素质教育，教育部修订了原国家教委发布的《中小学图书馆（室）规程》[1]，并于 2003 年 3 月 25 日发布《中小学图书馆（室）规程（修订）》（5 章 21 条）。

此后，为贯彻落实党的十九大精神并具体落实立德树人的根本任务[2]。教育部基础教育司参照中小学图书馆发展实际情况，对 2003 年版的《中小学图书馆（室）规程（修订）》条款进行修订。2018 年 6 月，修订后的《中小学图书馆（室）规程》（以下简称 2018 年版"规程"）正式施行，由七部

---

[1]　2003 年版中小学图书馆（室）规程（修订）［EB/OL］.［2019-06-13］.http://www.moe.gov.cn/srcsite/A06/jcys_jyzb/200303/t20030325_88596.html.

[2]　2018 年版中小学图书馆（室）规程［EB/OL］.［2019-06-13］.http://www.moe.gov.cn/srcsite/A06/jcys_jyzb/201806/t20180607_338712.html.

分组成，其结构见图 2-2[①]。

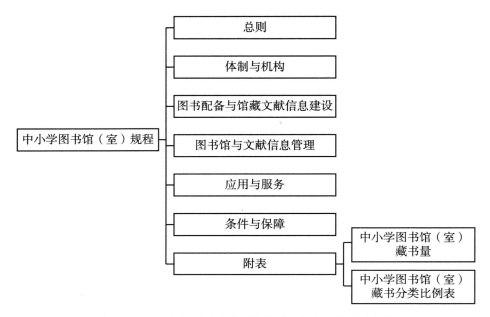

图 2-2　2018 年版《中小学图书馆（室）规程》基本结构

（二）2018 年版"规程"的主要特点

通过将三版"规程"文本内容进行对比，可以发现 2018 年版"规程"在内容上主要有以下三方面的特点。

1. 明确中小学图书馆定位与主要任务

2018 年版"规程"开篇即明确中小学图书馆定位与任务："图书馆是中小学校的文献信息中心，是学校教育教学和教育科学研究的重要场所，是学校文化建设和课程资源建设的重要载体，是促进学生全面发展和推动教师专业成长的重要平台，是基础教育现代化的重要体现，也是社会主义公共文化服务体系的有机组成部分。"同时，明确我国中小学图书馆的主要任务为："贯彻党的教育方针，培育社会主义核心价值观，弘扬中华优秀传统文化，促进学生德智体美全面发展；建立健全学校文献信息和服务体系，协助教师

---

① 　教育部. 2018 年版中小学图书馆（室）规程［EB/OL］.［2019-06-13］.http://www.moe.gov.cn/srcsite/A06/jcys_jyzb/201806/t20180607_338712.html.

开展教学教研活动，指导学生掌握检索与利用文献信息的知识与技能；组织学生阅读活动，培养学生的阅读兴趣和阅读习惯。"①

2. 强调中小学图书馆人员专业性

2018 年版"规程"第 33 条明确提出："中学图书馆管理人员应当具备大学本科以上文化程度，小学图书馆管理人员应当具备大学专科以上文化程度。"②与 2003 年版《中小学图书馆（室）规程（修订）》相比③，以明确的学历要求强调中小学图书馆人员的专业技能与职业素养。同时 2018 年版"规程"第 35 条提出："图书馆管理人员应当定期参加教育行政部门或专业学术团体组织的专业培训，并纳入继续教育学分管理。支持图书馆管理人员参加专业学术团体。"④由此，可以窥见国家对学校图书馆人员专业性的关注与重视。

3. 强调未成年人阅读素养培育

2018 年版《中小学图书馆（室）规程》第 7 条与第 20 条明确中小学图书馆根据需要设立阅读指导机构，该机构"需要制定学校阅读计划，组织阅读活动的实施"以创设"泛在阅读环境"⑤。相关条文以阅读为着眼点，着重关注未成年人发展与教育，体现了国家建设"终身学习的现代教育体系"⑥的重大战略需求。同时，亦可发现阅读服务及配套的阅读指导是中小学图书馆业务建设的重点及服务效能提升的有效抓手。

二、相关法规及文件

（一）《关于进一步加强中小学图书馆（室）图书配备和管理工作的通知》

2011 年 1 月，教育部、新闻出版总署联合印发《关于进一步加强中小

---

①②④⑤　教育部. 2018 年版中小学图书馆（室）规程［EB/OL］.［2019-06-13］.http://www.moe.gov.cn/srcsite/A06/jcys_jyzb/201806/t20180607_338712.html.

③　刘菡，杨乃一，李思雨，等.未成年人阅读、学习与赋能国际研讨会综述［J］.图书馆建设，2019（3）:65-73.

⑥　中共中央、国务院印发《中国教育现代化 2035》［EB/OL］.［2024-05-15］.https://www.gov.cn/zhengce/2019-02/23/content_5367987.htm.

学图书馆（室）图书配备和管理工作的通知》①，主要依据《中小学图书馆（室）规程（修订）》相关规定，针对中小学图书馆发展过程中亟待解决的突出问题提出要求，明确要求各省市教育、新闻出版部门联合加强对馆藏图书采购活动的监管。

该通知共提出五项要求：

（1）各地教育行政部门和新闻出版行政部门要站在全面贯彻落实《国家中长期教育改革和发展规划纲要（2010—2020 年）》和《中共中央办公厅国务院办公厅关于加强公共文化服务体系建设的若干意见》（中办发〔2007〕21 号）的高度，把中小学图书馆（室）图书配备工作作为培养青少年健康成长的一件大事认真抓好，进一步加强中小学图书馆（室）图书配备和管理工作。

（2）各地教育行政部门和新闻出版行政部门要加强对本地区中小学图书馆图书配备管理工作的领导。要联系本地实际，结合落实《中小学图书馆（室）规程（修订）》的要求，制定和完善本地区中小学图书馆（室）图书配备管理的基本规范和要求，有针对性地提出加强和改进中小学图书馆（室）图书配备和管理的政策措施，落实相关责任。

（3）进一步加强中小学图书馆（室）书目选定工作的管理。

（4）各地新闻出版行政部门要采取有力措施，把好中小学图书馆配备图书的质量关。

（5）各地教育行政部门和新闻出版行政部门要加强对中小学图书馆图书采购活动的监管。

该通知对中小学图书采购管理和市场准入作出规范。部分省市的教育部门积极对照该通知要求，组织中小学图书馆馆藏与采购情况普查，并针对普查出的实际问题，着力推进中小学图书馆信息资源建设。

（二）《关于加强新时期中小学图书馆建设与应用工作的意见》

2015 年 5 月，教育部、文化部和国家新闻出版广电总局联合发布《关

---

① 关于政协十二届全国委员会第四次会议第 2857 号（教育类 299 号）提案答复的函［EB/OL］.［2019-01-01］.http://www.moe.gov.cn/jyb_xxgk/xxgk_jyta/jyta_jcys/201608/t20160823_276527.html.

于加强新时期中小学图书馆建设与应用工作的意见》（教基一〔2015〕2号）（以下简称《意见》），鼓励将图书馆发展与教育教学进行有效结合与深度融合。

《意见》主要由三大部分组成：①总体要求，包括重要意义与工作目标；②重点任务，包括推进基础条件建设、确保馆藏资源质量、规范馆藏采购机制、不断提高信息化水平、充分发挥育人作用与带动书香社会建设；③保障措施，包括落实经费保障、强化队伍建设、纳入督导评估、加强组织领导①。

《意见》发布后，各地教育与文化部门纷纷转发意见，结合全民阅读工作的具体进展，提出本地实施的具体措施意见。《意见》以实用性、针对性和可操作性为重心，为推进中小学图书馆发展提供保障。

（三）《中华人民共和国教育法》

《中华人民共和国教育法》于1995年3月18日由第八届全国人民代表大会第三次会议通过，2009年8月27日第一次修正，2015年12月27日第二次修正，2021年4月29日第三次修正。其中，与中小学图书馆相关的条款主要集中在第五章、第六章和第七章，分别为："受教育者享有下列权利：参加教育教学计划安排的各种活动，使用教育教学设施、设备、图书资料"；"图书馆、博物馆、科技馆、文化馆、美术馆、体育馆（场）等社会公共文化体育设施，以及历史文化古迹和革命纪念馆（地），应当对教师、学生实行优待，为受教育者接受教育提供便利"；"国家推进教育信息化，加快教育信息基础设施建设，利用信息技术促进优质教育资源普及共享，提高教育教学水平和教育管理水平"②。相关条款主要强调中小学图书馆作为教育场所的可及性和信息化建设背景下的信息资源共享与素质教育。

（四）《中华人民共和国义务教育法》

《中华人民共和国义务教育法》于1986年4月12日由第六届全国人民

---

① 共筑学生精神家园 促进学生健康成长［EB/OL］.［2024-05-15］.http://www.moe.gov.cn/jyb_xwfb/gzdt_gzdt/s5987/201506/t20150601_188733.html.

② 中华人民共和国教育法［EB/OL］.［2019-01-01］.http://www.moe.gov.cn/s78/A02/zfs__left/s5911/moe_619/201512/t20151228_226193.html.

代表大会第四次会议通过，2006年6月29日修订，2015年4月24日第一次修正，2018年12月29日第二次修正。其中，与中小学图书馆事业发展密切相关的条款主要集中在第五章："教育教学工作应当符合教育规律和学生身心发展特点，面向全体学生，教书育人，将德育、智育、体育、美育等有机统一在教育教学活动中，注重培养学生独立思考能力、创新能力和实践能力，促进学生全面发展……学校应当保证学生的课外活动时间，组织开展文化娱乐等课外活动。社会公共文化体育设施应当为学校开展课外活动提供便利。"① 相关条款主要强调面向终身学习的素养教育，为中小学图书馆参与学生课外活动建设明确方向。

（五）《中华人民共和国未成年人保护法》

《中华人民共和国未成年人保护法》于1991年9月4日由第七届全国人民代表大会常务委员会第二十一次会议通过，2006年12月29日第一次修订，根据2012年10月26日修正，2020年10月17日第二次修订。其中，与中小学图书馆相关的条款主要集中在第三章与第四章，分别为"学校应当全面贯彻国家教育方针，坚持立德树人，实施素质教育，提高教育质量，注重培养未成年学生认知能力、合作能力、创新能力和实践能力，促进未成年学生全面发展""爱国主义教育基地、图书馆、青少年宫、儿童活动中心、儿童之家应当对未成年人免费开放；博物馆、纪念馆、科技馆、展览馆、美术馆、文化馆、社区公益性互联网上网服务场所以及影剧院、体育场馆、动物园、植物园、公园等场所，应当按照有关规定对未成年人免费或者优惠开放"② 。相关条款主要为中小学图书馆发挥教育功能提供依据，保障未成年人图书馆权利。

（六）《中华人民共和国公共文化服务保障法》

《中华人民共和国公共文化服务保障法》于2016年12月25日第十二届全国人民代表大会常务委员会第二十五次会议通过，自2017年3月1日起

---

① 中华人民共和国义务教育法［EB/OL］.［2024-05-09］.https://www.gov.cn/banshi/2005-05/25/content_920.htm.

② 中华人民共和国未成年人保护法［EB/OL］.［2024-05-09］.https://www.gov.cn/xinwen/2020-10/18/content_5552113.htm.

施行^①。其中，第十条规定"国家鼓励和支持公共文化服务与学校教育相结合，充分发挥公共文化服务的社会教育功能，提高青少年思想道德和科学文化素质"；第三十二条规定"国家鼓励和支持机关、学校、企业事业单位的文化体育设施向公众开放"；第三十八条规定"地方各级人民政府应当加强面向在校学生的公共文化服务，支持学校开展适合在校学生特点的文化体育活动，促进德智体美教育"。

参照 2018 年版"规程"最新规定，中小学图书馆建设属于公共文化服务体系的一部分^②，所以《中华人民共和国公共文化服务保障法》与中小学图书馆事业发展密切相关。中小学图书馆建设应以该法为依据，积极参与未成年人思想素质教育及科学素质教育，参与公共文化服务均等化与专业化建设。

（七）《中华人民共和国公共图书馆法》

《中华人民共和国公共图书馆法》由中华人民共和国第十二届全国人民代表大会常务委员会第三十次会议于 2017 年 11 月 4 日通过，中华人民共和国主席令第七十九号令公布，自 2018 年 1 月 1 日起施行。

《中华人民共和国公共图书馆法》与中小学图书馆建设相关的条款主要集中在第四章，即"国家支持公共图书馆加强与学校图书馆、科研机构图书馆以及其他类型图书馆的交流与合作，开展联合服务。国家支持学校图书馆、科研机构图书馆以及其他类型图书馆向社会公众开放"^③。中小学图书馆可依据该法与公共图书馆展开合作，积极推进信息资源共享，以求共同提升未成年人图书馆服务的专业性。

---

① 中华人民共和国公共文化服务保障法［EB/OL］.［2019-01-01］.http://www.npc.gov.cn/npc/xinwen/2016-12/25/content_2004880.htm.

② 中小学图书馆（室）规程［EB/OL］.［2019-01-01］.http://www.moe.gov.cn/srcsite/A06/jcys_jyzb/201806/t20180607_338712.html.

③ 中华人民共和国公共图书馆法［EB/OL］.［2024-05-09］.https://zwgk.mct.gov.cn/zfxxgkml/zcfg/fl/202012/P020220223516904968244.pdf.

（八）《中国儿童发展纲要（2021—2030年）》

继《九十年代中国儿童发展规划纲要》、《中国儿童发展纲要（2001—2010年）》和《中国儿童发展纲要（2011—2020年）》（以下简称"纲要"）颁布后[①]，国务院于2021年9月发布《中国儿童发展纲要（2021—2030年）》。纲要结合我国儿童发展的实际情况，依照《中华人民共和国未成年人保护法》等相关法律法规，遵循联合国《儿童权利公约》的宗旨，从儿童健康、教育、社会保障和福利、家庭、法律保护和环境等领域提出促进儿童发展的主要目标和策略[②]。纲要坚持"儿童优先"为原则，保障儿童生存与发展权利。

纲要中突出未成年人图书馆服务与儿童阅读素养提升的重要性，明确指出，要"注重学校、社会和网络对儿童的全方位保护，把义务教育作为教育投入重中之重，促进儿童德智体美劳全面发展"[③]。纲要支持中小学图书馆开展阅读素养培育等，中小学图书馆可以与其他文化、教育机构合作提供阅读服务。

（九）《中国学生发展核心素养》

《中国学生发展核心素养》于2016年9月正式发布，是由北京师范大学牵头，联合国内近百位相关领域专家[④]，历时三年完成的重大研究成果。框架主要由三个方面组成：文化基础、自主发展和社会参与，综合表现为人文底蕴、科学精神、学会学习、健康生活、责任担当、实践创新六大素养[⑤]，共计18个基本要点[⑥]。《中国学生发展核心素养》框架中与中小学图书馆发展紧密相关的内容，主要表现在"学会学习"、"科学精神"和"技术运用"这三个

---

① 范并思,吕梅,胡海荣.公共图书馆未成年人服务［M］.北京:北京师范大学出版社,2015:47.

② 中国儿童发展纲要（2011—2020年）［EB/OL］.［2019-01-02］.http://www.gov.cn/zhengce/content/2011-08/05/content_6549.htm.

③ 中国儿童发展纲要（2021-2030年）［EB/OL］.［2024-05-09］.https://www.nwccw.gov.cn/2021/09/27/99338976.html.

④ 《中国学生发展核心素养》发布［J］.上海教育科研,2016（10）:85.

⑤ 核心素养研究课题组.中国学生发展核心素养［J］.中国教育学刊,2016（10）:1-3.

⑥ 中国学生发展核心素养［J］.中国教师,2016（9）:23.

方面。该框架为中小学图书馆推进探究式学习、阅读推广与信息素养教育创新提供指导。

（十）《教育信息化 2.0 行动计划》

2018 年 4 月，教育部发布《教育信息化 2.0 行动计划》（教技〔2018〕6 号）。该文件将加快教育现代化和教育强国建设作为目标。其中，与中小学图书馆建设相关的条款主要集中在第四部分的（七）智慧教育创新发展行动、（八）信息素养全面提升行动项，分别为："形成泛在化、智能化学习体系，推进信息技术和智能技术深度融入教育教学全过程"；"加强学生信息素养培育。加强学生课内外一体化的信息技术知识、技能、应用能力以及信息意识、信息伦理等方面的培育，将学生信息素养纳入学生综合素质评价"[1]。该文件为中小学图书馆创新信息素养教育形式与内容提供指导。

（十一）《关于推动公共文化服务高质量发展的意见》

2021 年 3 月，文化和旅游部、国家发展改革委、财政部三部委联合印发了《关于推动公共文化服务高质量发展的意见》（文旅公共发〔2021〕21 号）。该文件围绕公共文化服务发展中的重点领域和关键环节，明确新发展阶段公共文化服务高质量发展的目标和主要任务。其中，与中小学图书馆建设相关的条款主要集中在第二部分第六条"促进公共文化服务提质增效"，提出"面向不同年龄段群体开展特色文化服务。鼓励各地根据实际，推动公共文化服务与教育融合发展，面向中小学生设立课外教育基地"[2]。该文件明确在"十四五"时期公共文化机构应当与各中小学及其图书馆建立合作关系，亦为中小学图书馆加入公共文化服务体系建设提供支撑。

三、行业标准规范

我国现行标准体系中，尚无中小学图书馆国家标准。值得关注的是，由

---

[1] 教育信息化2.0行动计划［EB/OL］.［2019-01-02］.http://www.moe.gov.cn/srcsite/A16/s3342/201804/t20180425_334188.html.

[2] 文化和旅游部,国家发展改革委,财政部关于推动公共文化服务高质量发展的意见［EB/OL］.［2019-01-02］.http://www.gov.cn/zhengce/zhengceku/2021-03/23/content_5595153.htm.

全国图书馆标准化技术委员会研制的《中小学图书馆评估指标》已进入标准编制的审查阶段①，现阶段，中小学图书馆建设主要参照儿童公共服务相关国家标准、图书馆建筑与安全相关国家标准与地方中小学图书馆标准。

（一）儿童公共服务相关标准

（1）《儿童社会工作服务指南》（MZ/T 058—2014）发布于2014年12月，由民政部归口管理。标准规定了儿童社会工作服务原则、服务的范围和类别、服务流程、服务技巧、督导、服务管理和人员要求等②。

（2）《青少年社会工作服务指南》（GB/T 36967—2018）发布于2018年12月，由民政部归口管理。标准明确指出以青少年为对象，运用社会工作专业价值、理论、方法和技巧帮助其解决现实问题、促进其全面发展的社会服务活动即青少年社会工作服务③。

（3）《公共图书馆评估指标第3部分：省、市、县级少年儿童图书馆》（WH/T 70.3—2020），发布于2015年1月，于2020年9月发布修订版，由文化和旅游部归口管理。该标准建立一套面向省、市、县级少年儿童图书馆评估的指标体系，主要对指标定义、方法等内容作出了规定，旨在为全国少年儿童图书馆的评估提供指标依据。

（4）《公共图书馆少年儿童服务规范》（GB/T 36720—2018）发布于2018年9月，由文化和旅游部归口管理。该标准规定了公共图书馆为0—18岁少年儿童服务的服务资源、服务政策、服务内容和要求、服务宣传、合作共享、服务绩效评价等内容，适用于县级以上公共图书馆（包括少年儿童图书馆）④。

（5）《青少年社会工作服务实施指南》（DB 31/T 1455—2023）发布于

---

① 全国图书馆标准化技术委员会.中小学图书馆评估指标编制［EB/OL］.［2019-01-02］http://www.nlc.cn/tbw/bzwyh_bzhxd.htm.

② 儿童社会工作服务指南［EB/OL］.［2019-01-03］.http://laws.swchina.org/regulation/2014/1230/19927_2.shtml.

③ 社工中国政策法规、青少年社会工作服务指南［EB/OL］.［2024-05-09］.http://laws.swchina.org/standard/2019/0704/34329.shtml.

④ 全国图书馆标准化技术委员会.公共图书馆少年儿童服务规范［EB/OL］.［2019-01-12］.http://www.gb688.cn/bzgk/gb/newGbInfo?hcno=745658E2CF579538DE274FE931E5DC93.

2023 年 12 月，于 2024 年 4 月实施，由上海市社会管理和公共服务标准化技术委员会归口。标准主要结构为结合上海市青少年社会工作日常工作内容及特色，核心内容框架包括青少年社会工作服务的基本原则、服务内容、服务方法、服务流程、督导、管理六个部分①。

（二）图书馆建筑与安全相关标准

（1）《公共图书馆建筑防火安全技术标准》（WH 0502—1996）于 1996 年 2 月发布，由文化和旅游部归口管理。该标准适用于各类综合性公共图书馆的新建、改建和扩建工程及其附属设备和专用设备的防火安全技术，学校图书馆、科研及各种专业图书馆（室）、其他各类型图书馆（室）均可参照标准的条文执行②。

（2）《图书馆、博物馆、美术馆、展览馆卫生标准》（GB 9669—1996）于 1996 年 1 月发布，由卫生部归口管理。该标准规定了图书馆、博物馆、美术馆和展览馆的微小气候、空气质量、噪声、照度等标准值及其卫生要求③。

（3）《公共图书馆建设标准》（建标 108—2008），于 2008 年 8 月发布，由文化和旅游部归口管理。该标准是公共图书馆建设项目科学决策和合理确定项目建设、投资水平的全国性统一标准；是有关部门审查公共图书馆建设项目初步设计和检查工程建设全过程的尺度④。

（4）《中小学校设计规范》（GB 50099—2011），于 2010 年 12 月发布，由住房和城乡建设部归口管理。该标准旨在辅助中小学校建设满足国家规定的办学标准，创设安全、适用、经济、绿色、美观的教育环境，明确中小学校图书室应包括学生阅览室、教师阅览室、图书杂志及报刊阅览室、视听阅览室、检录及借书空间、书库、登录、编目及整修工作室，并可附设会议室

---

① 上海青少年社会工作实践有了新标准 4 月起实施［EB/OL］.［2024-05-09］.https://www.sh.chinanews.com.cn/chanjing/2024-04-01/122715.shtml.

② 公共图书馆建筑防火安全技术标准［EB/OL］.［2019-01-13］.http://www.chinalawedu.com/falvfagui/fg22016/51441.shtml.

③ 图书馆、博物馆、美术馆、展览馆卫生标准［EB/OL］.［2019-01-13］.http://www.hongbowang.net/exhibit/buzhan/2016-06-16/5119.html.

④ 公共图书馆建设标准［EB/OL］.［2019-01-13］.http://www.mohurd.gov.cn/wjfb/200902/t20090226_186362.html.

和交流空间 ①。

（5）《图书馆建筑设计规范》（JGJ 38—2015），于 2016 年 5 月施行，由住房和城乡建设部归口管理。该标准在 1999 年发布的《图书馆建筑设计规范》基础上，结合图书馆发展的实际需求，补充了图书馆功能空间设计标准与智能化发展规范 ②。

（6）《建筑采光设计标准》（GB 50033—2013），于 2012 年 12 月发布，由住房和城乡建设部归口管理。该标准对建筑采光系数标准、采光质量、采光计算等进行规定 ③，为中小学图书馆空间采光设计提供依据。

（7）《绿色建筑评价标准》（GB/T 50378—2019）于 2019 年 3 月发布，由住房和城乡建设部归口管理。该标准为图书馆建筑绿色性能建设提供指导，明确了图书馆建筑建设中需要节约资源、保护环境、减少污染，为师生提供健康、适用、高效的使用空间，最大限度地实现人与自然和谐共生的高性能建筑 ④。

（8）《建筑照明设计标准》（GB 50034—2013）于 2013 年 11 月发布，由住房和城乡建设部归口管理。该标准对照明数量和质量、照明标准值、照明节能、照明配电及控制等进行了规定，并细化了图书馆、博览、会展、交通、金融等公共建筑的照明功率密度限值 ⑤。

（9）《建筑设计防火规范》（GB 50016—2014）于 2014 年 8 月发布，由住房和城乡建设部归口管理。该标准对图书馆建筑设置救援场地、消防车道、消防电梯等设施的基本要求，图书馆建筑供暖、通风、空气调节和电气等方

---

① 中小学校设计规范［EB/OL］.［2019-01-13］.http：//www.soujianzhu.cn/Norm/JzzyXq.aspx?id=215.

② 图书馆建筑设计规范［EB/OL］.［2019-01-13］.http：//www.zhaojianzhu.com/guojiaguifan/52749.html.

③ 住房城乡建设部关于发布国家标准《建筑采光设计标准》的公告［EB/OL］.［2024-05-09］.https：//www.mohurd.gov.cn/gongkai/zhengce/zhengcefilelib/201301/20130105_224720.html.

④ 绿色建筑评价标准［EB/OL］.［2019-06-14］.http：//www.mohurd.gov.cn/zqyj/201809/W020180921031305.pdf.

⑤ 建筑照明设计标准［EB/OL］.［2019-06-14］.http：//www.sdsiwei.net/uploads/soft/20171017/4.pdf.

面的防火要求以及消防用电设备的电源与配电线路等方面进行了明确规定①。

（10）《建筑内部装修设计防火规范》（GB 50222—2017）于2017年7月发布，由住房和城乡建设部归口管理。该标准适用于图书馆建筑的内部装修防火设计，强调建筑内部装修设计应积极采用不燃性材料和难燃性材料，避免采用燃烧时产生大量浓烟或有毒气体的材料，做到安全适用，技术先进，经济合理②。

（三）地方中小学图书馆标准

《中小学图书馆（室）规程》（2003）发布后，多个省、市教育管理部门结合文件要求，牵头制定适合本区域的中小学图书馆标准。具体情况如下：《广东省中小学图书馆（室）建设标准》（2004）、《安徽省中小学图书馆（室）建设标准》（2009）、《河北省中小学图书馆（室）评估细则》（2009）、《江苏省小学图书馆装备标准》（2011）、《江苏省初级中学图书馆装备标准》（2011）、《江苏省高级中学图书馆装备标准》（2011）、《四川省中小学数字图书馆建设规范》（2012）、《广州市中学图书馆等级评估标准》（2003）、《佛山市学校图书馆建设与应用绩效评价标准（试行）》（2018）。

四、国际法基础

联合国发布的多项文件都提及未成年人权利保障问题，其中与中小学图书馆发展关系最为密切的是《公民权利和政治权利国际公约》（*International Covenant on Civil and Political Rights*）、《儿童权利公约》（*Convention on the Rights of the Child*）与联合国《2030年可持续发展议程》（*The 2030 Agenda for Sustainable Development*）。

（一）《公民权利和政治权利国际公约》

联合国以《联合国宪章》（*Charter of the United Nations*）与《世界人权宣言》（*Universal Declaration of Human Rights*）为基础，于1996年联合国大

---

① 中华人民共和国住房和城乡建设部.建筑设计防火规范［EB/OL］.［2019-06-14］.http://www.bjhxcz.com/uploadfiles/files/20170426203406_4687.pdf.

② 中华人民共和国住房和城乡建设部.建筑内部装修设计防火规范［EB/OL］.［2019-06-14］.http://www.tj98119.com/xinwen/26dfbda0-bf6c-8ec6-c8b0-35e62712badf.shtml.

会上通过《公民权利和政治权利国际公约》，该公约于 1976 年正式生效 ①。公约以法律的形式推进世界对人的权利和自由的普遍尊重和遵行，我国于 1998 年正式签署该公约 ②。

公约总共 6 部分 53 条，其中第 24 条是针对未成年人的，其明确提出："每一儿童应有权享受家庭、社会和国家为其未成年地位给予的必要保护措施，不因种族、肤色、性别、语言、宗教、国籍或社会出身、财产、出生或其他身份等而受任何歧视。"③

条款明确规定应为儿童提供必要的保护，对世界范围内的未成年人发展政策的制定与实施影响深远，亦是中小学图书馆服务师生时必须遵循的基本规范。中小学图书馆建设须以该公约作为依据，支持学生智识发展。

（二）《儿童权利公约》

《儿童权利公约》是全球第一部专门针对未成年人权利保障的国际法律文件。联合国大会在《日内瓦儿童权利宣言》《儿童权利宣言》《世界人权宣言》和《公民权利和政治权利国际公约》等国际文件的基础上，起草《儿童权利公约》。公约于 1989 年第 44/25 号决议通过，按照第 49 条规定于 1990 年 9 月生效 ④。

《儿童权利公约》共有 3 部分 54 条，明确规定未成年人的四种基本权利，即生存权、受保护权、发展权与参与权 ⑤。其中与中小学图书馆发展最为相关的条款分别为第 27、29、31 条，明确应始终坚持不歧视原则和儿童的最大利益原则，为儿童发展提供支持。

中小学图书馆应结合《儿童权利公约》内容，支持学生平等获取各类资源，为师生信息素养提升提供公平机会，并积极参与学生身心健康发展教育。中小学图书馆在建设中遇到挑战与困难时，可以将公约精神作为服务操作判别以及维护图书馆基本发展的重要依据。

———————

① 范并思,吕梅,胡海荣.公共图书馆未成年人服务［M］.北京:北京师范大学出版社,2015:41-42.

② 人权事务［EB/OL］.［2019-01-04］.http://www.un.org/chinese/hr/issue/index.html.

③④⑤ 儿童权利公约［EB/OL］.［2019-01-04］.http://treaty.mfa.gov.cn/Treaty/web/detail1.jsp?objid=1531876063883.

（三）《2030 年可持续发展议程》

联合国于 2015 年 9 月 25 日正式通过由 193 个会员国共同达成的成果性文件《2030 年可持续发展议程》，该议程是为人类、地球与繁荣制订的行动计划，旨在加强世界和平与自由①。2014 年，国际图联参与议程文本的谈判过程，并通过《里昂宣言》（*The Lyon Declaration*）表明国际图书馆界的立场②。

议程文本确立了 17 个可持续发展目标和 169 个具体目标③，与中小学图书馆关系紧密的主要为"目标 4，确保包容和公平的优质教育，让全民终身享有学习机会"；"目标 16，创建和平、包容的社会以促进可持续发展，让所有人都能诉诸司法，在各级建立有效、负责和包容的机构"④。

中小学图书馆应紧跟图书馆行业发展前沿，明确自身在学校中的角色，践行图书馆使命，提升图书馆服务效能。

第二节　其他国家中小学图书馆法规制度体系

早在 19 世纪中叶，美、英等国的图书馆就已开展未成年人服务，并逐步建立较为完善的未成年人图书馆服务体系。在此背景下，各国立足本国社会经济发展情况和基础教育改革要求，积极推进中小学图书馆服务法制建设，由此产生大量制度性保障文件。尽管国情存在较大差异，但其以面向终身学习的中小学图书馆建设发展举措与我国加快落实学生发展核心素养目标非常接近，可为我国中小学图书馆法规制度体系建设提供借鉴。

为此，本节在美洲、欧洲、亚洲和大洋洲范围内分别选取中小学图书馆法制建设体系发展较为成熟的美国、英国、日本和澳大利亚作为研究对象，主要考察其中小学图书馆法规制度建设实践相关情况，总结其制度保障体系

① 2030 年可持续发展议程［EB/OL］.［2019-01-04］.https://www.un.org/sustainabledevelopment/zh/development-agenda/.

② 国际图联发布《信息获取与发展里昂宣言》［J］.国家图书馆学刊，2014（5）：11.

③④ 变革我们的世界：2030 年可持续发展议程［EB/OL］.［2019-01-04］.https://www.un.org/zh/documents/treaty/A-RES-70-1.

建设和中小学图书馆事业发展管理的成功经验，以期为我国中小学图书馆制度法规体系建设提供参照，以加快提升中小学图书馆服务效能。

一、美国

美国图书馆法治建设始于 1848 年第一部公共图书馆法[①]，至今已形成以图书馆专门法为核心的成熟法规体系。中小学图书馆法规建设作为图书馆法律体系的子部分，受图书馆专门法及配套法规政策的制约，基础教育改革浪潮亦对中小学图书馆法规制度演进历史影响巨大。经过多年持续不断的努力，美国以宪法为基础，围绕联邦与各州图书馆专门法，参照《中小学教育法》（*Elementary and Secondary Education Act*，1965 年）等教育法，加上陆续出台的中小学图书馆建设行业标准以及相关政策，中小学图书馆法规体系已逐步形成。美国中小学图书馆法规制度体系框架，具体见图 2-3。

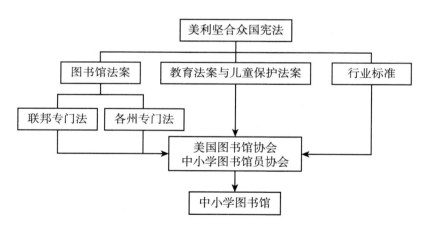

图 2-3 美国中小学图书馆法律体系框架

（一）图书馆法

目前，美国尚无专门以"中小学图书馆"命名的法，但是联邦图书馆法与各州综合性图书馆法对规范中小学图书馆建设与发展发挥着重要作用。

---

① 盛小平,张旭.美国图书馆法律制度体系及其作用分析[J].图书情报工作,2014（10）:35-41.

1. 联邦图书馆法

《图书馆服务与技术法》(*Library Services and Technology Act*)是唯一一部针对图书馆的联邦法律[①]。该法以1956年《图书馆服务法》(*Library Services Act*)和1964年《图书馆服务与建设法》(*Library Services and Construction Act*)为基础[②]，对美国图书馆经费来源与分配等作出法理规定。该法于1966年颁布，并于2003年和2010年发布修订版本。

《图书馆服务与技术法》由四部分组成，第一部分为引言，规定法律名称、立法目的、相关定义与授权拨款；第二部分为基本项目要求，规定经费的保留与分配、经费管理、经费分配与州计划；第三部分为管理规定，包括对各州的要求、州立咨询委员会设立、对联邦的要求、印第安部落服务以及国家领导力资助、合作协议；第四部分为劳拉·布什(Laura Bush)21世纪图书馆员计划[③]。

该法为美国中小学图书馆经费来源与管理提供法律保障，以明确的条文形式规定未成年人服务与拨款要求，并对每年新增资源量进行规定，尤其重视对未成年人素养教育与知识计划的保障。2010年版的法鼓励各类型图书馆与信息服务机构展开合作，鼓励图书馆开展面向终身教育的信息服务，为中小学图书馆提升专业影响力指明方向。

2. 州立图书馆法

美国各州结合本地区实际情况，建立各自施行的图书馆法。主要有以下四种类型：

（1）综合性州立图书馆法，如《伊利诺伊地方图书馆法》(*Illinois Local Library Act*，2017年)与《伊利诺伊图书馆系统法》(*Illinois Library System Act*，2017年)等。

（2）州立专门图书馆法，但其中主要为公共图书馆法，目前尚无专门中小学图书馆法。如《芝加哥公共图书馆法》(*Chicago Public Library Act*，

---

① 李芙蓉,周亚.美国国家层面的图书馆未成年人服务政策与法规探析[J].图书馆,2018(11):1-8,16.

②③ 崔春.美国《图书馆服务与技术法》2010年修订版解读[J].图书馆杂志,2013(7):75-78.

1965 年）、《加利福尼亚州图书馆法》（*California Library Laws*，2017 年）等。

（3）社区及乡镇图书馆法，如伊利诺伊州《乡镇图书馆公债验证法》（*Village Library Conversion Act*，1969 年）。

（4）其他图书馆法，主要涉及图书馆个人信息保护以及社区图书馆活动等方面，如伊利诺伊州《图书馆记录保密法》（*Library Records Confidentiality Act*，1984 年）等[①]。

上述州立图书馆法虽未直接在条文中对中小学图书馆建设与服务作出规定，但是法律中未成年人图书馆服务相关条款可为中小学图书馆发展提供参照。

（二）教育法与儿童保护法

1.《中小学教育法》

美国中小学图书馆发展与基础教育改革有着密切的联系。1835 年，纽约州率先在教育法中对中小学图书馆的设置进行规定。而后，各州陆续借助州立宪法以及相关教育法推进中小学图书馆建设，但整体而言，立法效果不明显，很多公立学校依然未建设图书馆[②]。1965 年，《中小学教育法》的颁布成为中小学图书馆发展的重大契机。而后该法经多次修订，2002 年更名为《不让一个孩子掉队》（*No Child Left Behind*），2015 年该文件再次更名为《每一个学生成功法》（*Every Student Succeeds Act*）并发布[③]。最新版本的《每一个学生成功法》主要由两个部分组成：第一部分为支持各州及区关于教育的灵活性并且努力推动对所有学生的目标提升；第二部分为促进创新和下一代评估[④]。

《中小学教育法》的颁布直接推进中小学图书馆建设数量与中小学图书馆发展项目数量的稳步增长[⑤]，该法的不断修订，也促进中小学图书馆在信息

---

① 白兴勇.美国伊利诺伊州图书馆法律制度解析［J］.图书馆,2018（11）:9-16.

② Department of Education.Elementary and Secondary Education Act of 1965［EB/OL］.［2019-01-04］.https://www2.ed.gov/documents/essa-act-of-1965.pdf.

③ Department of Education.Every Student Succeeds Act（ESSA）［EB/OL］.［2019-01-04］.https://www.ed.gov/essa.

④ Department of Education.Every Student Succeeds Act（ESSA）［EB/OL］.［2019-01-04］.https://www2.ed.gov/policy/elsec/leg/essa/essaassessmentfactsheet1207.pdf.

⑤ 张丽.推动美国中小学图书馆发展的两部教育法［J］.国家图书馆学刊,2010（3）:89-94.

素养教育、阅读指导及探究式教育等方面服务效能的提升。

2.《儿童互联网保护法》

美国国会于 2000 年通过《儿童互联网保护法》（*Children's Internet Protection Act*），旨在解决人们对于儿童在互联网上接触到淫秽或有害内容的担忧。该法对学校及图书馆提出应提供保护措施阻止并过滤不良信息访问等相关要求[①]。该法主要由两个部分组成：第一部分为对学校某些资金来源的限制；第二部分为对学校及图书馆互联网服务的具体规定[②]。该法要求中小学图书馆在其计算机上安装对不良信息防护的相关软件，并鼓励政府相关部门辅助中小学图书馆对网络信息加强甄别等，保护中小学图书馆用户的个人信息安全。

（三）行业标准

美国图书馆协会下属中小学图书馆员协会（American Association of School Librarians，AASL）是美国唯一以中小学图书馆员和中小学图书馆所在社区为中心的全国性专业会员组织[③]。1920 年，《不同规模中学图书馆组织与装备标准》（*Standard Library Organization and Equipment for Secondary School Libraries of Different Sizes*）的发布[④]，标志着美国中小学图书馆标准化进程开始。而后 AASL 一直着力推进中小学图书馆标准化建设，发布了一系列标准，主要有《面向未来的中小学图书馆媒体中心设计》（*Designing a School Library Media Center for the Future*，2007 年）、《学习者赋能：中小学图书馆媒介项目指南》（*Empowering Learners：Guidelines for School Library Media Programs*，2009 年）、《21 世纪学习者标准》（*Standards for the 21st-Century Learner*，2009 年）、《中小学图书馆人员初步培养标准》（*Standards for Initial Preparation of School Librarians*，2010 年）、《全国中小学图书馆标

---

①　The Beginnings of the Children's Internet Protection Act［EB/OL］.［2019-01-04］. http://www.ala.org/advocacy/advleg/federallegislation/cipa/legislation.

②　Children's Internet Protection Act［EB/OL］.［2019-01-04］.http://www.ala.org/ advocacy/sites/ala.org.advocacy/files/content/advleg/federallegislation/cipa/cipatext.pdf.

③　About AASL［EB/OL］.［2019-01-04］.http://www.ala.org/aasl/about.

④　A Historical Timeline of the Evolution of AASL Standards and Guidelines［EB/OL］. ［2019-01-04］.https://standards.aasl.org/development/.

准》（*National School Library Standards*，2018 年）。

二、英国

英国是世界上最早提供未成年人图书馆服务的国家，亦是最早推进图书馆法制体系建设的国家。公共图书馆未出现以前，英国周末学校图书馆成为未成年人阅读与学习的重要场所[①]。1870 年，英国《初等教育法》（*Elementary Education Act*）的颁布直接促进了英国中小学图书馆发展进度。在英国，中小学图书馆服务是教育服务中的重要组成之一，故在英国图书馆与信息专业协会（Chartered Institute of Library and Information Professionals，CILIP）的帮助下，中小学图书馆服务机构（School Library Service，SLS）成立。中小学图书馆与 SLS 的监管单位为英国各级教育当局（Education Authority），由其拟订基础教育的基本制度规范文件，指导中小学图书馆运营工作。英国中小学图书馆制度体系结构，具体见图 2-4。

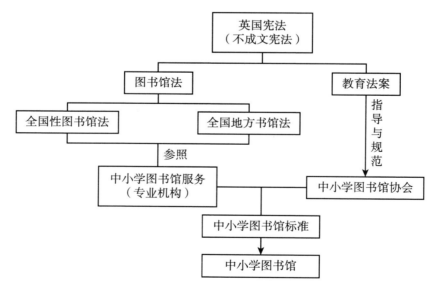

图 2-4　英国中小学图书馆制度体系

---

① 　范并思,吕梅,胡海荣.公共图书馆未成年人服务［M］.北京:北京师范大学出版社,2015:16-17.

（一）图书馆法

英国尚未颁布专门的中小学图书馆法，中小学图书馆建设与服务主要参照公共图书馆未成年人服务法规或综合性法律。全国性图书馆法与地方性图书馆法成为图书馆制度体系的"两大支柱"。

1. 全国性图书馆法

英国全国性图书馆专门法适用于英国全境各级各类图书馆建设与发展，目前主要有以下 5 部法律:《苏格兰国家图书馆法》(*National Library of Scotland Act*，1925 年颁布，2012 年修订)、《公共图书馆和博物馆法》(*Public Libraries and Museums Act*，1964 年)、《大英图书馆法》(*British Library Act*，1972 年)、《法定缴存图书馆法》(*Legal Deposit Libraries Act*，2003 年)、《法定缴存图书馆法（非印刷物）规章》[*The Legal Deposit Libraries (Non-Print Works) Regulations*，2013 年]。

2. 地方性图书馆法

英国苏格兰地区、英格兰地区与北爱尔兰地区分别制订了图书馆法规，主要为以下 3 部:《苏格兰公共图书馆法》(*Public Libraries Scotland Act*，1955)、《英格兰和威尔士图书馆收费规章》(*The Library Charges England and Wales Regulations*，1991 年)、《北爱尔兰图书馆法》(*Libraries Act Northern Ireland*，2008 年)。

当前 SLS 具体的运行和管理由公共图书馆服务部负责[①]，在支持学校图书馆基础设施建设、服务推广及经费管理方面将上述法律作为重要参照。

（二）教育法

英国教育改革与教育法的出台为中小学图书馆服务（SLS）发展与中小学图书馆协会（School Library Association，简称 SLA）的建设提供机遇。因其国家法律体系，直接影响中小学图书馆建设的法规主要有以下 6 部:《初等教育法》(1870 年)、《斯宾斯报告》(*Spens Report*，1938 年)、《教育改革法》(*Education Reform Act*，1988 年)、《迪尔英报告》(*The Dearing*

---

① 张丽.英国学校图书馆服务研究——以诺丁汉郡的教育机构图书馆服务为例[J].图书馆理论与实践,2017(9):88-93.

Report，1997 年）、《学校标准和框架法》（*School Standards and Framework Act*，1998 年）、《教育督察法》（*Education and Inspection Act*，2006 年）。

教育法的陆续颁布与实施，保障了英国中小学图书馆设置与发展规模以及图书馆经费来源。值得一提的是，英国中小学图书馆经费除来源于学校的经费外，还来源于公共图书馆服务机构与地方教育主管部门[①]。

（三）行业标准

英国中小学图书馆行业标准主要由英国图书馆与信息专业协会下属学校图书馆组（School Library Group）、中小学图书馆协会（SLA）和英国教育部等机构制定与管理。标准包括综合性推荐性标准（指南）和专门标准，主要有以下 8 份标准：《建筑公告 90：学校采光设计》（*Building Bulletin 90：Lighting Design for Schools*，1999 年）、《建筑公告 99：小学建筑设计总体框架》（*Building Bulletin 99：Briefing Framework for Primary School Projects*，1999 年）、《建筑公告 98：中学建筑设计总体框架》（*Building Bulletin 98：Briefing Framework for Secondary School Projects*，2004 年）、《建筑公告 93：学校声环境设计》（*Building Bulletin 93：Acoustic Design for Schools*，2015 年）、《小学图书馆指南》（*Primary School Library Guidelines*，2014 年）、《中学图书馆设计指南》（*Design Guidelines for a Secondary School Library*，2014 年）、《中学图书馆标准》（*Standards for Secondary School Libraries*，2015 年）、《学校图书馆人员薪酬指南》（*Salary Guide：Schools*，分年度发布）。

三、日本

日本中小学图书馆法治建设起源于第二次世界大战后的基础教育改革，1947 年《教育基本法》和《学校教育法》的颁布与教育改革的观念不断深入，促使了中小学图书馆作用被重新认识。日本是世界上唯一一个制定了"中小学图书馆"专门法的国家，其中小学图书馆法律体系建设已成为日本

---

① 张丽.英国学校图书馆服务研究——以诺丁汉郡的教育机构图书馆服务为例[J].图书馆理论与实践,2017（9）:88-93.

图书馆法律体系建设的重要组成部分。日本中小学图书馆法律体系，具体见图 2-5。

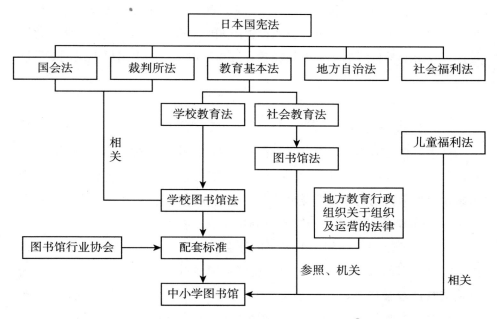

图 2-5　日本中小学图书馆法律体系框架[①]

（一）学校图书馆法

日本《学校图书馆法》（学校図書館法）于 1953 年 8 月颁布（法律第185 号），1954 年 4 月 1 日起正式施行。该法至今共修订十余次，最新版于2015 年 6 月发布（法律第 46 号）。该法以法律形式把中小学图书馆服务内容法定化，并确立"学校图书馆的义务设置制"[②]。法律旨在明确政府责任，保障中小学图书馆的建设与可持续运营。

最新版《学校图书馆法》一共 8 条款目，其内容包括：第一条法律制定的目的，第二条学校图书馆定义，第三条学校图书馆设置义务，第四条学校

①　塩见升.图书馆概论［M］.五订版.东京:日本图书馆协会,2008:88.

②　学校司書法制化についての见解［EB/OL］.［2019-01-09］.http://www.jla.or.jp/Portals/0/data/bukai/%E5%AD%A6%E6%A0%A1%E5%9B%B3%E6%9B%B8%E9%A4%A8%E9%83%A8%E4%BC%9A/Kenkai_Gakkousisho_Houseika_201210.pdf.

图书馆的运营，第五条司书教谕，第六条学校司书，第七条图书馆设置者义务，第八条国家责任与任务，附录①。

《学校图书馆法》的颁布是日本学校教育史上发展的里程碑事件，最新版本致力于解决学校图书馆人员的设置问题、学校图书馆人员制度法制化以及扩大与落实学校图书馆责任与任务等，为日本学校图书馆界提供创新发展思路。

（二）教育法

1.《教育基本法》

日本《教育基本法》于1947年3月制定，并于2006年12月颁布最新修订版本。该法为日本战后教育改革与发展的根本大法。其中与中小学图书馆建设最为密切的条款为第3条终身教育的理念与第12条社会教育。分别为："努力构建每位国民能够终身利用所有的教育机会、所有的教育场所进行学习，并恰当地活用学习成果的社会，使每位国民都能完善自己的人格、度过丰富的人生；国家和地方政府必须通过设置图书馆、博物馆、公民馆及其他教育设施、利用学校设施、提供学习机会、提供情报等恰当的方法努力振兴社会教育"②。为终身学习与中小学图书馆发展提供法理联系，是《学校图书馆法》制定的法理基础。该法成为中小学图书馆发展的重要依据。

2.《学校教育法》

日本《学校教育法》于1947年3月颁布，历经多次修订，最新版本于2017年颁布。该法秉持《教育基本法》精神，建立日本学校教育制度③。其中与中小学图书馆联系紧密的为第9条和第34条，对小学、中学等各级中小学图书馆发展任务、设置规模、人员资质、资源建设等方面进行规定，以

---

① 国立国会图书馆.学校图书馆法［EB/OL］.［2019-01-09］.http://elaws.e-gov.go.jp/search/elawsSearch/elaws_search/lsg0500/detail?lawId=328AC1000000185.

② 国会における文部科学省提出法律案.教育基本法［EB/OL］.［2019-01-14］.http://www.mext.go.jp/b_menu/houan/an/06042712/003.htm.

③ 国会における文部科学省提出法律案.学校教育法［EB/OL］.［2019-01-09］.http://www.kyoto-u.ac.jp/uni_int/kitei/reiki_honbun/w002RG00000944.html.

法律形式保障中小学图书馆建设与发展。

除上述两部教育法律与学校图书馆法规直接相关以外，近年来日本政府为提升国民素质，大力倡导未成年人阅读，加紧制定与颁布围绕振兴文字、弘扬铅字文化的相关法律。陆续颁布的《终身学习振兴法》（1990 年）、《儿童读书活动推进法》（2001 年）和《文字·活字文化振兴法》（2005 年）[①] 等法律对中小学图书馆项目与活动组织及实施目标提供参考。

（三）配套标准

《学校图书馆法》的颁布促使日本学校图书馆行业标准化进入新阶段，日本文部科学省、日本图书馆协会与日本学校图书馆协会以法律为依归，结合日本学校图书馆实际情况制定并发布了配套标准，现行标准主要有：《学校图书馆标准》（1959 年 1 月颁布）、《全国学校图书馆协议会绘本选定标准》（1972 年制定）、《全国学校图书馆协议会图书选定标准》（1980 年 9 月颁布，1988 年修订，2008 年修订）、《学校图书馆设施设备标准》（1990 年 8 月颁布，1999 年修订）、《学校图书馆图书剔旧标准》（1993 年 1 月）、《学校图书馆图书标准》（1993 年 3 月）、《学校图书馆多媒体标准》（2000 年 3 月）、《学校图书馆评价标准》（2008 年 12 月）[②]。

以上配套标准主要以文部科学省行政规章和全国学校图书馆协会文件形式发布，依照《学校图书馆法》立法原则细化为学校图书馆发展事务标准。

四、澳大利亚

澳大利亚中小学图书馆事业发展较为成熟，是第一个建立国家中小学图书馆书目数据库的国家[③]。其事业发展进程连贯，已逐步形成以图书馆法为核心的中小学图书馆制度保障体系。对照基础教育改革中对未成年人素养教育的核心指标，澳大利亚图书馆与信息协会（Australian Library and Information

---

① 沈丽云.日本图书馆概论［M］.上海：上海科学技术文献出版社，2010：163-168.

② 図書館に役立つ資料［EB/OL］.［2019-01-14］.http://www.j-sla.or.jp/material/index.html.

③ 徐英杰.澳大利亚图书馆管理的理论与实践［D］.上海：华东师范大学，2016：7.

Association，ALIA）与澳大利亚中小学图书馆协会（Australian School Library Association，ASLA）联合发布制度性文本对中小学图书馆人员教育、信息资源建设以及服务环境创设等基本问题进行规范。与此同时，澳大利亚图书馆与信息协会与澳大利亚信息咨询公司合作定期公开中小学图书馆建设发展数据，以适时调整事业发展战略规划。澳大利亚中小学图书馆制度保障体系框架见图 2-6。

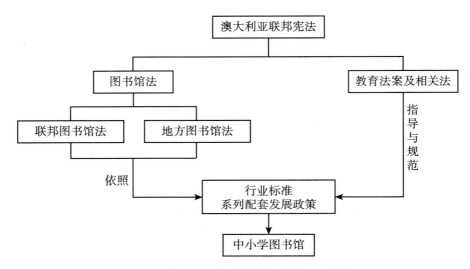

图 2-6　澳大利亚中小学图书馆制度体系框架

（一）图书馆法

澳大利亚目前尚未颁布专门的中小学图书馆法，中小学图书馆建设主要参照综合性图书馆服务法规。联邦图书馆法与地方图书馆法成为中小学图书馆制度体系的重要支撑。

1. 联邦图书馆法

澳大利亚联邦图书馆法适用于澳大利亚境内各类图书馆建设与服务，目前主要有以下 2 部法律：《国家图书馆法案》（*National Library Act*，1960年颁布，1973 年、2001 年修订）和《国家图书馆条例》（*National Library Regulations*，1994 年颁布，2018 年修订）。

2. 地方图书馆法案

澳大利亚境内新南威尔士州、昆士兰州、南澳大利亚州、塔斯马尼亚州、维多利亚州分别制订了图书馆法规，主要有：新南威尔士州《图书馆法》（*Library Act New*，1939 年）、昆士兰州《公共记录法》（*Public Records Act*，2002 年）、南澳大利亚州《图书馆法》（*Libraries Act*，1982 年）、塔斯马尼亚州《图书馆法》（*Library Act*，1943 年颁布，1984 年修订）、维多利亚州《图书馆法》（*Library Act*，1988 年）。

（二）教育法

因澳大利亚境内民族较多，多元文化主义的发展对中小学图书馆服务影响深远。此外，澳大利亚基础教育改革浪潮亦为中小学图书馆建设提供机遇。当前对中小学图书馆发展有着重要影响的法律主要有以下 3 部：《儿童保育法》（*Child Care Act*，1972 年）、《土著教育（补充财政援助）法》[*Aboriginal Education*（*Supplementary Assistant*）*Act*，1989 年颁布，2000 年修订]、《国家安全学校框架》（*National Safe School Framework*，2003 年）。基于上述法律文本，中小学图书馆积极参与学生核心素养教育。2017 年，与澳大利亚国家图书馆联合推出"学校与教师项目"（school and teacher programs），面向终身学习，引导师生利用中小学图书馆服务，努力提升师生信息素养[①]。

（三）行业标准与配套政策

澳大利亚图书馆与信息协会与澳大利亚中小学图书馆协会以境内中小学图书馆发展建设数据为基础，联合发布中小学图书馆系列标准，推进澳大利亚中小学图书馆行业标准化进程。两大协会以联邦法律为依归，参照各州中小学教育实际情况制定并发布了配套标准。现行标准针对涉及中小学教师、图书馆员的职业资格准入问题、职业规划与继续教育等问题，主要有以下 3 部：《教师图书馆员专业卓越标准》（*Standards of Professional Excellence for Teacher Librarians*，2004 年）、《教师图书馆员职业发展

---

① National Library of Australia.School and Teacher Programs［EB/OL］.［2024-04-30］. http://www.nla.gov.au/using-library/learnrs/school-and-teacher-programs.

卓越阶段循证指南》(*Evidence Guide for Teacher Librarians in the Highly Accomplished Career Stage*，2014年)、《学校图书馆资源中心自查与评估指南》(*School Library Resource Centre Guidelines for Self-Reflection and Evaluation*，2014年)。

与此同时，澳大利亚图书馆与信息协会与澳大利亚中小学图书馆协会还联合发布中小学图书馆建设发展配套政策，主题覆盖了资源建设、经费、人员资质与信息技术等中小学图书馆建设重要方面，主要为以下5份政策：《学校图书馆资源建设政策》(*Statment on School Library Resource Provision*，1994年通过，2016年修订)、《学校图书馆资源中心经费资助政策》(*Statment on School Library Resource Centre Funding*，1994年通过，2016年修订)、《信息素养政策》(*Statment on Information Literacy*，1994年通过，2016年修订)、《澳大利亚教师图书馆员资格声明》(*Statement on Teacher Librarians in Australia*，1994年通过，2009年，2016年修订)、《学校图书馆和信息通信技术政策》(*Statment on School Libraries and Information Communication Technologies*，2009年通过，2016年修订)。

五、其他国家中小学图书馆制度文件

当前，美国、英国、日本与澳大利亚已形成各自的中小学图书馆制度保障体系。全球范围内，许多国家（地区）主张通过中小学图书馆标准（指南）等制度文件，保障本国（地区）中小学图书馆建设。一般由其教育管理部门牵头，依照本国图书馆法与国家教育基本法，委托图书馆专业协会推进中小学图书馆建设的行业标准等制度文件编制。相关国家中小学图书馆制度文件建设情况如下：

（1）新西兰：《信息视域中的学校图书馆与学习：新西兰学校指南》(*The School Library and Learning in the Information Landscape：Guidelines for New Zealand Schools*，2002年)。

（2）芬兰：《一个好的学校图书馆》(*A Good School Library*，2002年，2014年修改)。

（3）加拿大：《实现信息素养：加拿大学校图书馆活动标准》(*Achieving*

Information Literacy：Standards for School Library Programs in Canada，2003
年，2006 年再版）。

（4）加拿大：《引领学习：加拿大学校图书馆学习空间实践标准》
（*Leading Learning：Standards of Practice for School Library Learning Commons
in Canada*，2014 年）。

（5）墨西哥：《新墨西哥学校图书馆独立阅读与信息素养标准与标杆管
理》（*New Mexico School Library Independent Reading and Information Literacy
Standards and Benchmarks*，2003 年）。

（6）南非：《学校图书馆与信息服务国家指南》（*National Guidelines for
School Library and Information Services*，2012 年）。

（7）瑞士：《理想的图书馆：学校发展指南》（*Ideal Libraries：a Guide for
Schools*，2018 年）。

第三节　国际图联学校图书馆标准

一、联合国教科文组织／国际图联《学校图书馆宣言》

1980 年，国际图联在马尼拉中小学图书馆会议上通过初版《学校图书馆
宣言》（也称为《中小学图书馆宣言》），同年 12 月联合国教科文组织正式
公布。至此，学校图书馆的重要性已完全受到肯定。1999 年 11 月，国际图
联和联合国教科文组织为了适应科技进步和社会发展的需要以及教育信息化
的要求，共同批准发布修订版《学校图书馆宣言》。当前，《学校图书馆宣
言》已被翻译成 35 种语言，均可通过国际图联网站获取全文[①]。

《学校图书馆宣言》全篇共分为六大部分：第一部分为学校图书馆使命；
第二部分为资金、提供立法与合作网络；第三部分为学校图书馆目标；第四

---

① 　IFLA. IFLA/UNESCO School Library Manifesto 1999 into Farsi［EB/OL］.［2020-
04-25］. https://www.ifla.org/node/91911?og=52.

部分为工作人员；第五部分为运营和管理；第六部分为实施①。

该宣言发布后，对世界范围内中小学图书馆的发展有重要影响，成为各个国家及地区的中小学图书馆标准制定与管理的重要参考。直至现在，该宣言仍旧是各国教育机构重视并遵循的基本准则。

二、国际图联《学校图书馆指南》

（一）学校图书馆专业委员会

学校图书馆专业委员会（School Library Section，SLS）成立于 1977 年，隶属于国际图联专业理事会 E 分部。20 世纪 90 年代，学校图书馆专业委员组改名为学校图书馆和资源中心部。2013 年复名为学校图书馆专业委员会②。

学校图书馆专业委员会成员为世界各地从事学校图书馆工作的专业人员，成员任期为 4 年。"委员会设主席一名，负责统筹学校图书馆专业委员会发展总体事务；设秘书一名，负责该专业委员会日常事务管理。此外，专业委员会设置信息联络官 1 名，主要负责学校图书馆专业委员会日常信息发布与机构宣传工作。学校图书馆专业委员会中设立常务委员 12 名，承担机构重大事项决议以及参与中小学图书馆标准制定等职责。委员会所有成员需每年参加 IFLA 年会和学校图书馆专业委员会定期的年中工作会议，积极推进中小学图书馆领域人员经验交流。"③

学校图书馆专业委员会的宗旨是推动全球中小学图书馆服务的改进和发展，积极倡导中小学图书馆专业馆员的职业生涯规划发展④。学校图书馆专业委员会一直致力于中小学图书馆专业标准研制。1986 年，学校图书馆专业委员会组织制定《学校图书馆员教育与培训指南》（*Guidelines for the*

---

① IFLA. School Library Manifesto［EB/OL］.［2024-04-30］.https：//www.ifla.org/wp-content/uploads/2019/05/assets/school-libraries-resource-centers/publications/ifla_school_manifesto_2021.pdf.

② SCHULTZ-JONES B，OBERG D. Global action on School Library Guidelines[M]. Hague，Netherlands：De Gruyter Saur，2015：3.

③④ School Library Section［EB/OL］.［2023-02-16］.https：//www.ifla.org/units/school-libraries/.

Education and Training of School Librarians），并于1995年组织修订。1995年，组织制定《学校图书馆员：素质要求指南》（*School librarians：Guidelines for Competency Requirements*）。[①] 2002年，组织编制《学校图书馆指南》（*School Library Guidelines*）。2013至2015年，学校图书馆专业委员会的核心工作是开展《学校图书馆指南》修订工作。2015年8月，学校图书馆专业委员会发布《学校图书馆指南（第二版）》。2019年末，SLS正式启动了对《学校图书馆宣言》（1999）的内容修订工作。截至2021年9月，《学校图书馆宣言》的最新修订版已完成征集意见，即将发布。

（二）《学校图书馆指南》

2002年，《学校图书馆指南》的发布为世界范围内的国家决策者和地方决策者提供了明确的信息，为各地的中小学图书馆建设提供了支持和指导。同时，这份指南的制定还帮助各个学校落实《学校图书馆宣言》（1999）中所述的原则。

然而随着时间的流逝，第一版已不再适用于指导当下中小学图书馆的运行和发展。根据世界各国学校图书馆事业发展的经验，国际图联针对第一版《学校图书馆指南》的修订工作于2013年开始。或借由国际图联年会和年中工作会议期间的研讨会、或通过持续的个人形式及在线形式的笔谈和评论，来自许多国家的诸多人士就修订指南条款的起草进行了讨论、争论和磋商。指南修订稿历经2年5次修改，最终获得国际图联专业委员会批准通过。2015年6月，《学校图书馆指南》（第二版）正式问世，旨在为全球国家及地方层面的决策者提供信息，为中小学图书馆社群提供支持和指导，为中小学领导者落实《学校图书馆宣言》之原则提供帮助。2017年8月，《学校图书馆指南》（第二版）中译本正式在官网发布[②]。

---

① SCHULTZ-JONES B，OBERG D. Global action on School Library Guidelines［M］. Hague，Netherlands：De Gruyter Saur，2015：3.

② 张靖，等.《学校图书馆指南》（第二版）中译本［EB/OL］.［2019-05-01］.https://www.ifla.org/files/assets/school-libraries-resource-centers/publications/ifla-school-library-guidelines-zh.pdf.

作为一份标准性文件，《学校图书馆指南》（第二版）由前言、概要、建议、引言、正文、术语表、参考文献及附录组成。正文包含六章：第一章学校图书馆的使命和目的；第二章学校图书馆的法律和经济框架；第三章学校图书馆人力资源；第四章学校图书馆的实体和数字资源，第五章学校图书馆活动；第六章学校图书馆评估和公共关系。其行文的主线有两条，其一为十六条建议，其二为六章内容。这两条主线自成体系，同时相互关联。

第四节　未成年人图书馆相关国际标准

一、未成年人图书馆相关服务宣言

国际图联与联合国教科文组织联合发布多项重要图书馆发展宣言，其中对未成年人服务有着直接指导意义的为《公共图书馆宣言》（*UNESCO-IFLA Public Library Manifesto*）、《多元文化图书馆宣言》（*IFLA/UNESCO Multicultural Library Manifesto*）和《学校图书馆宣言》。本章第三节已对《学校图书馆宣言》进行介绍，此处不再赘述。

（一）《公共图书馆宣言》

联合国教科文组织在国际图联的协助下，于 1949 年发布了《公共图书馆：大众教育的生力军》（*Public Library：A Living Force for Popular Education*）①，即《公共图书馆宣言》的第一版。此后几十年来经历数次修改。1972 年，联合国教科文组织和国际图联对 1949 年版文本进行了修订，文件正式更名为《联合国教科文组织公共图书馆宣言》（*UNESCO Public Library Manifesto*）。

1994 年，联合国教科文组织组织了再次修订，增加了国际图联的冠名，命名为《国际图联 — 联合国教科文组织公共图书馆宣言》（*IFLA-UNESCO*

---

① 柯平.公共图书馆的使命——《公共图书馆宣言》在公共图书馆事业发展中的价值［J］.图书馆建设,2019（6）:13-19.

Public Library Manifesto)，又称《公共图书馆宣言》（1994），该版本为现在通行的版本。其陈述的是国际图书馆界的发展原则，代表了整个行业的声音，已成为图书馆行业的纲领性文件①。《公共图书馆宣言》（1994）的主要思想是明确公共图书馆在"社会教育、保障平等利用信息的权利、文化功能以及保存文献的功能亘古不变的核心社会角色"②。《公共图书馆宣言》（1994）中明确规定"公共图书馆应不分年龄、种族、性别、宗教、语言或社会地位，向所有人提供平等服务"③，其中包括对未成年人平等使用图书馆权利的保障。在图书馆使命表述中，强调"培养与加强儿童早期阅读习惯"、"支持个人自学及各级正规教育"、"激发未成年人想象力与创造力"以及"支持与参与不同年龄组的素养培育活动"④。《公共图书馆宣言》（1994）是各国公共图书馆事业发展的重要参照准则，对政府、图书馆立法以及图书馆网建设提出了明确要求。宣言中有关不同年龄阶段的普遍均等服务规定以及未成年人服务使命陈述，从法理上规定了未成年人图书馆服务的必要性与服务范围。

2022 年 7 月，IFLA 与联合国教科文组织宣布推出《2022 年国际图联 — 联合国教科文组织公共图书馆宣言》（*The IFLA-UNESCO Public Library Manifesto 2022*，以下简称 2022 版《宣言》）。2022 版《宣言》重新审视了公共图书馆的作用，在旧版本基础上扩展内容，反映现今图书馆为社区服务的方式。2022 版《宣言》中一些关键拓展内容有：①可持续发展。2022 版《宣言》坚持图书馆为联合国的可持续发展目标做出贡献。更新后的文本将图书馆在信息、扫盲、教育和文化领域的使命的关键方面与建设更加公平、人道和可持续的社会联系起来。②知识社会中的图书馆。2022 版《宣言》反映公共图书馆通过帮助社会所有成员获取、生产、创造和共享知识，在促进

---

①　The IFLA/ UNESCO Public Library Manifesto［EB/OL］.［2019-01-09］.https：//www.ifla.org/node/91700.

②　周巍,于沛.公共图书馆的基本立场与社会角色——对《公共图书馆宣言》1949年版、1972年版和1994年版的分析［J］.图书馆论坛,2014（5）:1-7.

③④　the IFLA/ UNESCO Public Library Manifesto［EB/OL］.［2019-01-09］.https：//www.ifla.org/publications/iflaunesco-public-library-manifesto-1994.

知识社会方面的作用。2022 版《宣言》更加重视信息和材料的远程和数字访问，以及数字时代与访问相关的法律事项。它还强调弥合数字鸿沟所需的能力和连通性①。

（二）《多文化图书馆宣言》

2006 年，《多文化图书馆宣言》由国际图联与联合国教科文组织联合发布，分为原则、多文化图书馆服务的使命、管理和运营、核心行动、人员、资金、立法与网络及宣言的落实等七部分。《多元文化图书馆宣言》的主要思想是在国际、国家和地方各个层面，鼓励各种类型的图书馆支持与促进文化与语言多样性，并为促进跨文化对话和积极的公民意识服务②。

《多文化图书馆宣言》中明确规定："应特别关注多元文化社会中常处于边缘化的群体……提供各种能反映所有社区情况及其需要的资料和服务。"从而保障了未成年人图书馆权利。在多文化图书馆服务的核心行动中，有许多任务与未成年人紧密相关，如"支持用户教育、信息扫盲技能、新手资料、文化遗产和跨文化对话的计划作为服务""利用适宜的媒体和语言，编写营销与宣传资料，协助图书馆吸引各种不同的群体""用户可以多种适用的语言访问使用图书馆资源"等③。

《多文化图书馆宣言》是各类型图书馆发展过程中重要的制度文件，并对图书馆在多元文化保存与管理方面和从业人员提出了具体规定，是各国图书馆事业发展应遵照的重要原则。其中关于对尊重不同文化的要求和有关未成年人教育的行动陈述，为不同文化情境下的未成年人图书馆服务专业性提升提供指导。

---

① What's New in the Public Library Manifesto［EB/OL］.［2024-04-30］.https://repository.ifla.org/bitstream/123456789/2007/1/The%202022%20IFLA-UNESCO%20Public%20Library%20Manifesto%20at%20a%20Glance.pdf.

② IFLA/UNESCO Multicultural Library Manifesto［EB/OL］.［2019-01-09］.https://www.ifla.org/files/assets/library-services-to-multicultural-populations/publications/multicultural_library_manifesto-zh.pdf.

③ IFLA/UNESCO Multicultural Library Manifesto［EB/OL］.［2019-01-09］.https://www.ifla.org/node/8976.

二、国际图联未成年人图书馆服务指南

自 1991 年起，国际图联儿童与青少年图书馆服务专业委员会（Libraries for Children and Young Adults Section）先后制定与发布了未成年人图书馆服务标准系列，文本内容均反映了关于未成年人服务的原则、指南、最佳实践案例或模型的当前共识。系列指南通过指引与未成年人阅读、学习有关的信息和权利，旨在促进和鼓励国际图书馆界为不同能力的未成年人提供有效的图书馆服务。

国际图联儿童和青少年图书馆服务部负责儿童图书馆服务系列指南编制与修订工作，以展示儿童图书馆服务中的优秀实践。2018 年 8 月，国际图联专业委员会正式签署通过《0—18 岁儿童图书馆服务指南》，2019 年 4 月，指南中译本正式在官网发布[①]。

《0—18 岁儿童图书馆服务指南》主要由九部分组成：第一部分引言，对指南目标群体进行说明；第二部分儿童图书馆使命与目标以及图书馆管理；第三部分人力资源，包含儿童图书馆员的教育、职业伦理与道德、图书馆经费与管理以及图书馆协作；第四部分图书馆馆藏建设与管理；第五部分儿童图书馆项目与社区延伸活动；第六部分儿童图书馆服务空间设计，包含年龄功能分区、馆舍布置、采光、图书馆空间可及性、健康与安全等；第七部分宣传与推广；第八部分图书馆评估与影响；第九部分为参考文献[②]。

三、未成年人图书馆服务相关国家标准

未成年人图书馆服务相关标准较多。这里，仅举美国、英国简略介绍。

---

①　张靖，等.《0—18 岁儿童图书馆服务指南》中译本［EB/OL］.［2019-05-01］. https://www.ifla.org/files/assets/libraries-for-children-and-ya/publications/ifla-guidelines-for-library-services-to-children_aged-0-18-zh.pdf.

②　IFLA Guidelines for Library Services to Children Aged0-18［EB/OL］.［2023-02-16］. https://cdn.ymaws.com/www.cilip.org.uk/resource/group/4c3a9620-1f19-4980-a6e8-f4f625f5c658/news/ylg_safe_place_for_children_.pdf.

（一）美国

美国图书馆协会下属儿童图书馆服务协会（Association for Library Service to Children）与青少年图书馆服务协会（Young Adult Library Services Association）负责未成年人图书馆与信息服务标准的制定与发布。主要有：《青少年服务空间指南》（*Teen Space Guidelines*，2012 年）、《公共图书馆儿童馆员服务能力》（*Competencies for Librarians Serving Children in Public Libraries*，1989 年发布，1999 年、2009 年、2015 年修订）、《青少年服务行业的核心专业价值》（*Core Professional Values for the Teen Services Profession*，2015 年）、《青少年活动指南》（*Teen Programming Guidelines*，2015 年）、《图书馆员青少年服务能力》（*Teen Services Competencies for Library Staff*，2017 年）。

（二）英国

英国图书馆与信息专业协会下属青少年图书馆组（Youth Library Group）与地方图书馆协会合作制定并发布了未成年图书馆与信息服务系列标准。主要有：《没有年龄限制》（*No to Age Banding*，2008 年）、《为儿童提供一个安全的场所》（*A Safe Place for Children*，2015 年）。

第三章　中小学教育环境与图书馆转型

第一节　中小学教育环境

当前我国中小学教育包括九年一贯制义务教育和高中教育，该项工作承担着提高国民素质、培养社会主义建设者与接班人等使命，是我国教育事业的重要组成部分。中小学图书馆作为学校文献信息资源集藏和服务专职部门，长期以来在学校教育教学和科研活动中发挥重要作用。中小学图书馆的发展受到教育理念、办学条件、学校管理体制及社会环境等多种因素的制约和影响，随着中小学教育的发展而不断变化。中小学教育环境是中小学图书馆发展最重要的影响因素。对教育环境的分析可以帮助我们更好地了解中小学图书馆的职能定位、发展动因，并为其服务转型提供参考。

一、中小学教育环境的构成

中小学教育环境是指与中小学教育活动相关的各类影响因素。中小学教育作为一项以教书育人为目的的社会实践活动，社会环境、自然环境以及所处社区环境都会对教育活动的实施产生影响。具体而言，围绕中小学教育的开展，学校、家庭以及社会相关主体构成联系紧密且影响直接的微观环境，即家庭教育环境、学校教育环境以及社会教育环境[①]。其中，家庭教育环境包括父母职业、收入、教育背景以及家庭教育氛围等要素；学校教育环境包括

---

① 　王冬桦.教育环境与环境教育——世纪世界基础教育热点展望[J].外国中小学教育,1999(6):33-36.

学校的师资配备、管理制度、学校文化以及学生素质等软环境，同时还包括学校建筑设施、实验设备、图书资料、校园布局设计以及信息化水平等硬环境；社会教育环境是指与中小学教育具有直接联系的社会政治、经济、科技以及文化等影响要素，包括国家教育政策、教育投入、社会对中小学教育的认知和期许等要素。就各环境要素的关系而言，一方面，微观环境受宏观环境的制约，表现为各种宏观因素在中小学教育领域的映射，如国家发展战略的选择会影响教育政策，科学技术的变革会推动新技术在中小学教育领域的推广和应用以及社会文化对家长教育观念和家庭教育的影响等；另一方面，微观环境也会影响宏观环境，如中小学教育实践的结果会推动教育政策的调整以及一些较为普遍的教育现象会促进社会文化的反思等。

中小学图书馆的地位、作用以及投入需要相关教育政策予以明晰和保证，同时学校管理者、学生家长以及社会文化对图书馆价值的理解，也会对中小学图书馆功能的发展产生重要影响。中小学教育环境各种要素的影响会被传递到中小学图书馆。从我国中小学图书馆发展历史进程来看，基础教育政策的变化是中小学图书馆教育环境最为重要的影响因素。一方面，特定阶段教育政策的制定与实施是其他影响因素的综合体现，集中反映该时期社会政治、经济、技术及社会文化等状况；另一方面，教育政策直接指导并规范中小学教育教学活动的实施，从而成为了解我国中小学图书馆发展演变的主要途径。

二、中小学教育环境主要变化

（一）中小学教育政策的演变

国家教育政策重点强调育人为本，素质教育与时俱进，相应的课程改革与综合素质评价变革随之展开。2005 年发布的《教育部关于基础教育课程改革实验区初中毕业考试与普通高中招生制度改革的指导意见》指出，初中毕业考试与普通高中招生制度要通过制度创新，使学校的各项工作特别是教育教学工作更加符合素质教育的要求，促进学生德、智、体、美等方面全面发展[①]。

---

① 教育部关于基础教育课程改革实验区初中毕业考试与普通高中招生制度改革的指导意见［EB/OL］.［2024—05—09］.http://www.moe.gov.cn/srcsite/A06/s3732/200501/t20050112_167346.html.

2014年，国家发布一系列政策，重点推进高中学生素质教育发展，包括《教育部关于全面深化课程改革 落实立德树人根本任务的意见》《教育部关于加强和改进普通高中学生综合素质评价的意见》《教育部关于普通高中学业水平考试的实施意见》《国务院关于深化考试招生制度改革的实施意见》。2016年，《教育部关于进一步推进高中阶段学校考试招生制度改革的指导意见》针对一些突出问题，重点开展高中阶段学校考试招生制度改革，如：招生录取唯分数，影响学生全面发展；考试内容偏重机械记忆、重复训练，加重学生负担；招生违规现象时有发生，一些加分项目不合理，影响教育公平①。习近平总书记在2018年全国教育大会上指出，要以更宽广的国际视野加快推进教育现代化，不断使教育同我国综合国力和国际地位相匹配。新修订的义务教育和普通高中课程标准都强调育人为本，培养"有理想、有本领、有担当"的时代新人，对学生的国际视野、跨文化意识和社会担当等都提出要求②。2020年发布的《深化新时代教育评价改革总体方案》为完善立德树人体制机制，扭转不科学的教育评价导向，制定了一系列重点任务③。

（二）当前中小学教育改革的基本特征

1. 素质教育改革持续推进

进入21世纪以后，围绕素质教育改革，教育管理部门将课程改革和考试招生制度改革相结合，推出一系列改革措施。2000年7月，教育部下发《关于在小学减轻学生过重负担的紧急通知》（教基〔2000〕1号），进一步强调小学生减负问题④。2002年，教育部下发新的《全日制普通高级中学课程计划》（教基〔2002〕7号）和全日制普通高级中学语文等七科教学大纲，

---

①　教育部关于进一步推进高中阶段学校考试招生制度改革的指导意见［EB/OL］.［2024-05-09］.http://www.moe.gov.cn/srcsite/A06/s3732/201609/t20160920_281610.html.

②　肖驰.从"面向世界"到"人类命运共同体意识"——我国中小学指向全球素养的教育政策变迁［J］.全球教育展望,2023（10）:18-31.

③　中共中央　国务院印发《深化新时代教育评价改革总体方案》［EB/OL］.［2024-05-09］.http://www.moe.gov.cn/jyb_xxgk/moe_1777/moe_1778/202010/t20201013_494381.html.

④　关于在小学减轻学生过重负担的紧急通知［EB/OL］.［2018-11-09］.http://www.moe.gov.cn/s78/A06/jcys_left/moe_706/s3321/201001/t20100128_81821.html.

新大纲对选修课和必修课比例进行了调整，增加课程弹性和选择性，删除"繁、难、偏、旧"内容以减轻学生课业负担[①]。2004年，教育部下发《国家基础教育课程改革实验区2004年初中毕业考试与普通高中招生制度改革的指导意见》（教基厅〔2004〕2号），在辽宁、河北等17个国家基础教育课程改革实验区推行初中毕业考试与普通高中招生制度改革，改变以升学考试分数为唯一录取标准的做法，将学业考试成绩和综合素质评价相结合作为招生录取的主要依据[②]。2005年，教育部出台相关文件，将毕业生学业考试和综合素质评价作为高中录取的重要依据[③]。2006年，教育部发布《教育部关于贯彻〈义务教育法〉进一步规范义务教育办学行为的若干意见》（教基〔2006〕19号），继续强调限制举办各种名目的重点学校、重点班以及在中小学开展文体活动和社会实践活动[④]。2009年，教育部印发《教育部关于当前加强中小学管理规范办学行为的指导意见》（教基一〔2009〕7号），就减轻学生课业负担，执行课程计划，规范考试科目与次数，规范招生秩序，规划学校布局，强化农村寄宿制学校管理、学校安全管理和化解择校现象进行指导，以进一步促进贯彻党的教育方针、推行素质教育的落实[⑤]。2013年，党的十八届三中全会审议通过《中共中央关于全面深化改革若干重大问题的决定》，将下一阶段教育改革的重心放在素质教育实施的最大掣肘——招生制度上，包括"义务教育加快实行免试就近入学、高校招生综合评价多元录

① 配合普通高校招生考试提前 教育部修订普通高中试验课程方案［EB/OL］.［2018-11-01］.http://www.moe.gov.cn/s78/A06/jcys_left/s3732/s3328/201001/t20100128_82017.html.

② 教育部办公厅关于印发《国家基础教育课程改革实验区2004年初中毕业考试与普通高中招生制度改革的指导意见》的通知［EB/OL］.［2018-11-09］.http://www.moe.gov.cn/s78/A06/jcys_left/s3732/201006/t20100610_89030.html.

③ 教育部关于基础教育课程改革实验区初中毕业考试与普通高中招生制度改革的指导意见［EB/OL］.［2018-11-09］. http://www.moe.gov.cn/srcsite/A06/s3732/200501/t20050112_167346.html.

④ 教育部关于贯彻《义务教育法》进一步规范义务教育办学行为的若干意见［EB/OL］.［2018-11-09］. http://www.moe.gov.cn/srcsite/A06/s3321/200608/t20060824_81811.html.

⑤ 教育部关于当前加强中小学管理规范办学行为的指导意见［EB/OL］.［2018-11-09］. http://www.moe.gov.cn/srcsite/A06/s3321/200904/t20090422_77687.html.

取机制等规定",制约素质教育实施的招生考试制度改革开始破冰①。在当前国际竞争日益加剧的时代背景下,提高全民科学素质成为当前我国教育发展的重要方向,2016年国务院办公厅发布《全民科学素质行动计划纲要实施方案(2016—2020年)》将完善基础教育阶段的科技教育,增强中小学生的创新意识、学习能力和实践能力作为当前重要任务②。党的十八大以后,随着我国教育体制改革的深入,中小学课业负担过重问题继续成为教育改革的重点。2021年7月,为切实提升学校育人水平,规范校外培训(包括线上培训和线下培训),有效减轻义务教育阶段学生过重作业负担和校外培训负担,中共中央办公厅、国务院办公厅印发《关于进一步减轻义务教育阶段学生作业负担和校外培训负担的意见》,从校内作业和校外培训两个方面对中小学生学业负担过重问题进行规范,并开展学校课后服务试点工作,以求使学生学习更好地回归校园③。2023年教育部颁布《校外培训行政处罚暂行办法》(中华人民共和国教育部令第53号),对校外培训行政处罚立规定则,旨在加强校外培训监管,使校外培训成为学校教育的有益补充④。2023年4月,教育部等十七部门联合印发的《全面加强和改进新时代学生心理健康工作专项行动计划(2023—2025年)》(教体艺〔2023〕1号)提出五育并举促进心理健康,坚持学习知识与提高全面素质相统一,培养德智体美劳全面发展的社会主义建设者和接班人⑤。2023年5月,《教育部等十八部门关于加强新时代中小学科学教育工作的意见》(教监管〔2023〕2号)着力在教育

① 中共中央关于全面深化改革若干重大问题的决定[J].前线,2013(12):17-21.

② 国务院办公厅关于印发全民科学素质行动计划纲要实施方案(2016—2020年)的通知[EB/OL].[2020-05-09].http://www.gov.cn/zhengce/content/2016-03/14/content_5053247.htm.

③ 中共中央办公厅 国务院办公厅印发《关于进一步减轻义务教育阶段学生作业负担和校外培训负担的意见》[EB/OL].[2021-09-18].http://www.moe.gov.cn/jyb_xxgk/moe_1777/moe_1778/202107/t20210724_546576.html.

④ 教育部、教育部颁布《校外培训行政处罚暂行办法》[EB/OL].[2024-05-09].http://www.moe.gov.cn/jyb_xwfb/gzdt_gzdt/s5987/202309/t20230912_1079790.html.

⑤ 教育部等十七部门关于印发《全面加强和改进新时代学生心理健康工作专项行动计划(2023—2025年)》的通知[EB/OL].[2024-05-09].http://www.moe.gov.cn/srcsite/A17/moe_943/moe_946/202305/t20230511_1059219.html.

"双减"中做好科学教育加法，一体化推进教育、科技、人才高质量发展[①]。

2. 基础教育均衡化发展

在推动教育均衡化发展方面，国家通过实施西部地区"两基"攻坚计划、"农村中小学现代远程教育工程"和资助贫困家庭学生就学的"两免一补"政策等政策，大力促进我国区域之间、城乡之间义务教育的均衡发展。2004年，教育部、财政部联合出台文件，对加强农村地区"两基"（基本普及九年义务教育和基本扫除青壮年文盲）的巩固提高工作提出指导意见[②]。2005年，《教育部关于进一步推进义务教育均衡发展的指导意见》（教基〔2005〕9号），就推进义务教育均衡发展提出要求[③]。2010年，教育部出台文件，结合《中华人民共和国义务教育法》的要求，从实施素质教育、定岗定编、教育资源配置、中小学布局和推进中小学教育信息化等方面提出促进义务教育均衡发展的具体举措，并提出力争在2012年实现区域内义务教育初步均衡，到2020年实现区域内义务教育基本均衡的改革发展目标[④]。同年，《国家中长期教育改革和发展规划纲要（2010—2020年）》，对今后一段时期我国中小学发展进行了整体规划，在义务教育阶段包括巩固提高九年义务教育水平、推动义务教育均衡化发展和减轻中小学生课业负担，在高中教育阶段涉及加快普及高中阶段教育、全面提高普通高中学生综合素质和推动普通高中多样化发展。其中，提出基础教育均衡发展三项主要任务，建立健全发展保障机制、推进义务教育学校标准化建设和均衡配置教师、设备、图

---

① 教育部等十八部门关于加强新时代中小学科学教育工作的意见［EB/OL］.［2024-05-09］.http：//www.moe.gov.cn/srcsite/A29/202305/t20230529_1061838.html.

② 教育部、财政部关于进一步加强农村地区"两基"巩固提高工作的意见［EB/OL］.［2018-11-09］.http：//www.moe.gov.cn/s78/A06/jcys_left/moe_706/s3321/201001/t20100128_81822.html.

③ 教育部关于进一步推进义务教育均衡发展的若干意见［EB/OL］.［2018-11-09］.http：//www.moe.gov.cn/srcsite/A06/s3321/200505/t20050525_81809.html.

④ 教育部关于贯彻落实科学发展观，进一步推进义务教育均衡发展的意见［EB/OL］.［2018-11-09］.http：//www.moe.gov.cn/srcsite/A06/s3321/201001/t20100119_87759.html.

书、校舍等资源①。2014 年，教育部、国家发改委和财政部联合印发的《关于印发全面改善贫困地区义务教育薄弱学校基本办学条件底线要求的通知》（教基一厅〔2014〕5 号）提出关于义务教育薄弱学校基本办学条件的底线要求②，即通过具体量化标准对义务教育学校办学条件提出底线要求。2017 年，《国家教育事业发展"十三五"规划》出台，继续将推进教育公平作为当前我国基础教育改革与发展的重要任务，重点解决城乡与区域之间的教育差距、大中城市义务教育阶段"择校热"、国家助学制度、农村义务教育学生营养改善、进城务工人员随迁子女及留守儿童等特殊群体的教育权利等突出问题③。在教育标准化方面，2018 年教育部出台《关于完善教育标准化工作的指导意见》（教政法〔2018〕17 号），从教育标准的制定、分类、程序规范以及框架体系等方面做出具体部署，并提出借鉴国际经验，加强教育标准制定过程中的国际合作④。2023 年 7 月 26 日，《关于实施新时代基础教育扩优提质行动计划的意见》（教体艺〔2023〕1 号），提出 8 项具体行动措施，涉及中小学教育的各个阶段以及师资、硬件等各方面，具体为：学前教育普惠保障行动、义务教育强校提质行动、普通高中内涵建设行动、特殊教育学生关爱行动、素质教育提升行动、高素质教师队伍建设行动、数字化战略行动、综合改革攻坚行动⑤。

　　3. 基础教育信息化进程加快

　　我国基础教育信息化自 2000 年起步并不断发展，成为我国基础教育改革的重要推动力。2000 年，教育部将信息技术课程列入中小学生的必修课

---

①　国家中长期教育改革和发展规划纲要（2010—2020 年）[EB/OL].[2018-11-09]. http://www.gov.cn/jrzg/2010-07/29/content_1667143.htm.

②　教育部办公厅、国家发展改革委办公厅、财政部办公厅关于印发全面改善贫困地区义务教育薄弱学校基本办学条件底线要求的通知[EB/OL].[2018-11-09]. http://www.moe.gov.cn/srcsite/A06/s3321/201407/t20140730_172545.html.

③　国务院关于印发国家教育事业发展"十三五"规划的通知[EB/OL].[2020-05-09].http://www.moe.gov.cn/jyb_xxgk/moe_1777/moe_1778/201701/t20170119_295319.html.

④　教育部关于完善教育标准化工作的指导意见教政法〔2018〕17 号[EB/OL].[2020-05-09].http://www.moe.gov.cn/srcsite/A02/s7049/201811/t20181126_361499.html.

⑤　2023 年重大教育政策盘点，快来看看哪件与你有关？[EB/OL].[2024-05-09]. https://news.eol.cn/yaowen/202312/t20231225_2550913.shtml.

程并开始实施"校校通"工程，计划用 5—10 年时间，使全国 90% 左右的独立建制的中小学校能够上网并利用网络信息资源开展教学[①]。2002 年，教育部有关负责人提出"信息技术不仅是学习对象更是学习工具，要努力实现信息技术与课程的整合，实现教学方式、学习方式的根本变革"[②]。此后，教育管理部门又对中小学信息技术课程的设置进行多次调整，并指导一系列教育软件、资源库和教育网络平台的开发。为提升农村地区师资水平，从 2003 年开始，中央划拨专项资金实施全国农村中小学现代远程教育工程，目标是到 2007 年时，农村中小学和教学点拥有教学光盘播放设备和成套教学光盘，农村小学具备卫星教学收视点，农村初中基本具有计算机教室，初步形成农村教育信息化的环境，实现优质教育资源共享[③]。2012 年，教育部发布《教育信息化十年发展规划（2011—2020 年）》（教技〔2012〕5 号），规划提出缩小基础教育数字鸿沟、构建继续教育公共服务平台、整合信息资源和建设信息化公共支撑环境等八项发展任务[④]。2014 年，围绕"三通两平台"工程，《构建利用信息化手段扩大优质教育资源覆盖面有效机制的实施方案》（教技〔2014〕6 号）的通知，对"构建利用信息化手段扩大优质教育资源覆盖面的有效机制，逐步缩小区域、城乡、校际差距"做出战略部署[⑤]。2018 年，教育部出台《教育信息化 2.0 行动计划》（教技〔2018〕6 号），提出到 2022 年基本实现教学应用覆盖全体教师、学习应用覆盖全体适龄学生、数字校园建设覆盖全体学校的"三全两高一大"目标，推动信息化应用水平和师生信息素养的普遍提高，建立"互联网＋教育"平台，发展基于互联网的人才培养

---

① 教育部关于在中小学普及信息技术教育的通知［EB/OL］.［2018-11-12］. http://www.moe.gov.cn/s78/A06/jcys_left/zc_jyzb/201001/t20100128_82088.html.

② 教育部有关负责人指出：努力实现信息技术与课程的整合［N］.中国教育报，2002-04-10（1）.

③ 同在蓝天下，共享优质教育资源——全国农村中小学现代远程教育工程介绍［EB/OL］.［2018-11-12］.http://old.moe.gov.cn//publicfiles/business/htmlfiles/moe/moe_1851/200711/29185.html.

④ 教育信息化十年发展规划（2011—2020 年）［EB/OL］.［2018-11-12］.http://www.moe.gov.cn/srcsite/A16/s3342/201203/t20120313_133322.html.

⑤ 构建利用信息化手段扩大优质教育资源覆盖面有效机制的实施方案［EB/OL］.［2018-11-12］.https://gaokao.chsi.com.cn/gkxx/zcdh/201412/20141205/1412743918.html.

新模式、教育服务新模式和教育治理新模式①。《2019年教育信息化和网络安全工作要点》提出师生信息素养全面提升，完成义务教育阶段学生信息素养评价指标体系和评估模型设计，开展对2万名中小学生信息素养测评②。2022年7月，教育部办公厅印发的《国家智慧教育公共服务平台接入管理规范（试行）》（教科信厅函〔2022〕33号）提出，加强对接入国家智慧教育公共服务平台（以下简称国家智慧教育门户）的各级平台的管理，形成以国家智慧教育门户为核心的国家智慧教育平台体系，推进教育数字化转型，促进教育高质量发展③。2022年12月，教育部面向地方教育部门发布《教师数字素养》（教科信函〔2022〕58号），旨在提升教师利用数字技术优化、创新和变革教育教学活动的意识、能力和责任④。2023年，教育部发布《直播类在线教学平台安全保障要求》（教科信函〔2022〕59号），提出要保障直播教学正常开展，提升直播类在线教学平台的安全保障能力⑤。

三、中小学教育环境的基本特征

改革开放以来，我国基础教育政策发生了一系列变化，如从注重"效率"到注重"均衡"，从侧重"选拔"到侧重"学生素质提高"以及"信息化、现代化水平不断提高"。相关政策的实施影响着中小学图书馆工作的开展。当前我国中小学教育环境具有以下整体特征。

---

① 教育部关于印发《教育信息化2.0行动计划》的通知［EB/OL］.［2020-05-09］. http://www.moe.gov.cn/srcsite/A16/s3342/201804/t20180425_334188.html.

② 教育部办公厅关于印发《2019年教育信息化和网络安全工作要点》的通知［EB/OL］.［2020-07-01］.http://www.moe.gov.cn/srcsite/A16/s3342/201903/t20190312_373147.html.

③ 教育部办公厅关于印发《国家智慧教育公共服务平台接入管理规范（试行）》的通知［EB/OL］.［2024-05-09］.http://www.moe.gov.cn/srcsite/A16/s3342/202208/t20220819_653868.html.

④ 教育部关于发布《教师数字素养》教育行业标准的通知［EB/OL］.［2024-05-09］. http://www.moe.gov.cn/srcsite/A16/s3342/202302/t20230214_1044634.html.

⑤ 教育部关于发布《直播类在线教学平台安全保障要求》教育行业标准的通知［EB/OL］.［2024-05-09］.http://www.moe.gov.cn/srcsite/A16/s3342/202301/t20230113_1039260.html.

（一）关注"人"的培养和学生全面发展

随着素质教育改革的推进，我国中小学教育逐步改变片面追求应试成绩的现象，更加侧重对学生人格的完善和综合素质的提高，主要体现在如下方面：一是推行以意义建构主义等现代教育理论为基础的课程改革，更加强调课程的发展功能，注重课程设置的整合性和弹性化，关注实施过程与科学评价；二是采取多种措施减轻学生课业负担，营造更为宽松的学习环境；三是进一步落实小升初就近入学，中、高考实行综合评价多元录取政策，弱化唯分数论和基础教育的选拔功能；四是在基础教育阶段广泛开展研究性学习、探究性学习及学生社团活动等教育方式，培养学生的学习能力与创新意识。相关政策的实施旨在建立以人格塑造和素质培养为核心的中小学教育体系，使学生可以结合自身的兴趣和特长得到个性化发展。中小学教育环境的这种改变拓展了中小学图书馆服务空间，为图书馆融入学生学习和教育教学过程提供契机。

（二）办学条件显著改善

随着我国社会经济的发展和国家对基础教育投入的增加，我国中小学整体办学条件得到显著改善，教育均衡化发展水平不断提高。面对新形势下教育现代化发展需要，国家教育管理理念也在不断发展。2014 年，时任教育部部长袁贵仁在全国教育工作会议上的讲话中提出加快推进教育治理体系和治理能力现代化[1]。"教育治理"是治理理论在教育领域的应用，其关键是寻求政府、学校和社会之间的"教育共识"[2]，基于这一理念，国家出台相关政策标准，推动我国中小学标准化发展。2017 年，教育部出台《义务教育学校管理标准》，"对义务教育学校 6 大管理职责、22 项管理任务和 88 条具体内容进行了规定"[3]。标准化办学和标准化管理是当前我国中小学发展的一个重要

---

① 深化教育领域综合改革加快推进教育治理体系和治理能力现代化［EB/OL］．［2018-11-12］．http://www.gov.cn/gzdt/2014-02/16/content_2605760.htm.

② 任友群．实现教育治理现代化的必由之路［EB/OL］．［2019-12-18］．http://www.jyb.cn/china/gnxw/201606/t20160610_662374.html.

③ 义务教育学校管理标准［EB/OL］．［2018-11-12］．http://www.moe.gov.cn/srcsite/A06/s3321/201712/t20171211_321026.html.

特点。

（三）新的教育问题不断产生

随着社会多元化发展，我国基础教育也面临一些新的教育问题，主要表现有：一是互联网及移动网络技术对中小学生阅读习惯和学习习惯产生影响，新技术带来便利的同时也引发新的教育问题，如碎片化阅读对学生阅读习惯的影响、学生对网络信息的识别和筛选以及网络学习对于中小学生的适用性等。二是中小学生心理健康问题，自 20 世纪 90 年代开始，教育部出台文件《关于加强中小学心理健康教育的若干意见》对中小学生心理健康教育进行指导，并将其作为素质教育的重要组成部分①。当前环境下，受考试压力、独生子女政策、城镇化进程、原生态家庭以及网络虚拟社交等因素影响，中小学生心理健康问题更加突出。三是应试教育的影响在一定范围内仍然存在，鉴于社会竞争压力，部分家长、学校等教育主体仍然将升学作为学生学习的主要目标。

当前中小学教育环境的基本特征，是推动中小学图书馆转型的主要依据。基础教育办学标准化的实施，正在不断改善图书馆的软硬件环境，图书馆的资源保障得到进一步加强。在此背景下，中小学图书馆应该结合我国中小学教育改革的实际需要，立足图书馆工作的基本规律和教育规律，不断学习新的理论与技术，提高图书馆服务与中小学教育需求的契合度，促进图书馆服务转型。

第二节　素质教育与中小学图书馆

从现代学校教育体系角度分析，中小学图书馆服务实际上是在特定的学校教育体制环境下基于特定的教育理念，按照学校教育系统功能最大化的要求整合相关资源实现自身职能的过程。图书等知识载体的不可或缺性奠定中

---

① 教育部关于加强中小学心理健康教育的若干意见［EB/OL］.［2018-11-12］. http://www.gov.cn/gongbao/content/2000/content_60601.htm.

小学图书馆在学校教育体系中的地位。当前，我国基础教育改革和教育信息化同时推进，助力教育改革成为我国中小学图书馆发展的现实任务。

一、中小学图书馆的功能定位

中小学图书馆是保证学校教育卓有成效的一个必不可少的环节。2015年，国际图联发布的《学校图书馆指南（第二版）》，将学校图书馆使命表述为界定读者需求以及满足这些需求所需的技能、资源和能力，实现与培养学生胜任其未来工作并成为合格公民之教育目的相一致的预期结果。我国对中小学图书馆使命的描述同样也体现服务学校教育的思想。无论是使命、职能或是任务，实质上回答的都是"中小学图书馆应该做什么以及怎样做"的问题。根据国内外对中小学图书馆的认知，中小学图书馆服务对于学校教育的贡献度呈现为不同方面，包括：作为学校文献资源中心而存在，为学校教育教学活动的开展提供资源支持；参与学校教育教学活动，以多种形式融入或嵌入教育教学活动，如参与常规课程教学以及开发以提高学生信息素养和终身学习能力为目的的校本课程；将图书馆理念与学校教育规律相结合，积极参与学校教育改革进程，积极探索适应教育改革的学习理论和服务形式。

二、对中小学图书馆功能认知的变化

20世纪90年代，基于对应试教育的反思，我国开始推行以素质教育为核心的基础教育改革。作为一种新型教育模式，素质教育以提高受教育者诸方面素质为目标，以人的全面发展为教育理念核心，注重开发人的智慧潜能和培养人的健全个性。素质教育改革是我国教育发展的重要战略转向，涉及学校课程设置、授课方式、考试制度及教育评价方式等多个方面，对中小学图书馆发展产生重要影响。在此过程中，中小学图书馆服务功能特别是教育属性逐渐得以显现。《中小学图书馆（室）规程》于2003年和2018年进行的两次修订，就是素质教育改革进程中我国中小学图书馆发展的风向标。

（一）对中小学图书馆性质的认知

三版《中小学图书馆（室）规程》都对特定时期的中小学图书馆性质进行明确规定，集中展现中小学教育发展对学校图书馆的功能要求。1991年版《中小学图书馆（室）规程》将中小学图书馆描述为"学校书刊情报资料中心"，是为"学校教育、教学和教育研究"提供服务的机构①。这一描述在2003年版《中小学图书馆（室）规程》中得到延续，进一步将中小学图书馆定位为"学校教育、教学和教育研究的辅助部门"，但是并没有直接要求图书馆在教育教学改革方面的参与度。2018年版《中小学图书馆（室）规程》对于中小学图书馆性质的描述发生重大变化，在继承学校文献信息中心这一功能定位的同时，将中小学图书馆描述为学校教育教学和教育科学研究的重要场所；明确中小学图书馆承担学校文化建设和课程资源建设的相关职能，把其视为促进学生全面发展和推动教师专业成长的重要平台，并认为中小学图书馆是基础教育现代化的重要体现，是社会主义公共文化服务体系的有机组成部分②。对比分析结果显示，随着我国素质教育改革的逐步深入，教育改革实践的发展对于中小学图书馆的功能要求发生重大变化，图书馆不再只是中小学教育的辅助部门，其对教育教学活动的直接参与以及在公共文化服务体系中的作用逐渐彰显，系列功能定位的变化对当前中小学图书馆工作的开展提出新的要求。

（二）对中小学图书馆任务的认知

国家教育管理部门对于中小学图书馆的任务要求建立在对图书馆性质认知的基础上，是中小学图书馆工作开展最重要的目标导向。《中小学图书馆（室）规程》从1991年版制定到2018年版修订，这个过程体现我国中小学图书馆所承担任务的显著变化。在1991年版《中小学图书馆（室）规程》中，中小学图书馆任务被描述为"贯彻国家教育方针；利用书刊资料对学生进行政治思想品德和文化科学知识教育；指导学生课外阅读，促进学生全面发展；积极提供书刊情报资料和教学参考资料"③。2003年版《中小学图

---

① 国家教委关于印发《中小学图书馆（室）规程》的通知［EB/OL］.［2019-12-18］. http://www.moe.gov.cn/srcsite/A06/jcys_jyzb/201806/t20180607_338712.html.

② 教育部关于印发《中小学图书馆（室）规程》的通知［EB/OL］.［2019-12-19］. http://www.moe.gov.cn/srcsite/A06/jcys_jyzb/201806/t20180607_338712.html.

③ 中小学图书馆（室）规程（1991年8月29日国家教委发布）［EB/OL］.［2019-12-19］.https://www.lawxp.com/statute/s1009476.html.

书馆（室）规程》在中小学图书馆任务描述方面发生一些变化，在 1991 年版所描述的任务要求之外增加两项新的任务：一是"在指导学生课内外阅读的同时，要求开展文献检索与利用知识的教育活动"；二是增加"培养学生收集、整理资料，利用信息的能力和终身学习的能力"的新要求[①]。2018 年版《中小学图书馆（室）规程》在任务要求上与前两个版本相比发生重大变化，在整体任务要求上增加"培育社会主义核心价值观，弘扬中华优秀传统文化"；将文献资源服务改为"建立健全学校文献信息和服务体系"；在指导学生掌握检索与利用文献信息的知识与技能的同时要求"协助教师开展教学教研活动"；将指导学生阅读改为"组织学生阅读活动，培养学生的阅读兴趣和阅读习惯"。随着我国素质教育改革的逐步深入，中小学图书馆被赋予更多的教育教学支持及直接参与教育教学活动的任务，见表 3-1。在服务国家教育方针和人才培养目标的同时，服务对象从面向学生扩大到面向师生；从单纯的文献资料提供发展到学校文献信息和服务体系的构建；从指导学生阅读发展到组织学生阅读及培养学生阅读兴趣和阅读习惯；从利用文献资料开展教育发展到对学生信息素养和终身学习能力的培养及对教师教育教研活动的支持。这些任务要求的变化体现出素质教育改革背景下中小学图书馆工作的发展方向变化。

表 3-1　三版《中小学图书馆（室）规程》中所描述的中小学图书馆任务要求

内容	1991 年版规程	2003 年版规程	2018 年版规程
贯彻国家教育方针	√	√	√
促进学生德智体全面发展	√	√	√
培育社会主义核心价值观，弘扬中华优秀传统文化			√
为师生提供文献资料	√	√	√
利用文献资料开展学生教育	√	√	√

---

① 中小学图书馆（室）规程（修订）[EB/OL].[2019-11-03].http://www.moe.gov.cn/srcsite/A06/jcys_jyzb/200303/t20030325_88596.html.

续表

内容	1991年版规程	2003年版规程	2018年版规程
指导学生课内外阅读	√	√	√
组织学生课内外阅读			√
开展文献检索与利用知识的教育；培养学生收集、整理资料，利用信息的能力和终身学习的能力		√	√
培养学生阅读兴趣和阅读习惯			√
建立健全学校文献信息和服务体系			√
协助教师开展教学教研活动			√

三、基础教育发展对中小学图书馆工作的要求

尽管国家素质教育改革对中小学图书馆的发展目标进行了具体描述，但在我国素质教育改革进程中，中小学图书馆工作却没有与时俱进，反而整体落后于教育发展实践，缺乏实质性参与，这反映出中小学图书馆的核心价值缺失。这种局面的出现主要是因为应试教育压缩学校教育活动空间，所以中小学图书馆职能难以发挥。这也体现出中小学图书馆在实践过程中对自身职能实现认识和路径上的不足。党的十八大以后，我国素质教育改革逐渐步入"深水区"，该阶段的教育改革重心在招生制度改革。义务教育均衡化、高校招生多元录取机制等措施的出台，标志着我国素质教育进入新阶段。在此背景下，中小学图书馆应该充分把握政策机遇，正确把握当前素质教育发展对图书馆的各项要求，以推动中小学图书馆事业的发展。

（一）服务学生政治思想品德教育

2018年版《中小学图书馆（室）规程》在继续强调贯彻国家教育方针、促进学生德智体全面发展的同时，将培育社会主义核心价值观与弘扬中华优秀传统文化作为中小学图书馆的主要任务，这反映出当前中小学教育发展新的时代特点。加强中小学生政治思想教育、培养学生的爱国精神和文化自信

成为当前中小学教育的一项重要使命，中小学图书馆工作的开展要服务于这一方向，利用自身在文献资源建设和利用上的优势积极开展各类学生思想教育和民族文化普及活动，帮助学生树立正确的世界观、人生观和价值观，弘扬民族精神，培养文化自信，使中小学图书馆成为学生政治思想品德教育的第二课堂和常态化基地。图书馆可以通过图书推荐、专题阅读活动以及环境营造等多种形式融入学校德育体系，实现其在学生思想品德教育上的价值。

（二）服务教学改革

随着基于素质教育理念的课程改革、教学形式改革及评价方式改革的逐步推进，单纯的文献资料提供已经不能满足当前学校教育对图书馆文献保障方面的要求。教育改革具有实验性和探索性，这就要求图书馆文献信息服务要具有主动性、前瞻性和系统性。中小学图书馆需要认真研究教育学领域相关理论，并深入了解教育改革的需求与目标，实现图书馆服务与教育改革的深层次融合，构建系统的、动态的及适合的信息资源保障与服务体系，真正发挥图书馆优势，为基础教育教学改革和学校管理提供决策支持服务。该项工作的开展需要中小学图书馆员实现认知上的转变和素质上的提升，从中小学教改的"旁观者"转变为"参与者"，主动融入新课程的探索，利用自身专业优势提供相关服务。为此，中小学图书馆员需要积极提升自身教育理论素养，关注中小学教育实践的发展，提升自身综合能力。

（三）培养学生阅读习惯并开展身心教育

阅读是培养学生学习习惯和学习能力及促进学生全面发展的重要方式之一，也是树立学生正确的世界观、人生观、价值观，培养爱国精神和文化自信的重要途径之一。中小学阶段是培养阅读习惯的重要阶段。指导与组织学生阅读，培养学生阅读兴趣和阅读习惯是中小学图书馆开展学生教育活动的重要抓手。图书馆应该积极组织形式多样的学生阅读活动，使校园阅读成为全民阅读的重要推动力。同时，图书馆可以通过设计打造班级读书角、读书长廊等方式营造学校阅读氛围，使阅读文化成为学校文化建设的重要构成。

在学生身体素质培养过程中，图书馆应配合教师，主动向学生推荐相关的信息资源，引导学生掌握提升身体素质的基本知识和技能，使学生养成经常锻炼和讲究卫生的良好习惯。

良好的心理素质是适应环境、取得学习和生活成功的必要条件。中小学图书馆需引导学生通过读书来培养良好性格和认知习惯，培养其不畏困难、积极向上的意志品质。例如，图书馆可以通过购置心理学和青少年心理健康方面的书籍报刊，开设"心理素质教育图书阅览角"，举办"互帮互助"之类主题的心理素质教育专题图书展览，组织心理知识阅读沙龙等活动。

（四）进行嵌入式教育教学服务

在教育改革背景下，研究性学习、专题学习等区别于课堂教学的新型教学方式开始普及，同时，学生社团活动的开展及社会实践使学校教育教学活动更具灵活性。这些改革体现出基于素质教育理念的教育创新，同时也为中小学图书馆嵌入学校教育教学活动提供广泛的空间。图书馆可以利用自身空间、资源等优势积极参与相关教育实践，使图书馆为学生研究性学习、创新能力培养和社会实践提供助力。一些中小学在起始年级开设阅读辅导课，组织读书社团及开设常态化的读书讲座，这些活动体现出其在教育教学服务中的价值。

（五）服务教育科研

2018年版《中小学图书馆（室）规程》将协助教师开展教学科研活动作为当前中小学图书馆的重要任务，这体现基础教育发展对学校图书馆工作的新要求。素质教育要求以培养学生素质为核心，学校教育的重心转移到人的培养而非应试选拔。因此，中小学教师积极开展教育科学研究，更好地掌握教育教学规律，使学校教育更加符合学生成长规律。教育理念的变化推动了中小学教师教学科研活动的开展，从而对中小学图书馆的信息服务和科研支持提出更高要求。同时，这也要求中小学图书馆积极参与教育研究，与学科教师一起探索新形势下教育教学规律，推动素质教育改革的继续深入。在此过程中，中小学图书馆可以通过课题查新、研究文献整理及教师科研项目跟踪服务等方式参与学校教育科研活动。

四、中小学图书馆的信息素养教育工作

1998年，美国学校图书馆员协会（American Association of School Librarians，AASL）、美国教育传播和科技协会（Association for Educational Communications and Technology，AECT）为信息素养教育共同制定《学生学习的信息素养标准》（*Information Literacy Standards For Student Learning*）[①]，提出 3 个范畴、9 条标准和 29 项具体要求：

范畴 Ⅰ 信息素养。具备信息素养的学生应达到：

标准 1：优秀地存取信息。具体指标有：认识到信息需求；认识到准确和完整的信息是智能决策的基础；基于信息需求发现问题；确定一系列潜在的信息源；能够为查找信息制定和使用成功的策略。

标准 2：批判性地评价信息。具体指标有：确定信息的准确性、相关性、全面性；区分事实、观点和意见；鉴别出不准确信息和误导信息；为所面临的实际问题选择适宜的信息。

标准 3：有效地、创造性地利用信息。具体指标有：可在实际应用中组织信息；将新信息集成进自己已有的知识储备中；在分析问题和解决问题的过程中应用信息；以适宜的形式生产信息、交流信息。

范畴 Ⅱ 独立学习。具备独立学习能力的学生拥有信息素养能做到：

标准 4：追踪与个人兴趣相关的信息。具体指标有：寻找与个人兴趣相关的信息，如求职、社团活动、卫生保健和娱乐信息等；设计、开发和评价与个人兴趣相关的信息产品与解决方案。

标准 5：欣赏与喜爱文献及其他信息的创意呈现形式产品。具体指标有：是合格的、自我激励的阅读者；能在各种形式的创造性信息产品中获得有意义的信息；能开发各种形式的创造性信息产品。

标准 6：努力在信息查寻和知识生产中做到最好。具体指标有：能够评估自己的信息查寻过程和查寻结果；能够为自己生产的知识制订修改、完善

---

① Information Literacy Standards for Student Learning［EB/OL］.［2019-01-09］.https://www.ala.org/ala/aasl/aaslproftools/informationpower/InformationLiteracyStandards_final.pdf.

和更新设计策略。

范畴Ⅲ　社会责任。能够积极地为学校和社会做出贡献：

标准7：认识到信息对民主社会的重要性。具体指标有：从多样性的学科门类、文化和资源中查寻信息；尊重平等存取信息的原则。

标准8：在信息活动和应用信息技术时恪守道德准则。具体指标有：尊重学术自由原则；尊重知识产权；负责任地使用信息技术。

标准9：有效地参加查寻信息或生产信息的团体活动。具体指标有：能与他人共享知识和信息；尊重他人的意见及其先前的努力等背景性工作成果和已有贡献；在发现信息问题和查找解决方案方面与他人合作；在设计、开发和评估信息产品和方案时能与他人合作。

此标准对美国中小学生的信息素养能力做出明确规定，对其他国家中小学生进行信息素养教育也有参考借鉴作用。

中小学图书馆肩负着培养中小学生信息意识与能力的重任。中小学图书馆应充分利用其丰富的文献信息资源、良好的教育教学环境、专业的信息人员和信息技术等诸多优势，开展信息素养教育活动。具体如下：

（1）信息意识教育。信息意识是人们认识信息在科学技术、经济、社会发展中的性质、地位、价值、功能的思维活动，是人们选择和利用信息的自觉程度，换句话说就是对信息的敏感状况。对中小学生信息意识的培养，中小学图书馆要结合学生的年龄特征和教学需要，开展集知识性、趣味性于一体的活动，引导和激发学生对信息技术的兴趣，强调和发挥学生的主体性，对学生进行潜移默化的信息意识熏陶和指导，培养学生对信息的敏感性，使学生能够自主开展研究性学习。

（2）信息道德教育。信息道德教育的核心是培养学生正确的信息道德观及信息检索与利用过程中的法制观念，包括信息伦理道德、与信息相关的准则规范、自身信息行为规范和信息安全意识等。中小学生的思想比较单纯，极容易被社会上的各种信息垃圾所污染。因此在信息道德教育方面，图书馆人员要引导学生利用健康积极向上的信息，不断提高学生的思想品德修养和对信息的鉴别能力，培养学生良好的信息道德观。

（3）信息能力教育。信息能力教育应包括理论知识和实践能力两个方面，必须经过系统培训和长期实践才能获得。中小学生信息能力的教育，要与其他学科教学内容紧密结合。中小学图书馆可以利用信息技术课指导学生进行信息技术工具的学习，同时引导学生高效获取信息，创造性地整理及运用信息，培养中小学生的创新能力。

五、中小学图书馆的科学素养教育工作

教育是影响国民科学素养的主要因素。中小学图书馆要以提高学生科学素养为出发点和归宿，加大科普工作力度，具体来说，可以从以下几个方面进行：

（1）做好科学传播工作。中小学图书馆一方面要优化馆藏结构，有计划、有步骤地购买通俗性、趣味性、艺术性强的科普书刊。另一方面也要加强对科普书籍的宣传推荐，打破过去由图书馆唱"独角戏"的导读局面，建立由学校、社会、家庭多方参与的科普导读体系。中小学科学传播工作应该由图书馆牵头，通过课堂、家庭教育及校园内各种媒介，如校园网站、广播站、橱窗、板报等，吸引学生视线，宣传推荐科学知识，增强校园科学教育氛围。

（2）做好科学普及工作。中小学图书馆可以开办专门的科普书厅。由于科普书籍涉及自然科学十个基本大类，落点较为分散，不便于统一揭示和读者检索，可以通过优化馆舍空间，开拓专用场地，将现有优秀科普图书、期刊集中向学生开放。科普书厅，可结合学生科技活动和劳动常识课，配备一些动植物标本和天文望远镜、航海航空模型等，激发学生对科学的兴趣。

（3）做好科学教育工作。科学教育，可以使学生感受科学精神，树立科学观念，培养其创新能力和高效获取信息的能力。中小学图书馆可以通过举办科学讲座、参观科技馆/展览馆、接触科研第一线等方式，激发中小学创新思维。还可以通过开展"科普征文"和"科技小制作"比赛等活动，鼓励学生奋勇争先，让他们在活动中进行主动阅读、观察、比较、思考、设计、制作、试验等，培养他们的创新能力。

总之，中小学图书馆只有明确自己在素养教育中的地位和作用，才能紧

紧跟上教育形势和社会发展的重要，充分发挥各种信息服务功能，使之成为学生自主学习的基地，为培养高素质的创新型人才作出更大的贡献。

第三节　基础教育均衡化发展与中小学图书馆

一、基础教育均衡化发展

基础教育均衡化发展是一个历史范畴，其内涵随着时代的发展不断发生变化。基础教育均衡发展首先体现在为更多人提供受教育的机会。当社会政治、经济、文化发展到一定程度之后，基础教育均衡则意味着为尽可能多的人提供尽可能好的基本教育[①]。长期以来，我国基础教育发展不均衡的问题，造成地区间、校际的教育差异过大，集中体现在教育资源配置不均衡。在素质教育改革逐步推进的同时，教育均衡化发展开始成为我国基础教育改革的另外一条主线，这种从追求教育效率向追求教育公平的政策转变对中小学图书馆发展产生重要影响。

（一）基础教育均衡化发展的内涵

当前，基础教育均衡化发展已经成为我国基础教育发展的关键问题，其内涵主要涉及以下方面：①教育权利公平。要确保人人都有受教育的权利和义务，同时具有相对平等的受教育机会和条件。②教育资源配置均衡。包括不同教育阶段、不同区域及不同类型教育在资源配置上的合理和充分。③教育效果均衡。要全面提高每一所学校的办学水平，促进每一个学生的健康成长，实现有质量的均衡[②]。

基础教育的均衡发展是促进教育公平、公正，保障青少年教育权益，建立现代国民教育体系的必要要求，是建设学习型社会的一项基础性工程。实际上，基础教育均衡发展不仅是一个教育问题，同时也是社会问题。随着我

---

① 朱永新,许庆豫.论基础教育均衡发展[J].中国教育学刊,2002（6）:1-4.

② 全面促进义务教育均衡发展——访教育部党组书记、部长袁贵仁[EB/OL].[2018-10-25].http://www.moe.gov.cn/jyb_xwfb/moe_176/201210/t20121023_143575.html.

国基础教育改革的逐步深入，基于均衡教育的改革呈现向个体教育公平、教师流动、集团化办学及政府目标实现等深层次问题的过渡，对当前中小学教育的开展及中小学图书馆发展产生系统而深远的影响。基础教育均衡化对中小学图书馆发展的影响既体现在对中小学教育环境的重塑，同时还体现在中小学图书馆承担的任务、发挥的功能和基础资源建设等方面。

（二）基础教育均衡化发展相关因素

1. 教育投入

基础教育均衡化发展需要增加教育投入，包括提高教师待遇，改善贫困地区、落后地区的办学条件及各类教育资源。2012 年，《国务院关于深入推进义务教育均衡发展的意见》（国发〔2012〕48 号）强调推进义务教育均衡发展，需要着力提升农村学校和薄弱学校办学水平。近年来，国家财政性教育经费支出不断增加，逐渐健全投入机制，优化支出结构，为我国教育事业的发展，特别是中西部和农村教育条件的改善创造了条件[①]。

2. 教育管理体制

基础教育均衡化发展是一项系统工程，需要教育管理体制的不断创新。推动基础教育均衡化发展要始终把全面提高教育质量放在重要位置。当前围绕基础教育均衡化开展的一系列举措主要包括：

（1）中小学课程改革。特别是合理设置课程和课程标准，将减负纳入考核，做好监督检查，严禁违法行为，减轻学生负担，促进学生综合发展。

（2）教育教学质量和学生学业质量评价体系改革。改变过于侧重考试分数的评价机制，逐步建立科学、多元的教育评价体系。

（3）教学方式变革。提倡采用启发式、探究式、讨论式、参与式的教学方式，引导学生自主学习和创造性思维，鼓励学生根据个人兴趣进行个性化发展。

（4）建立健全教学督导体制。教学督导是学校教学管理的重要环节，也是推动各项教育改革落实的重要举措。教学督导重点在课堂教学和实践教

---

① 国务院关于深入推进义务教育均衡发展的意见国发〔2012〕48号［EB/OL］. ［2019-01-09］.https://www.gov.cn/zwgk/2012-09/07/content_2218783.htm.

学，是推动基础教育均衡化发展的教学实践层面落实的重要环节。

（5）区域教育均衡化发展。通过城乡学校携手共进、覆盖全域的信息专网建设等举措实现教育均衡化发展。

3. 办学体制

通过制度创新建立以人为本、多样、多元、自主和开放的办学体制，是我国基础教育均衡化发展的重要促进因素。一方面，国家通过整体规划和指导，吸收更多社会资源参与基础教育发展过程中作为政府办学的补充，更多社会资源的投入既有利于基础教育整体发展，也有利于满足多元化的教育需求，从而提高我国基础教育的现代化水平；另一方面，通过集团化办学及办学联盟等创新机制，可以有效实现不同类型、不同水平的教育资源的整合。合作校之间的合作和资源共享将会有效缩小学校之间办学水平的差距，从而促进教育均衡化。

4. 教育信息化

教育信息化是推动基础教育均衡化发展的重要途径，利用现代信息通信技术可以实现优质教育资源的跨区域共享。目前，基于互联网的远程教育的实施已经成为实现区域间教育合作和帮扶的重要手段。较落后的学校采用现代信息传输技术，可以利用甚至是同步利用先进学校的优质教育资源，从而提高自身教育水平。2012 年，教育部印发《教育信息化十年发展规划（2011—2020 年）》（教技〔2012〕5 号），规划提出缩小基础教育数字鸿沟、构建继续教育公共服务平台、整合信息资源和建设信息化公共支撑环境等八项发展任务[1]。2018 年，教育部出台《教育信息化 2.0 行动计划》（教技〔2008〕6 号），提出到 2022 年基本实现"三全两高一大"的发展目标，持续推动信息技术与教育深度融合。当前，教育信息化已经成为国家缩小基础教育鸿沟，推动基础教育均衡化发展的战略举措，案例显示，教育信息化对于缩小校际差异，推动基础教育均衡发展逐步发挥了切实作用[2]。

---

[1]　教育信息化十年发展规划（2011—2020 年）［EB/OL］.［2019-12-25］.http://www.moe.gov.cn/srcsite/A16/s3342/201203/t20120313_133322.html.

[2]　教育的水平线［EB/OL］.［2018-10-25］.http://edu.gmw.cn/2018-12/12/content_32151483.htm.

2020 年以来，教育部发布政策鼓励通过活动品牌建设、数字基础设施建设与规范管理来逐步推进、加速教育信息化建设：

第一，活动品牌建设，如三个课堂、网络学习空间应用普及活动。为了促进信息技术与教育教学融合应用、探索信息化背景下育人方式和教研模式等重要任务，积极推进"互联网 + 教育"发展，针对基础教育阶段促进教育公平、提升教育质量的现实需求，在各地实践探索的基础上，教育部提出加强"专递课堂""名师课堂"和"名校网络课堂"①。教育部也开展网络学习空间应用普及活动。2020 年度网络学习空间应用普及活动按照"普及应用、融合创新、示范推广"的原则，依托国家数字教育资源公共服务体系，组织师生开通实名制网络学习空间，推荐遴选出 40 个网络学习空间应用优秀区域和 200 所优秀学校进行展示推广，推动逐步实现"一人一空间、人人用空间"②。

第二，数字基础设施建设。2020 年之后教育部先后开展了教育信息化战略研究基地、"智慧教育示范区"的建设并且推进上海进行全国首个教育数字化转型试点区等的建议工作③。

第三，规范教育信息化。规范性政策包括《国家智慧教育平台数字教育资源内容审核规范（试行）》（教科信厅函〔2022〕22 号）、《国家智慧教育公共服务平台接入管理规范（试行）》（教科信厅函〔2022〕33 号）、《直播类在线教学平台安全保障要求》等（教科信函〔2022〕59 号）④。

二、基础教育均衡化与中小学图书馆标准化

基础教育均衡化发展有利于中小学图书馆办馆条件的改善，硬件上的标

---

① 教育部关于加强"三个课堂"应用的指导意见［EB/OL］.［2024-04-30］.http://www.moe.gov.cn/srcsite/A16/s3342/202003/t20200316_431659.html.

② 教育部办公厅关于开展 2020 年度网络学习空间应用普及活动的通知［EB/OL］.［2024-04-30］.http://www.moe.gov.cn/srcsite/A16/s3342/202011/t20201112_499706.html.

③ 教育信息化规划和相关政策文件［EB/OL］.［2024-04-30］.http://www.moe.gov.cn/jyb_xxgk/xxgk/neirong/fenlei/sxml_jyxxh/jyxxh_xxh/xxh_xgzc/.

④ 教育信息化规划和相关政策文件［EB/OL］.［2024-04-30］.http://www.moe.gov.cn/jyb_xxgk/xxgk/neirong/fenlei/sxml_jyxxh/jyxxh_xxh/xxh_xgzc/.

准化（包括面积、座位、藏书量等）已经成为当前可以预期实现的目标，从而为中小学图书馆发展奠定现实基础。

（一）基础教育均衡化对中小学图书馆工作的影响

1. 促进办馆条件改善

2010 年，《国家中长期教育改革和发展规划纲要（2010—2020 年）》提出均衡发展是义务教育的战略性任务，包括建立健全发展保障机制、推进义务教育学校标准化建设和均衡配置教师、设备、图书、校舍等资源[①]。义务教育学校标准化建设在人均藏书量、人均座位数、馆舍面积、开馆时间等硬件设施方面对中小学图书馆提出量化指标要求，并通过督导评估的形式推动相关政策落实，从而保证中小学校对于图书馆建设的投入，为中小学图书馆各项服务的开展奠定基础。随着各地有关义务教育均衡化政策的相继出台，中小学图书馆的办馆条件趋于标准和统一，特别是对藏书量、馆舍面积及读者座位数的相关要求，使一些条件薄弱的图书馆得到显著改善。

2. 推动队伍专业化

工作人员是中小学图书馆服务的主要承担者，也是在基础教育改革背景下图书馆服务创新的实践者。馆员队伍建设对中小学图书馆发展起着重要的作用。长期以来，我国中小学图书馆队伍存在结构老化、人员学历水平较低及专业性较差等问题，这些问题制约中小学图书馆服务的开展。中小学图书馆人员是学校师资队伍的组成部分，因此人员队伍建设和规划同样也是师资队伍建设的重要内容。基础教育均衡化发展同样对我国中小学图书馆人员素质提出更高要求，这一方面体现在对入职人员条件进行限制，如在学历、专业及综合素质方面的具体要求。另一方面体现在对从业人员进行继续教育和职业发展规划。这些举措将推动学习型、专业化人员队伍建设，从而为我国中小学图书馆发展提供更好的人力资源保障。

3. 促进管理现代化

中小学图书馆管理是基于中小学图书馆的性质和任务，结合学校教育的

---

① 国家中长期教育改革和发展规划纲要（2010—2020 年）[EB/OL].[2019-12-25]. http://www.gov.cn/jrzg/2010-07/29/content_1667143.htm.

实际需要，围绕相关资源所进行的建设与利用活动，其最终目的是促进资源高效利用并实现服务目标。长期以来，由于各种实际条件的限制，我国中小学图书馆管理一直处于被忽视的状态，具体表现在岗位职责不明、资源调配无序及缺乏图书馆发展的长期规划等方面。中小学图书馆管理规范化是基础教育均衡化发展的重要内容，要求中小学图书馆要制定自身的管理规范，改变过去低效无序的管理状态。实现这一目标，需要学校做好整体规划，明确图书馆在学校教育教学中的目标定位和功能划分，对图书馆工作加强指导和监督；同时要求图书馆制定合理的发展规划，加强规范化管理，提高资源利用效率。

（二）基础教育均衡化发展对中小学图书馆工作的要求

1. 服务规范化和标准化

随着我国基础教育均衡化发展战略的实施，服务规范化和标准化将会成为中小学图书馆发展的重要方向。基础教育均衡化将会使中小学教学活动更加有序，师资配置更加合理，课程设置与教学管理更加统一及教学评价更加多元，这也为中小学图书馆服务的规范化和标准化创造了基本条件。在基础教育均衡化发展过程中，中小学图书馆需要根据教育实践发展需要，在做好常规服务的基础上，积极开展服务创新，同时通过推行服务规范化和标准化，提高中小学图书馆整体服务水平。

2. 关注学生个体成长

基础教育均衡化更加关注学生个体成长，力求为每一个学生提供充分且适合其自身的教育资源。基于基础教育均衡化发展理念，中小学图书馆需要扩大服务范围，保证每一个学生都能充分享受图书馆资源和服务；同时还需要通过开展服务创新，提高服务的灵活性和个性化程度，为每一个学生个体的学习提供个性化的支持和指导。随着素质教育改革和教育均衡发展的同时推进，中小学图书馆对教育教学活动的融入程度将会更加深入。在办馆条件不断得到改善的同时，如何利用好资源，发挥中小学图书馆在学校教育教学活动中的价值，已成为当前中小学图书馆需要思考的重要课题。

3. 通过服务创新实现功能转型

基础教育均衡化发展对我国中小学教育的影响具有全局性。基础教育均衡发展战略的继续推进，将会对我国教育体制产生深层次影响。基础教育均衡化发展的丰富性和深刻性，必将对中小学教育形态产生影响，从而推动中小学校各类教育资源的整合和重组。在此背景下，中小学图书馆应该开拓思维，根据基础教育均衡化发展的深层次要求进行服务创新，实现中小学图书馆功能转型，这将为中小学图书馆实现跨越式发展提供机遇。

三、中小学图书馆特色化发展

随着基础教育均衡化发展战略的推进，在办馆条件日益改善的基础上，结合学校发展与本馆实际特点开展特色化服务，是学校教育对中小学图书馆工作提出的新要求，同时也是中小学图书馆发展的重要方向。

（一）中小学图书馆特色化发展的必要性

1.学校教育特色化

在推行基础教育均衡化发展的同时，国家鼓励各中小学根据社会发展、国家建设及学校自身特点等实际情况，开展特色化办学的探索。学校特色是一所学校办学理念的集中体现，与国家教育政策、地区教育需要、学校管理者办学思想、师资水平、生源素质等因素密切相关。特色学校建设体现素质教育的具体要求，是学校内涵发展的重要途径和教育优质均衡发展的应然选择。一方面，各校结合自身情况，开展特色教育资源的挖掘和整合，并在学校教育和管理过程中予以体现，使学校教育在满足国家相关要求的同时体现校本特色；另一方面，各级教育管理机构通过各类特色学校评选活动，鼓励和引导各校开展特色化办学，以更好地推进素质教育的落实，如教育部通过艺术、体育、国防教育、心理健康教育等特色学校评选活动，推动相关教育活动在各校的落实。在中小学特色化办学过程中，中小学图书馆应该立足学校需求开展特色化服务，使图书馆服务融入学校特色学校创建活动，从而体现自身价值。

2.学生发展个性化

以人为本、因材施教和服务学生个性化发展是当前中小学教育理念的重要内容，当前我国的基础教育正在从减轻学生课业负担、倡导研究性学习、增加校本课程，以及开展多元化和过程化评价等方面落实现代教育理念，关注学生个性化成长。学生个体差异的现实存在，决定中小学图书馆服务必然是标准化与特色化的结合。服务标准化突出服务过程，结合服务范围的规范化，对中小学图书馆工作提出基础性要求；服务特色化强调服务内容和服务方式的灵活性，要求中小学图书馆服务要因地制宜、因时制宜和因人制宜，围绕学校教育目标开展多样化的服务。从具体表现来看，中小学图书馆特色化一方面体现在图书馆通过活动组织和宣传，形成特色活动品牌，如阅读活动、文化展览及系列讲座等，追求服务内容上的特色；另一方面体现在对于常规服务内容开展特色化的服务方式，如在阅读活动中，采取特色主题及特色阅读方式等。此外，中小学图书馆特色化还体现在资源建设、环境营造、学生活动及图书馆其他特色服务等方面。

（二）中小学图书馆特色化发展的实施路径

1. 立足校园文化，提炼办馆思想

新时期中小学图书馆需要重新审视自身发展环境，挖掘自身潜力，拓宽发展空间，实现图书馆发展与学校教育教学的融合。中小学图书馆特色化发展必然建立在学校特色的基础上，立足校园文化，提炼办馆特色是推动中小学图书馆特色化发展的重要路径。为此，中小学图书馆应秉承开放、融合和多元化的发展理念，打破应试教育和以馆为本思想的束缚[1]，将图书馆行业特点与基础教育改革现实需要相结合释放办馆活力，夯实办馆基础。校园文化是中小学校在长期的发展过程中所形成并被共同遵守的价值观、精神、行为准则等，并具体表现在学校的管理制度、课程设置、校园建设、学生活动及师生精神风貌等方面。中小学图书馆所开展的各项工作在理念上应该与校园文化建设一脉相承，并从中汲取营养。

2. 围绕教育需求，拓宽服务内容

我国基础教育发展赋予中小学图书馆更多的职能。中小学图书馆服务不再局限于传统的文献借阅，而是向更广和更深方向扩展。中小学图书馆被赋予"藏、借、阅、研、休"等多项功能。2018 版《中小学图书馆（室）规

---

[1] 吴玥.开放·多元·融合:中小学图书馆未来发展的应然选择——学习《关于加强新时期中小学图书馆建设与应用工作的意见》的几点思考[J].新世纪图书馆,2016(6):9-12,36.

程》对中小学图书馆职能进行更多描述，明确了培养学生阅读兴趣和阅读习惯、建立健全学校文献信息和服务体系，协助教师开展教学教研活动等任务。职能设置的拓展为中小学图书馆开展特色服务提供空间。各馆可以根据学校发展需要和自身优势，打造本馆的特色服务，具体可以包括以下方面：

（1）立足特色资源开展特色服务。如馆藏资源、馆舍环境及人员特长。

（2）立足读者特点开展特色服务。如小学图书馆侧重童趣，激发学生学习兴趣；初中图书馆突出求知欲和探究精神培育；高中图书馆重点打造合作学习和研究性学习平台[①]。

（3）立足特色学校建设开展特色服务。如围绕国防建设、心理健康教育、艺术、体育等内容开展特色服务等。

3.注重总结提升，形成特色品牌

中小学图书馆特色的形成建立在积累、总结和提升的基础之上，是将图书馆服务提炼、坚持并形成服务品牌的结果。从内容上看，中小学图书馆特色品牌是中小学图书馆办馆思想和服务内容的高度概括和集中体现，同时是校园文化在图书馆服务中的彰显。从表现方式上看，中小学图书馆特色品牌可以由高度凝练的语句、精心设计的中小学标识或者具有代表性的特色活动等方式来体现。从形成过程上看，中小学图书馆可以利用新建馆舍或馆舍改造等契机，加强系统性的设计和规划，在较短时间内形成特色品牌，同时也可依靠长期积累沉淀，形成具有一定影响力的特色服务。

第四节　中小学图书馆发展与转型

当前基础教育发展需要中小学图书馆的功能转型，从文献资源中心向具有多种功能的教育教学服务中心转变，以保证对基础教育发展的持续贡献

---

① 不再只是借书还书,700多所中小学图书馆功能提升,打造师生学习创造的智慧中心［EB/OL］.［2019-06-11］.https://www.jfdaily.com/news/detail?id=77839.

度。为此，中小学图书馆需要充分吸收图书馆学、教育学及心理学等多种学科的最新理论成果，利用各项政策支持，整合多方资源，促进自身转型。

一、中小学图书馆发展阶段划分

中小学图书馆的功能定位受教育理论、政策、体制及技术等多重因素的影响，在不同阶段呈现出不同形态。对不同阶段中小学图书馆发展形态的梳理，有助于我们更好地了解中小学图书馆发展规律从而明确转型方向。

（一）自发阶段

中小学图书馆最为基本的职能是为师生提供书刊等文献资源，其最初形态是作为图书资源集藏地。该阶段中小学图书馆的不足主要包括：①馆舍及其他配套硬件设施有限，不具备独立馆舍。②闭架借阅，不向普通读者开放。③没有专门的馆藏建设计划，资源采购具有随机性，对于入藏资源没有专门要求。④对于人员的专业化程度没有具体要求。⑤以书刊借还为主要工作内容，开放时间缺乏统一规定。⑥缺乏整体管理规划。⑦手工编制本馆目录，编目标准没有统一要求。⑧较少参与学校教育教学活动，包括阅读推广及教育教学等其他服务。

该阶段中小学图书馆发展整体呈现自发状态，主要表现在四个方面：

第一，就教育管理部门而言，对中小学图书馆发展支持力度有限。原因有应试教育影响、对图书馆功能认识不足及教育资源本身有限等，其结果是对中小学图书馆发展缺乏统一的管理和规划，使图书馆工作缺乏科学有效的政策保障和指引。

第二，就学校管理而言，由于中小学图书馆工作对学校教育目标的支持力度有限（集中表现在对学生学业表现的支持），学校管理者对于中小学图书馆工作缺乏关注和支持。

第三，就师生读者而言，应试教育带来的压力使师生把更多精力放在学业学习上，对于图书馆的需求有限。

第四，就图书馆自身而言，现实环境困境与专业知识的缺失使人员缺乏动力和能力，从而使图书馆工作呈现自发状态。

该阶段的中小学图书馆仅是文献资源集藏地，教育理念的限制及图书馆工作自身专业化的不足使中小学图书馆工作很难真正融入教育教学活动。

（二）标准化阶段

中小学图书馆服务实际上是在特定的学校教育体制环境下，基于特定的教育理念，按照学校教育系统功能最大化的基本要求整合各类资源，满足教育发展现实需要的过程。素质教育的实施、基础教育投入的增加和教育信息化发展是中小学图书馆发展最重要的推动因素。在相关因素的共同作用下，当前中小学图书馆正处在标准化发展阶段，该阶段特征主要包括：①建设标准化。对于馆舍面积、座位数、空间分配及其他指标提出标准化要求。②开架借阅，图书馆空间向读者开放。③馆藏资源多元化，多媒体资源成为重要组成部分。④文献资源建设规范化，具有明确的采购计划和要求。⑤对人员有明确的专业要求，人员专业化发展制度初步建立。⑥对开放时间有具体要求。⑦初步实现编目自动化，联机编目提高编目规范性和效率。⑧开展多种形式的读者服务活动，如阅读推广、社团活动及读者培训等，在一些发展较好的图书馆开始形成服务品牌。⑨通过多种形式开展教学支持。⑩初步建立馆长负责制，重视发展规划的制定和科学化管理。⑪对于图书馆的资源投入具有明确的政策规定。⑫初步建立图书馆评估和绩效考评制度。

该阶段中小学图书馆发展整体呈现建设和服务标准化的状态，主要表现在以下四个方面：

第一，中小学图书馆发展政策逐步完善，包括资源投入、建设标准、日常管理及考核评估等方面，图书馆发展宏观政策框架初步建立。

第二，中小学图书馆服务逐渐规范统一，包括图书馆职能划分、资源建设及读者服务等，尽管由于具体情况的差异，各馆在读者服务多样性、丰富性、特色化及影响程度和效果上存在不同，但中小学图书馆在资源保障、阅读推广及教育教学支持等方面已经初步具备服务能力，图书馆开始摆脱单纯的图书集藏地的职能局限，向服务多元化方向发展。

第三，中小学图书馆信息化达到一定标准，多媒体资源、数字资源开始成为中小学图书馆资源体系的组成部分，联机编目和资源共享初步实现。

第四，中小学图书馆管理逐步规范，包括发展规划、读者管理、财务管理等。

需要指出的是，中小学图书馆发展是在实现建设标准化的基础上逐步走向服务标准化，建设标准化是服务标准化的基础，服务标准化及服务标准化基础上开展的各类特色服务是中小学图书馆发展到一定程度的集中体现。该阶段中小学图书馆开始逐步融入学校教育教学活动，图书馆服务理念与教育理念开始实现较深程度的整合。

（三）现代化阶段

在进入标准化阶段之后，中小学图书馆将以现代化为发展方向，该阶段特征主要包括：①中小学图书馆信息化程度进一步提高，数字资源建设和网络服务在图书馆工作中的重要性进一步增加。人工智能、大数据、物联网及智能检索等技术在中小学图书馆得到应用，推动中小学图书馆向智慧图书馆发展。②依托跨系统、跨区域的资源共建共享，中小学图书馆资源服务能力达到新的高度，可以满足教育教学及师生发展的各种需求。③人员专业资质与从业要求明确，建立和完善中小学图书馆人员考核机制与专业化发展路径。④中小学图书馆空间得到充分利用，空间服务成为中小学图书馆服务的重要内容。依托中小学图书馆，各类学生学习空间、实践空间、创新空间及阅读空间充分发展。图书馆成为学校重要的教育教学活动场所。⑤中小学图书馆实现对教育教学活动的深度参与，成为学生培养目标达成的重要支持。⑥中小学图书馆建设纳入学校整体发展规划，具备持续而稳定的资源和政策支持。

中小学图书馆现代化发展的实现需要进行以下四个方面的探索和实践：

第一，积极利用现代信息技术，提升中小学图书馆信息化水平。

第二，将中小学图书馆服务与素质教育的具体要求相对接，围绕素质教育对中小学教育的具体要求探索新的服务内容。

第三，挖掘中小学图书馆人员作为教育者角色的潜力，探索实现中小学图书馆人员参与的新的教育教学形式。

第四，推动中小学图书馆与公共图书馆、高校图书馆及社会公共文化服务机构的合作，提升中小学图书馆整体服务能力。

二、中小学图书馆转型的必要性

（一）素质教育新阶段的现实需要

当前，我国素质教育已经进入新的发展阶段，突出表现为以学生"核心素养培育"为目标的基础教育方向的确立。2014 年，《教育部关于全面深化课程改革落实立德树人根本任务的意见》提出各学段学生发展核心素养体系，明确学生应具备的适应终身发展和社会发展需要的必备品格和关键能力[①]。2016 年，教育部发布《中国学生核心素养发展》总体框架，明确指出中国学生发展核心素养，以"全面发展的人"为核心，分为文化基础、自主发展、社会参与三个方面，综合表现为人文底蕴、科学精神、学会学习、健康生活、责任担当、实践创新六大素养，具体细化为国家认同等 18 个基本要点[②]。该框架的提出使我国素质教育的落实有了新的指导依据，也对中小学图书馆工作的开展提出了新的要求。

近年来，我国围绕素质教育进行了一系列教育教学改革。比如 2020 年之后网络素养成为教育部关注的新方向。根据 2023 年发布的《未成年人网络保护条例》要求，教育部将做好以下几方面工作：一是进一步加强未成年人网络素养教育；二是提升网络安全风险的防范能力；三是开展中小学生网络沉迷防治；四是形成网络环境综合治理合力。教育部将会同国家网信部门研究制定未成年人网络素养测评指标[③]。这对于基础教育领域而言需要相应的理论支撑和资源支持。长期以来，我国中小学图书馆工作囿于文献资源服务，信息素养方面比较薄弱。随着办馆条件的改善和人员素质的提高，中小学图书馆也需要提高服务的专业性。

同时，基础教育改革为中小学图书馆直接参与教育教学活动提供了条

---

① 教育部关于全面深化课程改革落实立德树人根本任务的意见［EB/OL］.［2020-05-26］.http://www.moe.gov.cn/srcsite/A26/jcj_kcjcgh/201404/t20140408_167226.html.

② 《中国学生发展核心素养》发布［J］.上海教育科研，2016（10）：85-85.

③ 把网络素养教育纳入学校素质教育内容教育部将研制未成年人网络素养测评指标［EB/OL］.［2024-04-30］.http://www.moe.gov.cn/jyb_xwfb/s5147/202310/t20231030_1088095.html.

件。从国外学校图书馆发展情况来看，中小学图书馆服务对学校教育的贡献主要体现在对学生学业表现（包括考试成绩及阅读兴趣、信息素养、合作能力等综合能力）的积极作用上[①]，这一点已经成为国外教育管理部门和图书馆行业的共识，而该方面一直是我国中小学图书馆的薄弱环节。当前基础教育改革对我国中小学图书馆参与教育教学活动提出了更高，《中小学图书馆（室）规程》等政策文件中对中小学图书馆功能的描述便体现了这一点，这要求中小学图书馆要利用好当前政策环境，积极进行服务创新，实现自身跨越式发展。

（二）践行中小学图书馆使命的需要

随着教育信息化、均衡化的持续推进，我国中小学图书馆办馆条件发生很大改善。制约我国中小学图书馆发展的主要因素不再是建设条件落后而是服务效果缺失。如何利用好已有资源，实现图书馆功能重塑是当前我国中小学图书馆亟须解决的课题。

（1）素质教育的发展要求中小学图书馆注重对"学习者"的培养。中小学图书馆应立足馆藏资源建设开展丰富多样的学生读书活动，培养学生阅读兴趣和阅读习惯，为学生核心素养的培育提供支持。同时中小学图书馆还应加推动学生学习习惯的养成，培养具有自我发展能力的"学习者"。

（2）教育信息化的发展要求中小学图书馆注重对新技术的应用，成为学生信息素养教育的前沿阵地。随着信息技术、大数据技术以及人工智能技术对社会影响的深入，学生对新兴技术的掌握和驾驭能力对其未来发展具有更加重要的影响。中小学图书馆需要立足自身工作特点，积极利用相关技术对学生实施信息素养教育，把自身建设成为中小学"技术高地"。

（3）中小学图书馆需要进一步规范自身服务。一方面，学科服务和教学科研支持是中小学图书馆需要开展的新服务，这对图书馆服务的专业性提出了更高要求。同时，中小学图书馆还可以开展社区公共文化服务的尝试。如何开展社区公共文化服务，对于中小学图书馆而言是一个全新的命题。在服

---

① 柴会明.美国学校图书馆服务标准化进程述评[J].中国图书馆学报,2015（1）:112-122.

务过程中，中小学图书馆需要进一步提高服务专业性和标准化，以保证服务效果。

（4）中小学图书馆要积极利用新的服务工具与服务手段。教育信息化推动了中小学数字校园的建设与发展，学校管理的信息化和现代化程度显著提高。中小学图书馆管理自动化以及馆藏资源的多媒体化已经基本实现。当前，基于大数据技术的移动网络服务技术逐渐成熟，中小学图书馆如何通过技术升级实现服务能力的提升，也是当前中小学图书馆功能转型的一项重要任务。

三、中小学图书馆转型方向

基础教育改革发展与中小学图书馆自身价值的实现都需要中小学图书馆进行转型，综合分析相关因素，当前我国中小学图书馆转型可以从以下方面展开。

（一）确立服务学习者核心价值

确立服务学习者的核心价值，促进受教育者终身学习能力的培养。这既是素质教育改革对中小学图书馆工作的要求，也是中小学图书馆使命的基本体现。基础教育改革在课程设置上推行 6 项基本改革，包括强调基础知识与基本技能，合理设置课程门类和课时比例，内容更加现代化和关注学生兴趣，倡导学生参与和探究，促进学生发展及实行国家、地方、学校三级课程管理，增强课程对地方、学校及学生的适应性。在学业评价上注重学生的主体性、发展性和创造性，改变以考分、升学作为评判学生的优劣、能力和培养前途的单一化标准的体系，推动形成性评价。基础教育改革关注学生信息素养及学习能力等基本素质的培养，注重培养学生的学习自主性、创新意识及终身学习习惯。因此，我国中小学图书馆发展首先要确立服务学习者这一基本价值取向，关注学生发展的主体性、多元性和创造性，致力于提高学生的信息素养与学习能力，培养其终身学习的习惯。

（二）积极利用现代信息技术

随着教育信息化发展与办学条件标准化的逐步实现，我国中小学教育信息化程度将会取得显著提高，具体表现为校园网络基础设施建设、计算机等信息化终端设备在学校教育教学活动中的应用、移动通信设备对教育教学活动的支持等。特别是对网络通信技术、计算机与多媒体技术的综合应用，使得远程教学及优质教育资源共享已经成为推动我国基础教育均衡化发展的重要手段。在此背景下，中小学图书馆应该积极引入新技术、新设备，提高在数字化、网络化背景下的文献资源建设和服务能力，并积极探索新环境下的服务手段和服务模式，提升服务效果，使现代技术手段成为中小学图书馆转型的重要推动力。在新技术应用过程中，图书馆应该统筹规划，发挥自身优势，通过技术手段实现信息共享和教育资源整合，在消除信息孤岛与数据鸿沟等方面发挥作用，从而保障新技术应用的实际效果。为此，中小学图书馆需要加强人员教育，提高图书馆人员的信息素养。

（三）推行服务标准化

为在某一领域内获得最佳秩序，对实际的或潜在的问题制定共同遵守和重复使用的规则的活动称为标准化[①]。服务标准化是指在服务过程中通过服务标准的制定与实施和对标准化原则与方法的运用，达到服务质量目标化、服务方法规范化和服务过程程序化，从而实现优质服务的过程[②]。服务标准化是中小学图书馆管理水平和服务能力的重要体现，是当前中小学图书馆转型的重要方向。在国外中小学图书馆发展进程中，服务标准化问题随着图书馆办馆条件的改善和人员职业意识的觉醒逐渐受到关注。随着我国以提升学生素养为核心的教育方针的确立、国家对基础教育的投入、学校图书馆建设标准化的实施、图书馆发展制度环境的健全及专业性行业协会的成熟等条件的逐步完善，中小学图书馆应该积极推行服务标准化，从而提高我国中小学图书馆的整体办馆能力和服务水平。为此，我国中小学图书馆发展需要加强对图书馆常规工作的梳理，在统筹规划的基础上形成相应的服务标准与实施指南，从而推动我国中小学图书馆在基础服务内容和服务效果上实现统一。

（四）推进管理现代化

长期以来，我国中小学图书馆发展滞后集中表现力管理落后。中小学图书馆管理落后首先体现在文献资源建设整体规划不足，文献资源补充的持续

---

① 邵琪伟.中国旅游大辞典［M］.上海：上海辞书出版社，2012：13.

② GB/T 24421.1—2009《服务业组织标准化工作指南第1部分：基本要求》［S］.北京：国家标准化管理委员会，2009.

性和系统性较差。这是因为馆藏建设资金无法得到保障，同时也体现出馆藏建设制度的不健全。其次，在人员队伍建设方面，年龄结构老化，专业型人才缺失及人员在职教育和专业发展缺乏指导和规划。再次，图书馆日常管理的制度化规范化仍然需要改进，涉及中小学图书馆负责人的角色和职能，以及图书馆财务制度、出勤制度及工作绩效管理等方面。因此，中小学图书馆发展应该确立推动图书馆管理现代化的基本方向，相关内容主要涉及中小学图书馆行政管理和业务管理两个方面。在行政管理方面，中小学图书馆需要建立健全图书馆日常管理制度，包括管理人员的分配、物资调度及图书馆日常工作的量化等。在业务管理方面，中小学图书馆需要围绕工作整体目标，进行任务分配和绩效考核，以保证图书馆各项资源功能的发挥。同时，推行中小学图书馆管理现代化还需要教育管理者充分认识中小学图书馆服务的必要性和专业性，根据学校教育发展需要统筹规划中小学图书馆的功能和定位，从制度设计上为中小学图书馆管理转型创造条件。

四、中小学图书馆转型的路径

中小学图书馆转型是围绕基础教育改革的现实需要持续改进的过程。当前，我国基础教育改革持续推进，国家公共文化服务体系逐步完善，这些都为中小学图书馆转型创造了条件。中小学图书馆应该利用当前有利条件，积极开展服务创新和管理创新，通过多种途径实现服务提升，以促进自身更好的发展。

（一）以服务创新促转型

中小学图书馆转型，首先要挖掘自身功能，拓宽服务理念和服务内容，体现中小学图书馆新的功能。正如前文所述，基础教育改革对中小学图书馆的任务和职能提出更高要求，中小学图书馆应在学生阅读指导、学科服务、教学科研服务、社区公共文化服务及学生道德素质培养等方面不断发挥作用。中小学图书馆应该充分利用自身所具有的各类资源，如文献信息资源、人力资源及空间资源，探索成熟和体现自身特点的服务项目和服务模式，使中小学图书馆成为学校的信息中心、学习中心、学生活动中心、社区服务中心及学生德育中心，从而实现图书馆功能的转型。

（二）以行业合作促转型

随着我国公共文化服务体系的逐步建立，各种类型图书馆之间的合作将会成为常态。中小学图书馆应该积极与社区图书馆、公共图书馆、高校图书馆及科研机构图书馆进行业务合作，搭建立体系统的资源保障和学习支持体系，围绕自身工作目标，共同构建服务于基础教育改革和学生成长的资源平台和服务平台。

（三）以专业化发展促转型

从国外情况来看，图书馆行业协会是中小学图书馆发展的重要助力。我国应该积极探索和建立各级中小学图书馆行业组织，加强行业培训和专业指导，提高从业人员的服务意识和专业素质，从而为中小学图书馆转型创造条件。同时，行业组织还要吸引相关领域专家，既包括图书馆学研究领域的专家，还包括教育学、心理学及教育管理等领域的专家，对中小学图书馆发展进行多方"会诊"，推动中小学图书馆转型的顺利实现。

（四）以行政推动促转型

政府职能部门在中小学图书馆转型过程中的作用主要集中在两方面：一是发布行业标准。受应试教育的影响，许多中小学的重心依然集中在学生的学业成绩，从而造成对图书馆工作的忽视，以政府文件的方式发布中小学图书馆行业标准有利于提高学校管理者对中小学图书馆的重视。二是建立配套的指导和评估机制，对标准的实施提供指导和督促。教育管理部门可以就标准具体内容提供相应的操作指南，如为馆藏建设提供采购书目、对图书馆服务进行星级评估等。标准制定与督导评估相结合，是保证中小学图书馆实现转型的重要途径。随着我国中小学校督导评估制度的逐渐完善，督导评估工作在加强学校监管、促进学校管理规范化、提升教育教学效果方面发挥着越来越重要的作用。将中小学图书馆纳入学校督导评估项目，既有利于提高学校对该方面工作的重视，同时也有利于中小学图书馆转型的实施。

第四章　中小学信息化与图书馆数字化

第一节　中小学信息化与数字校园

随着信息技术在教育领域的推广和应用，信息化建设逐渐成为学校教育发展战略的重要组成部分。2023 年，在全国教育数字化现场推进会议上，教育部部长怀进鹏表示，建设教育强国是实现中国式现代化的重要力量，教育数字化是建设教育强国的重要内容。要把握发展规律，抓住历史机遇，加快建设教育强国。近年来，教育部推动实施国家教育数字化战略行动，把国家智慧教育公共服务平台作为重要抓手，集合全国优势和力量，推进平台建设，将其作为推动国家教育改革的一个切入点和落脚点[①]。中小学要按照"建设好，使用好"的目标，走出一条学校信息化建设和发展的创新之路，要以"明确目标，科学规划、分步实施"为原则，以满足教育教学需要，满足教师、学生发展需要，满足学校现代管理需要为基本出发点，逐渐形成"多方参与的教育信息化建设新机制"[②]。

一、建设信息化资源平台

中小学要积极按照国家"三通两平台"的发展要求，把校园网（校校通）、班级多媒体（班班通）有效利用和连接起来，并向以学生为中心的

---

① 教育部:坚定不移推进国家教育数字化战略行动［EB/OL］.［2024-04-30］.http://www.news.cn/2023-06/20/c_1129709157.htm.

② 教育信息化十年发展规划（2011—2020 年）［EB/OL］.［2019-12-05］.http://www.moe.gov.cn/srcsite/A16/s3342/201203/t20120313_133322.html.

"人人通"过渡。中小学要推进数字化校园建设，建设信息化资源平台。

具体操作包括以下几方面：

（1）完善教学设施建设，实现"班班通"，让每个班级都具备与外界进行不同层次的信息沟通、信息化资源获取与利用、终端信息显示的软硬件环境。例如，教室配备计算机、教学智能触摸一体机、实物投影仪等设备，实现信息技术与学科教学有效结合，促进教师教学方式和学生学习方式的变革。

（2）完善网络计算机教室和信息化教学办公建设。计算机教室不仅要实现计算机教学而且要实现语音教学、光盘共享教学、电化教学、视听教学、互联网共享教学，并通过图文并茂、情景交融的方式，让学生更清楚明白地接收到老师传达的知识。

（3）实现"校校通"，学校要采用教育网光纤接入互联网，提升网络速度。每个办公室、教室、微机室都有网络节点，Wi-Fi 网络覆盖整个校园，使教师办公、学生学习实现网络化、数字化，满足教师电子备课需要，实现资源共享。

（4）完成录播系统管理平台和录播教室升级改造建设，建设多媒体录播教室，实现优质教学资源的共享。要建成兼具智慧教学和精品录播功能的新型录播教室，接入智慧校园的智慧教室统一平台、教务管理系统和考评系统等，实现日常智慧教学、精品课课堂自动和人工录制、远程视频互动授课、课后视频点播、观摩等功能。

（5）进行数字资源库建设。通过自建或引进等方式建设校园资源库。自建数字资源可以包括优质课堂实录、教师的优质课件及教案等。引进资源可以包括教育局、优质数据库商等提供的数字图书、精品教学资源等。国内的优质数字资源可选用清华同方的"CNKI 中小学多媒体数字化图书馆"（CMDL）、"K12 教育空间"（www.k12.com.cn）等。国外资源可选用的有ERIC（Educational Resources information Center，教育资源信息中心数据库）（https：//eric.ed.gov/）。ERIC 收藏大量与教育相关的论文、期刊及相关摘要。

（6）建设智慧校园平台，为在校教职工、学生、家长提供高效便捷的信息服务。智慧校园平台包括行政办公系统、人事管理系统、学生管理系统、教学管理系统等子系统。为实现平台建设的实用性，研发可采用"私人定制"的形式，由学校多部门联合制定方案，以保证平台设计与学校实际需求相符，如教学管理中的排课、选课系统等。同时还可以建设统一的信息化阅卷系统，减轻教师负担，提高试卷判阅效率，并积极推动试卷数据与中、高考基础数据的接轨，实现数据共享。

（7）在校园人流密集处布置电子公告栏，方便师生通过电子公告栏及时了解学校、年级的各种信息。电子公告栏系统是一个分权限管理的智能化平台。系统管理员、学工处、教导处、教研组长、年级组长等不同的职能部门或人员拥有不同的权限，可以将学校各类公共信息、通知、通报等通过电子公告栏进行发布。电子公告栏的数量应根据学校的实际需求进行动态扩充。

（8）积极推动手机 app 的开发。教师可通过 app 查看学校电子通讯录、工资明细、课表等内容，学生可通过 app 查看选课信息、课程安排、课程成绩等情况。

二、配备专业信息化人才

（一）成立专业信息小组

中小学信息化的高效建设，需要专业的信息技术人才和完善的信息化工作组织架构作为基础。因此，中小学需要成立信息化领导小组，组建信息中心。各部门、教研组要配备信息技术支持人员，制定配套的信息化建设整体规划等；还需要对相关人员进行专业培训，提升信息化专业技能。这些技能包括：信息检索技能，包括搜索引擎的使用、在线数据库查询等技术；信息加工技能，包括对各种媒体素材加工处理技术，如图片、文字、声音处理，动画、视频、微课制作等；信息呈现与表达技能，包括运用多媒体集成技术，对加工好的各类素材进行信息化的表达，如制作多媒体课件、教学专题网站等；信息交流与传播技能，包括网络交流、网络分享等技术等。

（二）提升教师信息技术能力

随着时代的发展，信息化应用水平的高低对于学校的发展越来越重要。2013 年以来，通过实施全国中小学教师信息技术应用能力提升工程，教师应用信息技术改进教育教学的意识和能力普遍提高，但仍然存在着教师信息化教学创新能力不足，乡村教师信息技术应用能力薄弱，支持服务体系不够健全等问题。同时，大数据、人工智能等新技术又对教师的信息素养提出新要求，因此中小学校要在夯实学校硬件建设的基础上，重视教师信息技术能力的提升，积极探索信息化环境下新的教育教学及管理模式，大力营造具有本校特色的信息文化氛围。

中小学要积极应对信息社会对创新型人才的培养需求，充分认识新技术对教育发展与变革的促进作用，优化资源配置，提升教师信息素养和信息化教学水平，服务学生全面发展；要积极推进教师应用能力培训，服务教育教学改革，围绕学校教育教学改革发展目标制订信息化发展规划和教师研修计划，立足应用、靶向学习、整校推进、全员参与，建立适应学校发展需求的教师信息技术应用能力提升新模式，激发教师提升信息技能的内生动力，有效提高教育教学质量[1]；要积极获取基础电信企业的支持，继续开展中小学校长、骨干教师"网络学习空间人人通"专项培训，推行网络研修与现场实践相结合的混合式研修，建立常态研修机制，持续提升教师空间应用能力和信息素养[2]；要积极通过信息平台的建设与应用，不断优化中小学教育教学环境、科研环境、管理环境和生活环境，助力师生幸福成长。教师群体也要积极利用信息技术，突破教学的时空限制，优化教学模式，共建共享优质教学资源，促进在线开放课程应用。

三、做好信息化建设保障措施

中小学校要做好制度保障，积极探索建立"互联网＋"环境下的教师管理制度。建立知识产权长效保护机制，强化知识产权保护意识和维权意识，尊重教师原创资源的知识产权及提供在线服务的劳动，并在职称评定、评优

---

[1]　教育部关于实施全国中小学教师信息技术应用能力提升工程2.0的意见［EB/OL］.［2020-04-22］.http://www.moe.gov.cn/srcsite/A10/s7034/201904/t20190402_376493.html.

[2]　教育部关于加强网络学习空间建设与应用的指导意见［EB/OL］.［2020-04-22］.http://www.moe.gov.cn/srcsite/A16/s3342/201901/t20190124_367996.html.

选先、绩效考核、合理回报中得到体现。完善教师评价办法，将教师利用网络空间开展教学等纳入岗位考核中，激励教师主动采用新的技术手段。创新学生评价办法，将学生在线学习行为、能力、成果等纳入评价范畴，充分利用成长记录开展综合素质评价，并发挥其在升学、就业等评价过程中的重要作用，由此激励学生学习和应用新技术。值得重视的是，中小学要指导学生科学规范地使用智能学习终端，养成良好的学习习惯和用眼卫生习惯，切实做好儿童青少年近视防控工作，保障青少年健康成长。

中小学要做好经费和安全保障。学校要创建以应用为导向的可持续的空间建设与应用经费投入机制，为设备采购、服务购买、资源配置、应用培训等提供经费支出保障，统筹考虑建设经费、运维经费和人员培训经费的合理比例，优化经费支出结构，确保空间的稳定运行和应用效益的持续发挥。

中小学要加快学生智能学习终端的普及，有效保证学生空间的平等使用。中小学可积极吸引社会资本参与空间建设，提供高质量的空间服务。学校要严格执行《中华人民共和国网络安全法》等相关法律法规与文件要求，建立网络安全保障机制。根据"谁主管谁负责、谁运维谁负责、谁使用谁负责"的原则，落实空间网络安全责任。同时学校也要加强对各类人员网络安全教育培训，提高自觉维护网络安全、抵制不良信息的能力，确保空间网络、信息、数据和内容安全。

四、中小学信息化案例

我国中小学信息化的优秀案例很多。案例材料可通过文献研究、广泛查阅中小学校官网平台和权威行业网站、与相关专业人士访谈等途径获取。这里仅列出三个优秀案例，作为中小学图书馆信息化建设的参考。

（一）中国人民大学附属中学与多校合作共建信息化资源共享平台

中国人民大学附属中学与清华大学附属中学、北京大学附属中学、首都师范大学附属中学合作，建立课程资源共享平台，实现四校学生跨校选修课程及学分认定，促进区域内优质教育资源共享，总体提升区域基础教育质量。

（1）建成跨校选修网络平台。平台实现四校课程的在线直播、点播、课后辅导等功能。教师可以在网上授课、辅导、备课；学生可以跨校在线选课、学习交流、获得互认学分。

（2）建成在线直播交流系统。建成远程互动录课教室，配备自动录课系统的硬件设备。通过在线直播交流系统，师生可以在任何一间有互联网的教室，实现远程学习和交流互动。

（3）进行网上课程的合作开发。汇集四校特色课程进行整体构建，开发跨领域、跨学科、跨学段的精品课程，依托课程组建跨校学生课题研究小组。

（4）跨校选修平台的建立，为学生提供全新的课程模式和教学模式，为创新人才的培养做了突破性的尝试。依托平台备课功能，四校教师共同开发课程，有助于取长补短整体提升。平台引入大学课程，供四校学生共享。

（二）《福建省小学示范图书馆评估标准》中的信息人才配备要求

《福建省小学示范图书馆评估标准》对信息人才的配备有以下要求[1]：

（1）人员数量：小学要配备2人以上（含专职至少1人），图书馆分管教材的应另加1人。人员年龄要求男50岁、女45岁以下占50%。

（2）人员素质：①小学图书馆馆长应达到大专及以上学历或具有图书资料系列职称，熟悉图书馆业务，具备计算机操作技能，能担负全面管理责任；其余人员均应达到中专以上文化程度，基本掌握图书馆专业技能和计算机基础知识。图书馆（含电子阅览室）计算机及相关设备的维护应由计算机专业人员专门负责。②馆长近3年参加市级以上图书馆业务培训，成绩合格；其余人员近3年参加县级以上图书馆业务培训，成绩合格。

（3）职务结构：允许图书馆职务和教师职务并存，小学图书馆人员应具备初级以上职务。

（4）人员稳定：5年内馆长更换不超过1人次；5年内管理员更换不超过50%。

---

[1] 福建省中小学示范图书馆评估实施办法（修订）［EB/OL］.［2020-04-22］.http://jyt.fujian.gov.cn/xxgk/zywj/201012/t20101213_3171230.htm.

（三）北京市日坛中学图书馆人员作为信息化人才为师生提供服务

北京市日坛中学图书馆为满足全校师生信息服务需求，开展以下工作：

（1）编写校本教材《开启知识宝库的大门》，指导师生掌握使用数字图书馆的方法，介绍数字图书馆应如何进入、如何检索、如何处理检索结果等，并做成幻灯片，挂在校园网上供师生使用。

（2）利用图书馆人员对馆藏结构及检索原理熟悉的优势，在教师获取资料发生困难时，主动提供服务。例如，利用网络下载高考资料，编成专辑，挂在校园网上并刻成光盘，提供给师生使用。此举特别受到高三师生的欢迎。

（3）帮助教师跨学科使用数字图书馆。新的课程标准要求加强知识的融会贯通和相互联结，提高学生的综合素养。例如，美术学科有"古代园林艺术与绘画"、音乐学科有"音乐与戏剧"等内容，这些都可以在数字图书馆里检索到相关的文献资料及图片。每一份资料与图片的背后，都会涉及历史、科技、人文、诗歌、绘画等多种知识。工作人员通过数字图书馆服务为学科教师提供帮助，丰富教学内容，解决教学需要，同时也间接地提高教师的信息素养，帮助教师改变知识结构。

（4）利用数字图书馆开设文献检索课，培养学生获取文献信息的能力。工作人员利用数字图书馆中的网页课件创设情境，通过提出问题导入文检课内容，激发学生的学习兴趣。这使得原本枯燥的检索理论能直接通过数字图书馆的友好界面进行讲解、演示，如"分类检索""字段检索"等，培训效果显著。

五、数字校园建设

"数字校园"发展历史可追溯到 20 世纪，国外数字化校园建设起源于 1990 年美国克莱蒙特大学教授凯尼斯·格林（Kenneth Green）发起并主持的一项名为"信息化校园计划"的大型科研项目[①]。我国高等学校大规模的信息化建设大多从 20 世纪 90 年代开始，并得到快速发展。1998 年，教育部发

---

① 肖宝玮,刘希亮.中小学数字化学校的建设模式探讨［J］.教育现代化,2006（8）:2.

布的《面向 21 世纪教育振兴行动计划》中提出要利用信息技术来推进教育的改革①。随后在这一教育改革的理念基础上，"数字校园"概念被提出。在数字校园建设实践过程中，数字校园的理念逐步得到扩充和完善。

数字校园的建设是指利用计算机技术、多媒体技术和网络技术等现代信息化技术，实现数字化的信息管理方式、教学方式、生活方式和沟通传播方式，从而形成高度信息化的人才培养环境，促进高水平的师生互动，促进协作式学习，促进科学、高效管理，扩大校园教育承载能力和教育覆盖领域，更好地培养学生的应用和创新能力。数字化校园规划主要包括：构建计算机校园网络架构，建立数据中心，搭建多媒体教室群监控管理系统、网络课堂和远程教学系统、信息门户与网络安全系统、管理信息系统，建设数字图书馆与信息中心，布局学员宿舍网络布线等。

数字化校园一般具有概念、空间、功能三个层次模式。

1. 概念模式

该模式的数字化校园通常包含物理层、应用层、信息层、理念层四个层次。物理层是网络和数字化设施及具备这些设施的实体，它们构成数字化校园的基础平台。应用层是指运行在物理层之上的数字化信息资源和以教学、管理为核心的应用系统，包括管理信息系统、办公自动化系统、网上教学系统、资源管理系统和知识库信息库等。信息层主要包括信息技能、信息意识和信息学习三个维度。其中，信息技能是指信息获取、信息检索、信息表达、信息交流和信息处理等技能；信息意识是指人的信息敏感程度，是对信息的价值和作用的一种正确认识、合理评价和有效管理；信息学习是指对信息的归纳、抽象，将纷杂无序的信息转化成为有序的知识，独立学习，形成自己的知识结构。理念层是指教育理念重构，包括人才培养、知识创新和生产、教学模式、教学方法、教学内容组织、教学管理等方面的观念，以及规则、方法和行为的总和。

这四个层次中，物理层是实现数字化校园的前提和保证。应用层是构成

---

① 中华人民共和国教育部.面向 21 世纪教育振兴行动计划［EB/OL］.［1998-12-24］.http://www.moe.gov.cn/jyb_sjzl/moe_177/tnull_2487.html.

数字化校园的"软环境"。信息层体现数字化校园中"人"的状态。人是数字化校园的主体，人如何来使用和操纵物理层和应用层，如何从所提供的网络和信息服务中有效学习，是数字化校园中不可忽视的内容。信息层体现了数字化校园物理层和应用层的内容、形式、运行方法和效果，推动理念层的形成。理念层则代表数字化校园的目标，实现教育理念的重构，决定了其下各个层次的结构和内容。

2. 空间模式

空间模式包括物理空间、网络空间、信息空间、虚拟空间四个空间层次，体现"数字化空间提升""教育空间虚拟"的特点。物理空间主要是指现实校园中实际存在的实体部分，如基础设施、应用系统等，是数字化校园的基础。网络空间是通过网络建立的交互和连接空间，它可以非常广阔，但仍是有限的、可见的空间。信息空间是指信息的"数字化处理"，即信息管理方式、沟通传播方式、存储处理方式等的数字化。它代表着实际的信息和资源，也反映人对信息的处理、学习、利用等智力活动，因此它是半可见的，介于虚和实之间。虚拟空间是由物理空间、网络空间和信息空间升华出的无限的、不可见的教育空间，是完全的"虚"的空间。它体现数字化校园对教育、对社会、对人类乃至对整个宇宙的辐射和影响。

3. 功能模式

功能模式分网络、应用、信息服务三大层次，是数字化校园建设实践的宏观模式。网络层的功能很单一。主要是指网络硬件设施和数字化设施所提供的网络基本功能和网络基础服务，包括网络接入、电子邮件、文件传输、域名服务等，是数字信息流动的平台和渠道。应用层的功能很丰富，主要包括两大部分：一是软件支撑环境所提供的操作系统、数据库系统等功能；二是各种应用功能，包括办公自动化、数字图书馆、网络教学、信息资源管理以及电子商务等。信息服务层的功能是将条理化的信息按照用户的需求提供给用户，包括信息查询、信息处理、个性化门户及决策支持等功能。

2018年4月，教育部正式发布《中小学数字校园建设规范（试行）》（教技〔2018〕5号）（以下简称《规范》）。《规范》旨在为全国中小学数字校园建设提供指导性的标准和要求，有序、快速地推进数字校园的高质量建设与应用①。《规范》坚持"深化应用，融合创新"的基本理念，采用云服务模式统一规划、分步实施，促进区域教育的均衡发展和学校教育的质量提升。《规范》提出数字校园具体的建设目标可概括为"三实现一创新"，即实现校园环境数字化、信息系统互通互联、用户信息素养提升，创新学习方式和教育教学模式。同时提出三大建设原则，即应用驱动、融合创新，重组整合、资源共享，适度超前、特色发展。推动信息技术在教育教学主流业务、主要环节的常态化应用及区域学校间的资源共享，打造特色鲜明、绿色安全的数字校园。《规范》结合实际情况从用户信息素养、信息化应用、基础设施、网络安全和保障机制等方面做了详细规定和说明，为中小学数字校园的建设提供指导。

数字校园是学校信息化发展的必经阶段，也是新时代实现技术促进教育变革的主战场。"数字校园建设覆盖全体学校"已成为学校信息化的阶段性目标。中小学图书馆是学校的一部分，因此在数字校园建设过程中加强图书馆的数字化建设尤为重要。

第二节　中小学图书馆数字化

随着计算机技术、网络通信技术、多媒体技术、高密度存储技术的发展与应用，中小学图书馆正由传统图书馆向数字图书馆转化。2000 年 11 月，教育部颁发《关于在中小学实施校校通工程的通知》（教基〔2000〕34 号）②，正式启动基础教育信息化建设。"校校通"工程的实施为中小学图书馆数字化建设奠定了硬件基础，学校对数字化资源的需求也变得日益迫切。2010 年颁发的《国家中长期教育改革和发展规划纲要（2010—2020 年）》，明确指出要"加强优质教育资源开发与应用。加强网络教学资源体系建设、引进

---

① 教育部关于发布《中小学数字校园建设规范（试行）》的通知［EB/OL］.［2024-04-30］.http://www.moe.gov.cn/srcsite/A16/s3342/201805/t20180502_334759.html.

② 关于在中小学实施校校通工程的通知［EB/OL］.［2020-05-30］.http://fgcx.bjcourt.gov.cn:4601/law?fn=chl300s148.txt&dbt=chl.

国际优质数字化教学资源、开发网络学习课程、建立数字图书馆和虚拟实验室，建立开发灵活的教育资源公共服务平台，促进优质教育资源普及共享""构建先进、高效、实用的数字化教育基础设施，加快终端设施普及，推进数字化校园建设""加快学校管理信息化进程，促进学校管理标准化、规范化"①。

《中小学图书馆（室）规程》（教基〔2018〕5号）进一步明确指出要加强中小学图书馆规范化、科学化、现代化建设，推进区域数字图书馆和文献信息资源中心的建设，将图书馆纳入学校信息化建设整体规划，实行信息化、网络化管理②。因此，中小学图书馆要重视和加强图书馆与校园网（城域网）的结合，实现网上电子图书资源共享。

一、中小学数字图书馆建设的必要性

中小学图书馆能够开拓学生的视野，提升学生信息素养为学校教育质量的提升提供助力。中小学图书馆必须跟上信息化时代的步伐，充分认识中小学图书馆数字化建设的紧迫性。

中小学数字化图书馆的优势主要有以下几点：

（1）提高图书馆资料的利用率。传统的图书馆由于查询与借书手续繁杂，导致图书资料的利用率很低。数字化图书馆的查询系统可以极大提高图书的利用率。

（2）图书资料的查询结果更加全面。数字化图书馆的智能化检索功能为师生带来极大便利。读者可以跨不同数据库进行检索，且检索面更全，查询用时更短，查询结果更准确。

（3）图书资料的查询更加便捷。传统图书馆的检索系统只限于在图书馆使用，因而师生想要借书就必须到图书馆检索并借阅纸质版图书资料。数字化图书馆的建设使得师生在宿舍、教室、办公室或者家中均可直接搜索，获

---

① 国家中长期教育改革和发展规划纲要（2010—2020年）［EB/OL］.［2010−07−29］.http://www.gov.cn/jrzg/2010−07/29/content_1667143.htm.

② 中小学图书馆（室）规程［EB/OL］.［2019−01−01］.http://www.moe.gov.cn/srcsite/A06/jcys_jyzb/201806/t20180607_338712.html.

取电子资料，解决传统的时空限制问题。数字化图书馆使在校职工与学生可以更加便捷地获取信息，大大提高图书馆的信息服务水平。

二、中小学图书馆数字化建设的内容

中小学图书馆数字化建设并不仅仅是指建立数字图书馆，一所好的中小学图书馆应该做好纸质图书与数字图书的有机结合，使二者互为补充。因此图书馆数字化建设应该包含以下内容：

（一）纸质文献的数字化建设

纸质文献的数字化建设主要是指对纸质图书进行数字化管理。中小学图书馆需要配备图书馆自动化管理系统，逐步实现对馆藏图书的自动化管理。所有图书入库前要进行数据采编，将图书的书名、作者、出版社、索书号等基本信息录入数据库，从而使师生能通过校园网内任何一台计算机登录校园图书管理系统，根据检索条件来查找任何一本图书的在库情况和借阅情况，或者通过"新书推荐"选项查询新书入馆情况等。另外，纸质文献数字化管理系统能通过读者证号实现对读者信息的快速、有效识别，为每本图书设置唯一的识别条码，可以使图书借阅更加快捷方便，提高图书流通率。

纸质资源的数字化处理还应包括对报纸期刊等纸质文献资源进行数字化加工处理，使它们转化为可以被计算机识别、存取和利用的网络信息资源。其基本实现方式是将纸质文献资源扫描并存储为图像，再通过识别软件转化为文本格式。

（二）电子阅览室和数字图书的建设

电子阅览室和数字图书的建设主要是指以电子阅览室为服务空间，以数字图书为服务内容的数字图书馆建设。电子阅览室指以计算机技术、网络通信技术为基础，集电子文献（如磁盘、光盘、网络服务等）阅览、咨询、培训为一体的现代化多功能阅览室。电子阅览室突破了时间、空间限制，可以帮助学生高效获取海量资源，因此电子阅览室的建设是中小学图书馆建设的重要内容之一。数字图书就是数字化的信息资源。数字图书的建设是指利用现代信息技术采集、整理、存储有价值的图书、期刊、图片、文本、音频、视频和科学数据等多媒体信息资源，并让全体师生能够通过网络环境查询或

利用这些数字化信息，用于教育教学和教育科研。与纸质图书相比，数字图书具有价格低、形式多样、更新快、省空间、附加成本低等多种优点，能够突破时空限制，在计算机设备上直接显示，便于在多媒体教学中使用。因此数字图书的建设是图书馆数字化建设的重点内容之一。

三、中小学电子阅览室和数字图书馆建设的具体做法

中小学图书馆数字化的建设需要软件和硬件两方面的支撑，具体做法如下：

（一）加强数字图书馆硬件建设

图书馆数字化硬件设施配备需要一定的馆舍面积。这要求中小学图书馆根据学校师生的实际需求确定图书馆空间，并采购必要的硬件设备，更新或者升级老旧设备。例如，2003 年，山东省青岛第十七中学建设图书馆新馆，馆舍面积达到 1000 余平方米。经过半年的网线布局、网络设置调试和资源选择及开发，电子阅览室和数字图书馆初步建成并投入使用。其电子阅览室面积大约有 90 平方米，截至 2013 年已有 60 台终端机、一台大型扫描仪、两台大容量服务器和一台网络交换机等。2013 年，天津市第一中学图书馆在教学楼内的五、六两层建设新馆，总面积约为 1800 平方米，从功能上划分了 5 个区域，包括学生自修室、中心借阅区、图书采编室、电子阅览室和教师资料室[①]。2021 年 1 月，安徽省教育厅发布《中小学智慧图书馆（室）建设指南》，规定馆内需采用无线射频、物联网等技术，配备图书管理系统，通过部署图书电子标签、安全监测门、馆员工作站、图书查询机、自助借还终端机等设备，实现图书入库编码、上架巡架、借还登记等工作的便捷化，提高图书管理智能化水平。馆外需突破学校传统图书馆空间和开放时间限制，将智能书柜、显示屏等设备置放于班级图书角、校内走廊、门厅、楼梯角、公共活动区、户外景观区等区域[②]。

---

① 徐世伟.中学图书馆数字化建设的实践与思考[J].中国科技纵横,2013（18）:219-219,221.

② 安徽省教育技术装备中心.安徽省中小学智慧图书馆（室）建设指南[EB/OL].[2021-01-12].http://jyt.ah.gov.cn/tsdw/jyjszbzx/bzgf/40398177.html.

（二）加强图书馆数字资源建设

数字图书馆软件建设，包括数字资源建设和网络数字图书馆建设两方面。从数字资源的来源看，我国中小学图书馆数字资源主要有两类：一是图书馆购买的电子资源，即各种电子资源数据库，包括一些软件公司开发的数字图书馆和资源库。二是图书馆自建电子资源，主要包括利用图书馆自动化管理系统建立的本馆馆藏图书的目录信息，以及利用信息技术编辑开发的校内数字资源。

中学图书馆可以针对学校的教学具体情况，建立属于自己的数据库。学校可以设置一些教学资源库、课件资源库、习题资源库、高考专题等，将优秀的课件、经典的习题都录入其中，实现资源共享，方便老师与学生的阅读。例如，南昌市第二中学图书馆的馆藏资源除了报纸、期刊、图书之外，还收集学校的教学资料。该馆设置试卷交流栏目，将试卷扫描上传至试卷交流栏目，供师生共享。该栏目成为在校师生学习交流的平台。该馆网站还链接南昌市教育技术装备中心网站中的数据中心，设立电子期刊和数字图书栏目。网站所链接的这些资源，已越来越多地在学校教育教学中得到应用。

（三）建立规范化设置及用户身份管理

数字图书馆的导航模块和使用权限等需进行规范化的设置。例如，在导航模块上可设立"电子图书"栏，方便用户根据检索条件快速搜索阅读所有馆内电子图书；可设立"最受欢迎图书"栏，展示本馆读者点击阅读率最高的图书，方便读者选择；设立"最新书评"栏，方便读者在阅读电子图书之后发表书评，交流互动。

数字图书馆的权限应该分设管理员权限、教师权限和学生权限，并针对不同权限设置不同功能。如每位读者可以注册自己的用户名并设置密码，登录访问数字图书馆并创建个人的数字阅读信息等。针对初次接触数字图书馆的师生，系统可以设置专门的咨询栏目，并由图书馆网站管理人员对图书的在线搜索、借阅操作等问题进行解答。

（四）加强应用软件的开发与完善

丰富电子资源的种类及内容，保障基础硬件设施的提供并对用户使用予以相关指导，是中小学图书馆数字化的基本需求。在满足基本需求的情况下，中小学图书馆可根据自身水平进一步丰富服务内容，如对电教软件和随书光盘进行压缩或格式转换，形成师生能通过校园网共享的网络信息；对电子资源持续进行更新完善，不局限于校园数字信息查询，更要探索与国际中小学图书馆的合作，满足读者国际交流的需求。

四、中小学数字图书馆的技术特点和主要功能

（一）中小学数字图书馆的技术特点

（1）具备强大的多媒体管理功能，支持多种格式文件添加，并利用转码工具实现无人值守自动入库。

（2）电子书浏览：支持显示比例调整、全屏显示、查找并高亮文本、文档分页预览、页面跳转、单页双页模式切换。

（3）支持移动终端浏览：提供音视频、电子书离线观看，使用户体验更加灵活多样化。

（4）数字图书资源统一检索：支持中文分词、全文检索等。

（5）电子书资源质量高：图书主要以 PDF 格式保存，以保持图书原有的版式和清晰度。电子图书都是识别后的文本类型，相对于扫描后图像格式的电子图书占用磁盘空间较小，对服务器硬件和网络的带宽要求也较低。

（6）图书分类科学灵活：严格按照《中国图书馆分类法（第五版）》（以下简称《中图法》）分类标准，支持用户自定义添加图书分类，可扩展到三级目录，系统应具有很强的可扩充性和升级能力。

（7）平台管理功能完善，主要功能模块：①图书浏览；②图书下载；③图书上传；④图书查询；⑤图书修改；⑥图书审核；⑦图书删除；⑧图书统计；⑨图书收藏；⑩权限管理；⑪用户管理；⑫系统维护等。

（8）综合管理维护成本低，产品安装简单，对学校硬件要求低，书库数量庞大，价格低廉，用户通过网络访问数字图书馆可实现 7×24 小时在线阅读。

（二）中小学数字图书馆的主要功能

数字图书馆具备的功能较多，可根据每个中小学图书馆的实际情况进行设置。数字图书馆建设的几项主要功能有：

1. 前端主要功能

（1）分类：可以显示中图法分类和全部图书分类，并统计每一个类别所含电子书的册数。

（2）个人信息：显示读者登录的用户名及个人信息。用户可以将自己喜欢的图书添加到个人信息，显示个人浏览图书足迹。

（3）最新图书：显示最新上传的图书，可以推荐到首页。

（4）图书推荐排行榜：被推荐阅读较多的好书放在首页进行展示，供大家快速分享查阅。

（5）图书阅读排行榜：图书被阅读的次数越多，越靠前显示，越容易引起读者的阅读兴趣。

（6）图书检索：采用流行的分类树方式组织图书，可以让读者快速找到所需要的某一类全部书目。

（7）查询功能：读者可以根据图书的名称、作者、关键词、类型、ISBN编号等进行快速查询，还可以添加和调用其他网络搜索引擎或学校内部的资源搜索引擎，实现图书资源的联合搜索。

（8）阅读方式：系统支持下载离线阅读，方便读者在没有网络时阅读，真正实现随时随地阅读。阅读过程中，可以随时收藏图书，并自动记录阅读进度和阅读历史。

（9）图书分享：可以把图书访问链接进行复制，转到其他论坛或微信朋友圈进行分享。

2. 管理后台主要功能

（1）图书管理：新增、删除、修改图书，好书推荐、取消推荐。新增图书时可添加图书封面，PDF 格式的电子图书可自动截取第一页作为封面图片。还支持远程批量导入图书等。

（2）图书分类：以中图法为主（细分到第三级），管理员可自定义分类。

（3）图书审核：图书上传后，由管理员进行审核，审核通过则自动显示。审核不通过则自动删除。

（4）用户管理：对 Web 界面注册用户进行审核（可设置不审核即通过），可手动批量导入用户，可锁定用户账号，可强制修改读者用户密码。

（5）系统管理：可以对不同组、不同用户，赋予其不同权限。

（6）系统日志：记录软件使用过程中的每一个操作，方便出错时进行维护。

（7）通告管理：管理图书馆信息发布。对本馆新闻，新到图书，图书馆相关活动等信息进行发布。

五、中小学图书馆数字化案例

为帮助中小学图书馆更好地进行数字化建设，本书介绍两个案例，以供参考。

（一）北京市日坛中学图书馆

北京市日坛中学成立于 1963 年，是一所以高中教育为主，提供 12 年全学段教育服务的北京市市级高中示范校。日坛中学现有 115 个教学班，教职工 364 人[①]，是朝阳区首批"校校通"联网学校。学校设有网络管理中心和资料信息中心，前者负责硬件建设，后者负责软件资源建设。学校建有多个多媒体教室和计算机教室。

日坛中学图书馆物理空间设置有参考咨询服务区、小组讨论区、写作辅导区、文献资源区、个人学习区、多功能区、休闲区等。虚拟空间则集合各种数据库资源、网络资源、网络课程和计算机软件，能够提供经整合的数据库、数字图书馆资源和开放存取的网络资源，保证读者可以一站式获取各种资源。图书馆的信息共享空间提供更多面向学习的服务，如在线选取教材、选取数字信息内容、在线咨询教师等，形成"数字学习共享空间"。图书馆实行网络化管理，书刊的编目、统计、借还等工作环节使用计算机处理，形成了学校的书目数据库。

截至 2019 年，日坛中学图书馆文献信息资源建设基本符合学校现代化的需求，内容包含各种载体的信息资源，共有传统图书 67000 种 14 万余册，期刊、报纸 300 种，电子音像资料 2000 种，网络数据库 7 个[②]。

---

① 北京市日坛中学简介［EB/OL］.［2024-04-29］.http://rtzx.bjchyedu.cn/xxgk_4760/xxjj/.

② 中小学数字图书馆建设及图书馆（室）管理培训班重庆 040329［EB/OL］.［2020-05-31］.https://wenku.baidu.com/view/27469e196394dd88d0d233d4b14e852459fb39d6.html.

日坛中学图书馆"校本资源"模块集合日坛中学自主开发整合的200多种由文献汇编、课件等组成的专题电子书，内容包括教学参考、科学探索、文学赏析、艺术欣赏、百科知识等。专题电子书是把各种音频、视频、动画和文本信息资源进行重新整合，按照特定的专题编辑成为一本新的包含多种媒体信息资源的电子书，有专题文献汇编型（教学参考）、文摘型（专题课件）、编撰型（讲义、图书）和著作型4种类型。"中国基础教育知识仓库"（CFED）模块中，收录自1994年以来国内1000多种学术期刊的题录、摘要，以及300余万篇学术论文的全文，每日更新；同时还收录有关中小学教育方面的期刊、各省市教育学院的学报、部分大学学报的社科版等资源，使教育信息从小学到中学到大学连成一体。在"多媒体素材库"模块中，有高中媒体素材15万个，包含课件3344个、案例1097个、动画1910个，媒体素材表现手法多样。例如，高中语文课长期选用的《六国论》是一篇古文，学习这篇文章，必须了解先秦和北宋的有关史实。这些史实年代久远，错综复杂，讲解起来容易使人感到枯燥乏味。为了让学生全面系统直观形象地了解这两段史实，帮助学生深刻理解课文，深刻体会《六国论》的历史意义和现实意义，多媒体素材库收录《秦灭六国示意图》等相关资料38项，基础教育知识仓库收录有关《六国论》的文章26篇，教师可直接下载使用，大大节省教师查阅资料的时间。

日坛中学图书馆拥有的海量优质教学资源和丰富多样的课程资源成了新课改顺利实施的基础和保障，在一定程度上决定着日坛中学课程目标的实现程度和水平。数字图书馆解决图书馆馆藏资源有限与课程需要无限的矛盾，可以更好地帮助教师完成教学任务。

（二）中国人民大学附属中学图书馆

中国人民大学附属中学（以下简称人大附中）图书馆创建于1950年，1992年在人大附中原址上重新建起一座三层独立建筑的图书馆楼。图书馆坐落在校园北侧，馆舍面积约3000平方米，设有教师资料室、网络阅览室、学生阅览室、采编室、参考咨询室、教材室，可提供借阅、导读、检索、咨询和数字资源查询等多类型、多层次的服务。人大附中图书馆主要通过以下两个方面打造数字化图书馆：

一是传统文献资源的数字化。人大附中图书馆运用计算机和专业软件，实现图书馆图书、期刊、音像资源由手工分编著录全部转化为计算机著录及流通管理；实现网络馆藏书目检索查询，全面揭示馆藏信息。人大附中图书馆收藏有丰富的数字资源，包括本馆分编著录的纸质书刊书目数据库、光盘数据库，并引进电子图书、期刊、工具书、视频及多媒体教学资源库等数字资源。

二是改变传统服务模式，开展以信息网络技术为核心的信息服务。人大附中图书馆设立图书馆主页（library.rdfz.cn），有效整合传统文献资源与数字资源。主页上设有多种服务栏目，方便用户全面了解图书馆发展历史、馆藏资源、数字资源、精品书刊及图书馆开设的读书活动，也方便用户查询和检索信息资源。图书馆依靠学校快速、稳定的网络环境，实现馆藏数字资源在校园网范围内的无限次使用。无论是在图书馆、办公室、教室，还是操场，只要有网络环境（有线、无线均可），用户都能充分利用馆藏资源。

人大附中图书馆提出的建设规划如下：

（1）馆藏资源建设：根据国家素质教育和课程改革目标任务，推进图书馆与学科教学有效结合，深度融合。各科设立"学科联络员"，随时收集教学、科研所需书刊资料信息，重点采购，满足教学需求。通过各班图书委员，以班级形式推荐图书。各类图书收藏比例遵循国家有关"中小学图书馆藏书分类比例"规定，合理配置纸质文献资源与数字资源，补充收藏特色文献。

（2）专业制度建设：每年对本馆文献采编、加工、流通、典藏、剔旧管理等规定及书刊 MARC 格式著录内容进行修订和补充，并在业务工作中严格执行。

（3）RFID 智慧图书馆建设：利用智能服务平台，实现自助图书借阅、自助打印、自助复印、自助扫描、图书 3D 精准定位、智能盘点等服务功能。

（4）流动图书馆建设：图书馆工作人员要走出图书馆，走进年级、班级，把经典著作送到班级里，送到学生手中。流动图书借阅车定期游走在校园里，晒馆藏，办理现场借阅。

（5）网络服务建设：利用现代化设施和信息技术手段，依靠校园网络，更新维护图书馆官网，发布最新信息资源，建立信息咨询平台。

（6）信息多元化传递服务建设：通过学校智能信息平台，将新书、好书导读等书刊信息及时推送给广大师生。

（7）图书馆教育建设：将新生入馆教育课纳入常规，传播图书馆知识、培养学生信息素养。

（8）读书文化推广建设：努力做好学生阅读指导工作，指导学生选好书，阅读经典。每年围绕"世界读书日"等，举办图书馆读书文化节活动，突出"读书"主题。配合读书，举办展览、征文、猜谜、讲座等活动，形成系列，助力营造书香校园的读书氛围。

（9）学生图书委员队伍建设：重点培养学生中爱阅读的积极分子，组织他们参加图书馆培训，管理班级流动图书，为班级推荐新书，宣讲图书馆知识，带领班级同学参加图书馆文化活动；培养他们的宣传、组织、管理能力。

（10）图书馆人员队伍建设：组建由专职人员、志愿者等组成的多元化管理人员队伍。加强图书馆工作人员的政治学习和业务学习，提升其业务素养。

人大附中图书馆充分利用学校资源，充分发挥图书馆自身优势，开展图书馆数字化建设，并对自身发展进行合理规划，助力学校教学教研，积极满足学校用户需求，其发展模式值得学习借鉴。

第三节　中小学图书馆自动化系统

教育改革的不断深入、素质教育的全面推进、中小学信息化建设步伐的不断加快，为中小学图书馆实现自动化管理创造条件。《中小学图书馆（室）规程》（教基〔2018〕5号）规定："图书馆应配备书架、阅览桌椅、借阅台、报刊架、书柜、计算机等必要的设施设备，并有计划地配置、文件柜、陈列柜、办公桌椅、借还机、打印机、扫描仪、电子阅读设备、复印设备等设备。"① 中小学图书馆自动化建设是学校信息化、现代化建设中重要且必不可少的一项工作。

图书馆自动化是以计算机技术为核心，与网络通信技术相结合，对图书馆的各项业务实施自动控制的过程，即运用计算机来处理图书馆的业务及提供相应服务，如图书采访、编目、期刊管理、流通管理、书目检索、数字资源检索、参考咨询、馆际互借及行政管理等②。

一、图书馆自动化系统的选择

大多数中小学图书馆采用购入软件商开发的文献集成管理系统的方式进行自动化管理。商业开发软件尽管不经常更新，但是系统集成化、标准化、开放性比较好。有个别中小学图书馆使用自行开发的管理软件，可能存在格式不标准、模块不全、标准化差，不利于实现资源共享等问题。因此，一般建议购买成熟的商业开发软件。现在的图书馆管理软件功能越来越丰富，覆盖面越来越广泛，中小学图书馆在选择图书馆管理软件时应当多方面了解、比较。以下是自动化系统选取的一般性原则。

（一）图书馆自动化系统要功能完备、适用

自动化系统要功能完备并适用于本图书馆，在选择时可以从以下几个方面进行考量。

1. 数据字段的可编辑性

图书的著录项目有多种变化形式，各图书馆的著录级别和著录形式不同，因此数据字段数必须是可变的、可重复的，方便在著录过程中根据具体情况增加著录项目、删除无用字段。

2. 高度集成化管理

软件各功能模块应可以随时调用、切换，方便处理各种实际问题，软件的操作应更加贴近我们的自然思维方式和工作习惯。一个好的应用软件应

① 中小学图书馆（室）规程［EB/OL］.［2019-12-05］.http://www.moe.gov.cn/srcsite/A06/jcys_jyzb/201806/t20180607_338712.html.

② 徐文贤,李书宁.数字时代的图书馆自动化系统［M］.北京:北京理工大学出版社,2012:3.

当为常用功能提供多种操作途径，如菜单、热键和工具条按钮等方式。同时在具体操作中，除在某些必要的环境下提供固定流程化操作以提高操作效率外，还应具备灵活的综合处理能力。

3. 功能设计完备高效

自动化系统的软件编辑功能、管理方式和操作手段，应力求功能完备和界面风格的一致与简洁高效，以便于工作人员和读者高效学习，并灵活应用软件中的各种功能，解决更多的实际问题。

图书馆业务自动化系统应具备的主要功能有：①采访，包括采购资源订购管理、查重管理、验收管理、经费管理、机构管理、统计分析等。②编目，包括建立、修改书目记录等。③流通，包括外借、归还、续借、催还、预约、读者管理、复制、付款、单册、阅览室管理、闭架管理、脱机流通等。④连续出版物，包括订购管理、创建期刊记录、登到管理、催缺管理、期刊传阅、装订等。⑤任务管理，包括批处理监测、批处理队列、打印后台等。⑥ Web OPAC，包括书目检索、信息发布、个性化服务、用户参与资源建设等。⑦课程阅读，包括课程信息、阅读资料等。⑧服务，包括全部系统功能的批处理等。

图书馆办公管理系统应具备的主要功能有：①公文流转，实现图书馆内党政工及各室的拟稿、审核、审批、生成正式文件、分送、归档的全部过程，且记录从起草到归档的全部修改等附加信息的全部过程。②文档管理，实现图书馆电子文档的集中统一管理，可自定义文档分类目录，并可按部门和人员权限管理，并提供对存储文档的分类管理。③人事信息管理，记录工作人员详细的人事档案。④日程管理，供办公室秘书为本单位所有领导进行日程安排时使用，可查看所有输入的日程安排文档，按年、月和日期排序。同时图书馆工作人员也可以编写自己的日程管理信息，设置日程提示。此外，会议安排以及会议室预约也可通过该模块编排。⑤业务统计与考核管理，提供员工的业务统计和考勤的信息查询，方便主管人员掌握内部人员的工作动态，并可随时进行全月或全年的统计，实现对内部员工进行准确和及时的考核。⑥物资管理，对图书馆的经费及采购、仓存等的物资进行信息管理。⑦实时在线交流，可建立部门讨论区、图书馆讨论区等部分，给图书馆内部各部门、跨部门之间的人员提供实时交流的平台。⑧系统管理，主要进行系统层的管理工作，管理用户和用户登录验证，为系统用户分配权限等。

4. 多类型用户角色和权限

图书馆工作既包括内部办公业务，还包含与读者的互动。图书馆自动化系统在建设过程中不仅要考虑图书馆内部信息的安全性和封闭性，还应该考虑公共信息的开放性。因此，图书馆自动化系统需设置不同的用户权限和角色。

通常来说，进入图书馆自动化系统的用户主要有 3 个角色：①系统管理员，该角色主要负责系统的主要管理，通过对各个部分开展有效的管理，保证图书馆系统可以正常稳定地运行。系统内部各个角色的权限由管理员赋予。②系统用户，在图书馆自动化系统中，绝大多数的用户都属于这部分角色。系统用户可以根据自身实际需求分配更细致的权限，如权限较高的有馆长和主任，权限较低的一般为普通用户。③游客，游客一般为馆外用户，拥有对图书馆信息的浏览权限。

5. 界面风格友好

系统界面风格友好对于软件使用者是一种精神需要。界面风格在不同的程度上直接影响工作人员的情绪、心理感受与使用效率。软件的图像、操作风格应当适应使用者的习惯、爱好、操作需求。

（二）图书馆自动化系统的标准化与规范化

标准化与规范化作为评价选择图书馆自动化软件质量的一个重要标准，主要体现在以下 4 个方面。

1. 机读著录格式标准化与规范化

中小学图书馆选用的计算机软件应严格遵守国家有关书目数据处理标准，并提供遵照 MARC 格式规范的数据录入界面，使录入人员能够准确地理解字段含义，录入数据。

2. 输出产品标准化

打印显示输出续片、书本目录和其他形式输出产品的格式必须符合国家图书馆的 ISBD 行业标准。另外，能够制作标准 MARC 编目数据的软件还要能够正确存储数据、产生标准的交换数据格式，为其他应用不同软件的图书馆所接收利用，因此信息存储格式以 ISO 2709 文献信息交换用磁带格式为宜。

系统需要严格遵循最新的图书馆各种相关标准，包括 USMARC 书目数据格式、USMARC 规范数据格式、馆藏资料数据格式 MFHD、国际标准序列号（ISSN）ISO 3297：2022 中国图书馆分类法（第四版）、中国分类主题词表等。

3. 利用规范控制建立标准资源

好的图书馆软件应以不同形式提供规范文档与按分类标引主题词的辅助编目方法，从而使原来无法实现主题标引的中小学图书馆也能够借助软件做出规范化标准数据，供读者检索利用。另外，软件提供的条码应符合我国图书馆行业条形码推荐标准。

4. 科学化管理

图书馆自动化管理不是简单地模拟手工劳动。软件应努力实现大量用手工劳动无法实现的管理功能，如工作人员的工作权限、读者的借阅权限、规章制度大量统计功能及网络服务等。

（三）图书馆自动化系统的开放性与可扩充性

1. 软件的开放性与可扩充性

软件系统应该具有扩充能力和开放性。一个功能完备的软件，不仅表现在已有功能内容的完备，更重要的是体现在对各种潜在需求和变化的支持上。这就要求软件能够尽量满足所有图书馆和每个工作人员的具体要求，允许技术人员在一定的许可范围之内能够对软件的一些内容进行修改，一定程度上实现在应用中自由设计使用方式、安排业务环境。

配置文件方法能够较好地解决不同图书馆对通用软件的特殊设计要求和软件编制者考虑的标准化通用性两者之间的矛盾。它很好地解决如何正确掌握对软件进行修改的"度"的问题。用户可以根据自己的工作实际需要，通过修改配置文件中的系统参数，方便灵活地重新定义大量的系统特征与格式信息，使软件更加符合实际情况与著录规定。例如，各种屏幕格式，打印输出的内容及格式上的要求和各个库的检索点，拼音生成字段及各种制度、规则等。这样，通过修改参数可以将同一个通用软件构造成各种不同规模、不同流程、不同工作方式的模型，用于满足各图书馆的不同需求。

2. 软件环境建设

图书馆自动化系统的一个重要内容是软件环境的建设。软件环境的建设主要针对 Windows 操作系统，系统的形式需要在服务端完成设置：Windows2000/Windows2003，SPX，NETBIOS。终端设备运行的基础仍然是Windows，常见的有 Windows7 或者 Windows10，通信协议常见的有 TCP/IP，NETBIOS。

3. 软件系统具有的功能

数据的交换能力与软件的标准化程度紧密相关。因此，图书馆选择软件时要考虑对外来数据的接收利用和已有数据对外输出与利用这两方面；要选择设有数据接口、可以接收 / 输出 ISO 2709 格式、MARC 格式和各种定长格式数据的软件。图书馆自动化信息交换格式标准化管理手段使用户利用各种编目组织机构在不同系统软件上编制的数据能够相互交换，是图书馆从自我封闭走向网络化的保证。

软件的网络服务应该具有开放性，如信息查询检索、异地续借预约、联合采编等。不同软件开发的网络功能层次不同，最低层次是图书馆馆内局域网络，接下来是校园区域网络，高层次是广域网络。许多学校都建立校园网络。网络条件较好的中小学图书馆在近年内已经实现信息服务和图书馆之间的远程联机编目。因此在选择软件时，应选择已经以 TCP/IP 作为网络通信协议的产品。另外在选择软件时还要考虑一些因素，如软件的成熟性、安全性、可维护性和售后服务，软件的升级及技术先进性，软件的性价比等。

二、选择自动化软件的方法步骤

（一）进行广泛的市场调研

了解国内软件市场上有哪些成熟的图书馆管理软件，并通过软件公司了解各家产品的特点、售后服务方式、价格和购买软件有关的商务细节。仔细观看每个软件从采购到流通、读者查询的演示示范。

（二）访问用户

通过对使用各种软件的用户单位进行调查和现场考察，了解最真实的市场情况。参观采访自动化起步较早的各种软件使用单位，了解他们对软件的技术性能、售后服务等方面的评价，以及应用软件工作的实际情况和效果。最好的办法是了解同类规模、人员的图书馆及中学图书馆都在用什么软件，比较其所用的软件哪种使用效果更好。了解这些图书馆的人员编制、工作组织分工、硬件规划配备及软件版本（单机版、网络版、DOS 版、Windows 版）的选择配备方式为本馆开展工作提供参考依据。

（三）分析比较

在调研中不断学习积累关于软件的各种知识，总结软件评价标准。在调研的基础上，分析比较各种软件产品执行标准化的程度、记录的输入方式、编辑手段、各种管理功能、各个工作流程的编排、开放性、后期的维护升级、系统对小规模应用的适应性、技术先进性、价格和投入运行周期等因素。只有进行多方面综合评价，才能从中选取最佳的个体。

三、国内常用的图书馆自动化管理软件

目前，国内图书馆自动化管理软件较多，质量参差不齐。本书选取几个国内中小学图书馆较为常用的自动化管理软件进行介绍，供中小学图书馆在进行图书馆自动化软件选取时参考。

（一）清大新洋通用图书馆集成系统

北京清大新洋科技有限公司（以下简称清大新洋公司）是在北京中关村注册的高新技术软件企业，从事图书信息行业应用软件、水利信息化软件、政府信息化管理系统、网络系统集成等专业行业。凭借在图书馆行业 20 多年的专业经验和强大的技术积累，每年不断推出通用图书馆集成管理系统 GLIS 的最新产品。该公司针对中小型用户推出的 SQL 版各个系列产品，以通用性、稳定性、标准性、智能化赢得包括汇文中学、耀华中学、北京师范大学第二附属中学，以及北京市 70% 中小学（东城、西城、丰台、顺义等全区学校图书馆）等在内的全国各类中小学用户的认可和使用。清大新洋公司为用户提供四级服务体系：400 免费长途技术咨询；方案设计，免费培训；建立客户档案，跟踪服务；网上维护，上门服务。并且把服务从软件延伸到数据。2001 年，清大新洋公司成立数据制作部，专业为图书馆用户提供一站式的书刊回溯建库工作。

清大新洋公司的代表产品是 GLIS9.0 系统。GLIS9.0 系统符合国家及国际的图书文献标准。这是国内首家完全采用 B/S 架构体系，面向对象的编程技术，技术更先进、资源更易于共享和远程维护的开放式 Web 平台下图书馆综合业务管理网络平台。跨平台的设计使系统方便地支持多操作系统。稳定、高效的 Oracle 数据库，可轻松处理百万级数据量。基于 HTTP、TCP/IP 网络协议，方便地实现远程操作与维护，实现馆际互借、信息资源共享。支持 Unicode 标准，支持大字符集。支持维哈柯文，韩文等各种原语种著录。

该系统具有明显优势，系统较为稳定，售后服务较好。需要注意的是，该系统费用较高，产品更新较慢，目前尚不支持图书自助借还设备的对接。图书馆如果准备使用自助借还设备，还需要单独配备自助借还系统与该系统对接。

（二）华夏网信图书馆自动化管理系统

北京华夏网信科技有限公司是以留学回国人员为骨干的高新技术企业。公司总部位于北京市海淀区中关村科技园区，具备"双软企业"资格。公司已开发出用于图书情报、出版发行、医疗卫生等多种行业的产品，包括 CSLN "网图"集群图书馆管理系统、CSLN 书店 WEB 数据管理及发行系统。

该公司的代表产品是 CSLN "网图"集群图书馆管理系统。CSLN "网图"集群图书馆管理系统是国内采用 Internet 平台开发的，基于 web 的集群图书馆管理系统。使用这个系统的用户不需要购买服务器，不需要系统维护，只要有一台能上网的电脑，在中国专业图书馆网（www.csln.net）注册后就能实现图书馆图书采购、编目、典藏、流通借阅、期刊管理、报表统计、馆藏查询等业务的自动化管理，并实现校际图书资源的共享与馆际互借。截至 2020 年，CSLN "网图"集群图书馆管理系统在线用户已超过 8000 家，总用户量破万家，读者人数已超过 700 万，典藏数据超过 1.5 亿条，日流通量超过 25 万册。

（三）金碟图书馆管理系统

珠海金碟数码科技有限公司（以下简称金碟公司）的代表产品有金碟图

书馆管理系统（Kingdisc Library Information System）。该系统是金碟公司专门针对中小学、大中专院校及企事业单位图书馆的自动化管理需要而开发的图书管理软件系统，已成为行业领先的图书管理软件品牌。该系统 1998 年开始开发，2001 年上市，采用国内通用的标准著录 CNMARC 条例，实现国内图书目录数据的共享，能直接或自动生成和利用 CNMARC 数据；实现根据《中国图书馆分类法》（第四版）自动分类和条形码打印等功能；符合教育部最新颁布的《教育管理信息化标准》规范。该系统运行为 C/S+B/S 模式，包括图书的采访、编目、流通、查询、期刊管理、系统管理、字典管理、WEB 检索与发布等图书借阅管理系统的 8 个子系统，内含操作员权限管理、读者管理、著者管理、出版社管理、图书分类管理、书商管理、订单管理，附带在线帮助系统和多媒体功效，具有技术先进、功能完备、用户友好、可靠性强、安全性高、扩展性强、适用于多操作系统和经济实用等特点。该系统同时支持 Client/Server 和 Internet 两种环境，能够适应图书馆自动化、网络化管理、图书借阅管理系统化的需求。

（四）图书馆自动化集成系统

图书馆自动化集成系统（Integrated Library Automation System，简称 ILAS）是于 1988 年作为国家重点科技项目由文化部下达、深圳市科图自动化新技术应用公司承担并组织开发的一套能适应国内外不同层次、多种规模、各种类型图书馆使用的图书馆自动化管理系统。1998 年，ILAS 的更新换代产品——ILAS Ⅱ研制成功。ILAS 用户遍及全国 30 个省、自治区、直辖市，同类产品市场占有率位居第一，并已联入 Internet。2005 年，"数字图书馆体系结构研究与应用平台开发"项目（简称 ILAS Ⅲ）通过了文化部鉴定，专家一致认为：ILAS Ⅲ在分布式的体系结构、跨平台和跨数据库应用、系统实用性和功能完备性等方面达到了国内领先水平。ILAS Ⅲ是以数字图书馆实用数据库平台和图书馆自动化管理系统为基础，以数字资源建设和数字化服务为发展方向，通过自主开发和整合相关技术而搭建的多层次、分布式数字图书馆应用系统。ILAS Ⅲ是一个完整的数字图书馆解决方案和实用系统，图书馆用户可以通过 ILAS Ⅲ提供的功能和技术进行资源整合、服务整合；ILAS Ⅲ也可以作为一个构件，通过统一的协议加入数字图书馆体系[①]。目前，ILAS 已成为在国内用户数最多、推广面最广、实用性最强、联网性能最佳的图书馆自动化系统。

区域联盟管理系统的代表产品有 UILAS 图书馆集群式区域联盟管理系统。UILAS 主要应用于图书馆集群式总分馆建设，全面实现图书馆集群式管理，在公共图书馆实现馆与馆之间区域联盟，实现多级统合管理机制。在高校图书馆实现不同高校之间、同一高校不同校区之间、同一校区不同院系之间的多级管理，一证通借通还。系统采用 C/S+B/S 模式。C/S 模式主要针对采编有高精度要求的图书馆，C/S 模式的采编系统主要是延续 ILAS Ⅱ系统的采编模块，在原有基础上进一步强化及创新。B/S 模式主要是针对办证及流通，能够在最大范围内实现通借通还功能。但两种模式均具有完整的采访、编目、典藏、流通、连续出版物、系统管理员等全面功能，只不过是表现的形式不同。这个系统主要面向公共图书馆，在全国中小学图书馆中也有应用[②]。

第四节　中小学图书馆网站建设

随着教育的发展，中小学图书馆的规模在不断发展壮大。单靠传统的分类、编目及开架借阅已无法满足师生对大量书刊资源的需求。快节奏的教学需要快捷的检索手段，而图书馆网站的建设，为实现这一需求提供有利条件。图书馆网站的建设，为中小学图书馆提供一个向读者推荐新书、好书的宣传窗口。现在越来越多的少年儿童开始在网上进行阅读，青少年已成为互联网用户的主体。因此，中小学图书馆应及时建立并完善自己的网站，积极地为广大小读者的阅读提供健康的网站服务。

---

① ILAS 发展［EB/OL］.［2023-08-07］.https://www.ilas.com.cn/?p=101.
② UILAS图书馆集群式区域联盟管理系统UILAS概述［EB/OL］.［2016-11-03］. https://www.ilas.com.cn/?p=338.

一、中小学图书馆网站应具备的功能

（一）书刊资料的信息查询功能

图书馆的资源十分丰富，包括图书、报刊、音像资料和电子读物等。为了方便读者对各种资源的了解与掌握，图书馆可在网站上设立"图书查询系统"。将图书查询软件链接到学校图书馆的服务器，这样师生读者就可以方便快捷地了解自己所需要书刊的详情及自己的借阅情况。

图书馆的资源信息量很大，针对师生的具体信息需求，图书馆可以设立"馆藏资源"的专栏，将一些在图书查询系统中较难查询或者常用的资源信息分类别放在里面，如历年的报刊合订本目录、阅览室的报刊目录、工具书和教学参考书的总目录、音像资料目录等。总之，中小学图书馆网站要尽可能地发挥自身的优势，在师生与图书馆之间起到桥梁纽带作用。

（二）图书馆的图书服务功能

中小学图书馆"读者第一"的思想应体现在网站的设计上。例如，网站可设置"图书推荐"栏目，及时将新书好书推荐给读者，包括分学科的推荐、分年段的推荐、分读者类型的推荐、有关节日推荐、读名著推荐、参考书工具书推荐等各种形式。还可设置"流通服务"，将学生平时在图书流通过程中的一些信息，通过此栏目及时地进行反馈。定期公布并分析各班学生的借书情况。同时图书馆要开展二次文献开发工作。此举一方面有助于馆藏完善，另一方面更有助于学科教学及教师的教科研活动的开展。为此，网站可以设置一个名为"学科服务"的栏目，主要针对各学科的教学与科研需要，及时地将组织开发的二次文献推荐给教师，如经过重新整理的期刊分类目录、经过筛选的期刊网址、教师课题研究需要的相关书目等。

（三）网上阅读功能

目前，图书馆文献资源的内涵正在不断扩大。电子文献凭借其自身的优势，越来越受到广大中小学生的喜爱。我们在重视传统纸质文献的同时，也应该重视电子文献的开发与运用，实现纸质文本与电子文本相互补充，最大限度地优化中小学图书馆的馆藏结构。因此，图书馆网站应该具备网上阅读的功能，让学生能通过网站阅读到大量的电子图书。电子期刊读物能为教师

的教科研活动带来极大的帮助与便利。因此，中小学图书馆还应积极创造条件，购置相应的阅读软件，为师生的教育教学服务。

此外，由于网络上的各种内容良莠不齐，图书馆工作人员应筛选一些优秀的少年儿童网站，如中国儿童文学网、儿童资源网等，并将其网址在图书馆主页编制索引，方便学生通过这个"中介"健康快乐地进行网上阅读。

1. 中小学图书馆对学生的阅读指导和教育功能

阅读指导是指导人员对读者的阅读目的、阅读内容、阅读方法、阅读品质施加积极影响的教育活动。中小学图书馆对学生进行积极有效的阅读和指导十分重要也很必要。图书馆网站建设就是一个很好的途径。利用网站对学生进行阅读指导和教育，图书馆网站应该具备以下内容：

（1）对图书及图书馆知识的介绍。这有利于学生对图书及图书馆基础知识的掌握，并让他们懂得图书及图书馆对人一生发展的重要性，同时也有助于他们从小学会利用图书馆的专业知识积极有效地进行学习活动。栏目可取名为"图书馆指南"，主要刊登一些如图书的历史、图书的分类、图书馆目录的作用、图书馆规章制度等方面的文章，让学生了解图书，了解图书馆。

（2）工具书使用方法指导。针对低年级学生工具书使用频繁的特点，图书馆应及时在网站的相关栏内对学生进行这方面的教育和指导。内容应包括对工具书基本知识及使用方法的介绍等。

（3）阅读读书方法指导。要积极利用图书馆网站这个平台，对学生进行阅读方法的指导，培养学生的阅读能力和良好的阅读习惯。网站上可开辟一个专门的"阅读指导"栏目，可以是专家、教师谈课外阅读，也可以是同学之间交流读书方法和体会，内容可以是各类作品阅读方法指导、读书心得的写法、名著的导读等。当然，要让学生真正掌握读书方法，还必须配合各种读书活动进行，只有这样学生才能逐步形成良好的读书习惯和能力。

（4）读书价值的推广。学生的读书态度决定其课外阅读的效果。中小学图书馆在对学生进行阅读指导时，要注重培养学生读书的目标、动机和态度。落实在图书馆网站上，可以让师生在"阅读指导"专栏里谈谈读书的意义、读书的重要性、读书与生活、名人与读书等话题，从而提高学生读书的积极性，提高课外阅读的质量。

（5）引导学生对图书的选择。中小学生涉世不深，他们的阅读充满盲目性。图书馆可以在网站的相关栏目里经常给予一些温馨提示，引导学生知道自己所处的年龄段该看些什么类型的书。

（6）开展读书活动。阅读指导的效果要通过各种读书活动来体现。图书馆开展的读书活动很多，其中可利用图书馆网站开展读书笔记展评、读书方法交流等活动。中小学图书馆可开辟专门的"读书活动"栏目，刊登学生作品、发布活动计划、公布比赛结果等。有了学生的参与，网站就会变得富有生机和活力。

（7）进行思想品德及行为习惯方面的教育。对学生进行文明习惯方面的教育，促进其身心全面发展，是中小学图书馆工作的应尽义务。除积极利用书刊本身的教育功能外，图书馆更要注重平时对学生的教育与管理，可利用图书馆网站，积极宣传图书馆规章制度和奖惩办法，开展班级文明习惯竞赛，表扬图书馆里的好人好事等。

2. 中小学图书馆与读者的双向互动功能

图书馆网站的设立，要吸引教师与学生的积极参与，这样才能体现网站应有的价值。图书馆也要利用网站这个平台为师生做好各项服务，并从读者的参与中了解到他们的新需求，以此来更好地改进服务质量。"网站留言"栏目是实现网站互动功能的平台。例如，浙江省海盐县向阳小学图书馆通过宣传与发动，让学生在"网站留言"栏目谈自己喜欢什么类型的书、谈读书心得、谈对学校图书馆的看法等。通过这一途径，学校可以掌握学生最喜欢和最需要的图书。在引导学生该怎样正确地选择图书的同时，馆员也得到办好图书馆的种种想法和建议等。如今，向阳小学的广大师生已成了图书馆网站的常客。

二、中小学图书馆网站设计的注意事项

（一）网站的主题

图书馆网站的主页题材丰富多样，包括书目查询、新书介绍、读者意见、本馆公告、高考信息、习作园地、作品争鸣、心理医生等。当开始设计网站时，中小学图书馆首先面临的是选择怎样的题材，一般来说要考虑以下几个问题：

（1）主题要"小"。所谓"小"，是针对图书馆主页而言的。网站的选材范围不必太广泛，主页的内容也不要包罗万象。因为中小学图书馆工作人员本身的能力和时间有限，没有太多精力和时间去维护和更新。

（2）最好有读者感兴趣的题材内容，也可以设置一些读者感兴趣的栏目，如师生原创诗词、英语角等，吸引读者。

（3）选材不要太滥，定位不要太高。"太滥"是指站站都有、随处可见的题材。"定位太高"是指在某一题材已成为知名度高的图书馆网站的金牌题材的情况下，很难超越。

（二）网站的内容

网站内容一定要精、专，这是吸引读者的首要条件。如果内容空洞无物，读起来索然无味，便难以吸引读者。所以中小学图书馆网站必须有原创性、见解性，尽可能多放置一些本校的作品，如学生的习作，并穿插美文欣赏及名家介绍等。

（三）网站的组织

网站都是由一个个网页组成的，网页组织非常关键。网页组织的好坏直接关系到网站的成功与否。中小学图书馆网站的组织应遵循以下两个原则：

（1）网站设计要遵循"三次单击"原则，即网站中的任何信息都可以最多三次单击后找到，方便读者的浏览。

（2）网页的长度要合适。一般应限制在 2 页到 3 页之内。网页的长度太短，则无法容纳足够的内容，也就无法提供足够的信息。反之，若网页的长度太长，下载速度就较慢，不方便读者的访问。

（四）网页的版面设计

版面设计时，要利用有限的空间将图书馆的检索文字和图片进行有效组合。文字图片不必太多，更不能简单堆放，要考虑色调搭配问题。版面设计既要做到整洁、美观，又要主次分明、图文并茂，也要因各校图书馆而异。因此，可依据以下两个原则来设计本校图书馆版面：

（1）简洁。简洁是版面设计的最重要原则。建设图书馆网站的目的是让读者及时了解信息，而读者真正关心的是网页的内容，除此之外的东西均处于次要地位，因此版面不宜过分花哨。

（2）色调统一。人的眼睛对色彩非常敏感。图书馆网站主页的色彩处理得好，可以锦上添花；如果色彩处理不好，网页会显得庸俗、刺眼。网页的色彩不宜超过三种，应选用其中的一种作为主色调，力求简约。

（五）网站的风格

中小学图书馆应根据网站的主题和内容来确定其设计标准，并形成统一的风格。图书馆网站是服务性的网站，不能像商业网站那样华丽，应以简洁清晰为主，可以从以下几方面着手：

（1）版面设计要一致，如网页的主色调要一致，字体的风格要一致（包括字体的类型、大小、颜色等）。

（2）网页中的网站名称、网站徽标、有代表性的图形和标志等要一致。

（3）导航条的风格要一致，如导航条在网页中的位置要统一，所有的导航条要么都用文本，要么都用图形。如果用文本的导航条，字体的大小、颜色均要统一。

三、中小学图书馆网站建设的要点

（一）强化网站服务功能

中小学图书馆应根据馆藏性质和师生需求对网站建设进行准确定位：网站应该是本馆网上资源的门户，是本馆馆藏的查询中心，是本馆各类读书活动的消息发布中心，是本校师生读书活动及读者互动交流的虚拟活动中心。在此基础上，网站的页面设计及编排应强调趣味性、益智性、科学性和知识性的结合，突出开放性。设计上可采用大量动画、卡通形象等形式增强页面的生动性，色彩强调明快、鲜艳。网站在具备信息资源查询功能基础上，还应具备较强的交互功能，并通过举办网上知识问答、网页制作比赛等活动吸引学生利用本馆网站，为中小学师生读者提供交流空间。同时，可设置留言板、读者论坛、馆长信箱等栏目，及时了解和反馈读者的意见，从而进一步推动和改进图书馆的各项工作。

（二）提供丰富的服务项目

中小学图书馆可以网站为依托，利用网站为读者提供全方位、多层次的信息服务。具体可从以下几个方面着手：

开发并完善联机公共目录查询系统（OPAC）。OPAC 是图书馆网站提供的最基本的信息服务，必须加强检索功能，提供书名、作者、ISBN、年份、出版社等多种检索途径。同时，各图书馆应打破局域限制，在建立和完善本馆 OPAC 系统的基础上，加快与城市公共图书馆、少儿图书馆甚至当地高校图书馆的合作，开发应用地域性联机公共目录查询系统，代替仅限馆内应用的检索系统，实现文献资源利用最大化和最优化。

加强读者培训，积极提供咨询服务。网络环境下，师生高效地获取"新、快、准"的信息需要图书馆等信息服务机构的引导和帮助。中小学图书馆需充分利用文献检索技能的优势，积极开展读者培训及咨询服务。除了为其提供新书推荐、书目导读服务外，图书馆还要针对网络环境下的新形势进行检索方法教育以及信息素养教育。正所谓"授人以鱼，不如授人以渔"，对于教师读者，图书馆不仅要跟踪其教学及科研的重点，为其提供多方面的信息，更要以培训讲座的方式指导其合理使用数字资源；对于中小学生，要通过多种手段，使他们了解、掌握现代信息技术手段，提高他们的动手能力、自学能力和获取新知识的能力，激发他们的开放性思维。

合理组织网上信息资源。开发网络信息资源是网络环境下图书馆信息服务的重要任务之一。中小学图书馆需要针对中小学师生学习、教学和科研的需要，搜集、整理网络信息资源，有序组织利用率高、具有学术价值和推广价值的文献，链接搜索引擎和网上图书馆及专题信息资源库，建立信息资源导航系统，方便师生快捷准确地查找所需信息。

总之，建设好学校图书馆的网站，是新形势下中小学图书馆发展的需要。只有尽可能地发挥并利用好图书馆网站应有的功能，中小学图书馆才能更好地为学校的素质教育及新课改服务。

四、中小学图书馆网站建设优秀案例

（一）国外中学图书馆网站建设优秀案例

美国湖景（Lakeview）中学位于美国密歇根州中南部的战溪市，其图书馆网站建设存在以下特点：

1. 网站提供丰富的书目检索功能

在美国湖景中学图书馆网站，读者可通过"Destiny 在线目录"和"MelCat 联合目录"搜寻自己所需资料。"Destiny 在线目录"提供检索和浏览功能。基本检索不但提供关键词、题名、著者、主题、丛书名等基本途径，更提供高级检索项，支持布尔逻辑算符组配，同时能通过资料类型、出版年份、流通类型选项等来缩小检索范围。浏览功能提供艺术、教育、外语、参考资料等大类别文献的题录浏览。"Mel Cat 联合目录"是密歇根州图书馆的一个项目，其成员包括密歇根图书馆联盟约 260 家成员馆，旨在供该州公民在任何时间、地点获取信息。

2. 网站导航功能突出

湖景中学图书馆网站的资源板块提供丰富的资源帮助师生进行教学和学习。例如，在"学生使用指南"中，有职业生涯设计相关网站、大学规划、作业帮助、考试辅导等类型的网站导航。为帮助学生更好地完成作业，图书馆网站还提供该校教师作业的链接点，同时指导学生怎样撰写研究论文。

3. 网站重视图书推荐

湖景中学图书馆主页设有阅读板块，直接提供电子期刊的链接。另有书评链接，提供书评网站，并附有 RSS 推送服务按钮，读者可自行订阅。如果读者发现有更好的网站，可方便地点击推荐按钮，进行新书推荐。

4. 网站重视与读者互动

湖景中学图书馆应用 Web 3.0 技术，在其主页上提供社会新闻、图书馆新闻或新进图书、音像资料列表，为浏览主页的读者提供新鲜的内容。图书馆还将馆员的照片、简介、专长、服务时间、联系方式予以公开。主页上设有投票栏，如评选年度最受欢迎的图书、评选主页栏目内容等。

（二）国内中小学图书馆网站建设优秀案例

1. 中国人民大学附属中学图书馆网站建设

人大附中图书馆网站（http：//library.rdfz.cn）见图 4-1，将传统文献资源与数字资源有效进行整合，网站建设具有特色。

网站设计：在图书馆主页上，通过多种服务栏目，全面展示图书馆发展历史、馆藏资源、数字资源、精品书刊介绍及所开展的丰富多彩的读书活动。页面色调统一，页面简洁，功能排列有序，用户友好度高，同时还可以方便快捷地进行资源查询和检索。

网站功能：在"数字检索"栏目中，选择馆藏查询，可通过书名、作者、出版社等多种关键字查询馆藏文献资源，了解新书上架情况及读者自己的借阅情况。在"数字资源"栏目中，集中展示电子图书、期刊、视频、多媒体等教育、教学、科研方面的数字资源库。在"读者服务"栏目下包含借阅规则、检索方法、新书导读等内容。在"新闻公告"栏目中介绍人大附中图书馆开展的各项活动。

图 4-1　中国人民大学附属中学图书馆网站首页

2. 复旦大学附属中学图书馆

复旦大学附属中学建于 1950 年，同时设立学校图书馆。复旦大学附属中学图书馆于 1998 年开始采用计算机管理，并制作图书馆的网站见图 4-2，网址为 https：//library.fdfz.cn/index.aspx。

网站设计：网站布局合理，整体简洁大气又不失美观。柔和的色调给人严谨又轻松的感受，配图的色调与图案很好地契合整体色调，给人一种恰到好处的感受。

网站功能：首页导航栏包括网站首页、图书馆指南、特色资源、阅读快递、志愿者天地、数字资源、我的图书馆等栏目。在导航栏中，关键词覆盖读者的需求领域。"图书馆指南"中包括图书馆简介、借阅规则、检索指南及通知通告，简洁明了，既方便读者寻找，又节省页面空间。在"特色资源"栏中有《附中之声》《我们的天空》等，简洁明了地向读者传递自身馆藏的特色资源信息。"阅读快递"中包含新书推荐、期刊及光盘、图情馆讯、学生佳作等资源，涵盖书籍、数字资源、讯息等方面，覆盖全面，内容清晰。"志愿者天地"包括招募公告、活动章程、年度优秀志愿者。"数字资源"中包含中国知网电子期刊阅览室、使用手册、中学学科网、每周资讯快递、组卷网等，在兼顾全面的同时又不忘加入说明教程，给读者的使用带来极大的便利。

图 4-2　复旦大学附属中学图书馆首页

同时，网站提供丰富的书目检索功能，导航功能突出并且重视图书推荐和读者互动。网站数字资源丰富，检索功能强大，包括题目、作者、出版社等各类检索方式，使用者可通过在检索框中输入检索词进行馆藏检索见图 4-3。

图 4-3　复旦大学附属中学图书馆检索页面

3. 上海福山外国语小学数字图书馆

上海福山外国语小学成立于 1987 年，图书馆网址为 http：//elib.fushanedu. cn/。截至 2019 年 6 月，上海福山外国语小学图书馆共有馆藏书 43 301 册/件，用户数 2767 人，多媒体资源 1 部。

网站设计：图书馆首页，见图 4-4，主要是对图书资源的展示，包括馆藏资源数等数据，以及国学经典、推荐图书资源、最新图书资源、排行榜等内容。整体网页设计，栏目布局合理、色调统一，简约清新。

图 4-4　上海福山外国语小学数字图书馆首页

网站功能：图书馆导航栏包括首页、图书资源、视听资源、本馆讯息、读书活动、校本资源。图书馆资源丰富，图书资源栏目除了提供书籍的作者、出版社、ISBN 号等基本信息外，还提供目录、评论和相关书籍数据供读者参考。读者可以在网页上对书籍进行"借阅""收藏""推荐"三种标记，见图 4-5，方便读者对书籍进行管理，也可以通过相关软件扫描二维码直接阅读，非常方便。图书馆网站建立推荐书目栏目，一方面积极引导学生对图书的选择，另一方面面向教师进行书目推荐，兼顾师生两方面的需求。排行榜包括阅读排行榜和读者排行榜，前者展示最受欢迎的书目，为师生选择书籍提供参考。后者展示阅读书目较多的读者，有利于提高读者的阅读积极性，形成良好的阅读风气。读者反馈栏目建立图书馆与读者间的联系，有利于图书馆进一步开展和完善工作。

图4-5　上海福山外国语小学数字图书馆图书介绍页面

4.上海市宝山区宝虹小学图书馆

上海市宝山区宝虹小学数字图书馆于 2016 年开通，网址为 http：//218.80.196.252/。截至 2019 年 6 月，上海市宝山区宝虹小学图书馆共有馆藏数 12 004 册 / 件，多媒体资源 1 个，访问人次累计 99 163 次，总用户数为 1401 人。

网站设计：图书馆首页，见图4-6，内容丰富详尽，排版布局合理有序，页面整洁清晰。首页基本体现图书馆资源和服务的所有内容，包含快捷检索栏、热门活动展示、推荐及最新图书资源展示、最新评论等栏目。同时，网站设置阅读排行榜、读者排行榜和读者荐书榜，以提高读者的阅读积极性，并为图书选择提供参考。整个网站页面用文字搭配鲜明亮丽的活动图片，比较有吸引力。

图 4-6　上海市宝山区宝虹小学图书馆网站首页

　　网站功能：图书馆网站导航栏设置首页、图书资源、视听资源、本馆讯息、读书活动、校本资源等栏目。其中"图书资源"页面根据《中国图书馆分类法》将图书进行分类，方便读者进行分类检索，包含推荐图书、最新图书、评论和阅读排行榜等内容，点击具体书籍名称后跳转到书籍详情介绍页面，见图 4-7。该页面除介绍书籍作者、出版社等基本信息外还介绍了访问、阅读、收藏、推荐次数和目录、评论，方便读者对书籍质量和书籍受欢迎程度的进一步判断。"读书活动"页面，见图 4-8，展示图书馆结合小学生需求开展的丰富的阅读活动。

图 4-7　上海市宝山区宝虹小学图书馆网站图书介绍页面

图 4-8　上海市宝山区宝虹小学图书馆网站读书活动页面

5. 上海市金山区第二实验小学数字图书馆

上海市金山区第二实验小学数字图书馆于 2015 年开通，网站地址为 http：//erbooks.ersxapps.jsedu.sh.cn：8080/。截至 2019 年 6 月，图书馆馆藏资源数为 19 024 册 / 件，视听资源数为 2485 个，校本资源数为 48 个，用户数为 4015 人，总访问量达 104 706 次。

网站设计：图书馆首页包含检索框、推荐图书资源、排行榜、意见反馈等内容，同时设置"返回顶部""用户指南""关注我们"等按钮，方便读者使用网站。其中网站检索框位置醒目，提供普通检索、中图法检索、图书高级检索、全文检索四种检索方法，包含书名、作者、出版社、ISBN 等多个检索字段，为读者进行图书馆资源检索提供极大方便。为方便小学生读者的使用，网站使用及图书馆服务介绍内容详尽，包括登录注册、栏目介绍、查找图书、阅读图书、参加读者活动、常见问题等内容。首页意见反馈建立读者与图书馆工作人员的线上联系，方便图书馆工作的改进。

网站功能：网站导航栏包括首页、图书资源、视听资源、本馆讯息、读书活动、校本资源、阅读指导、我的图书馆等栏目。其中视听资源较其他小学图书馆更为丰富，包括畅销小说、评书曲艺、儿童文学等。读书活动页面，网站对活动按照进行中、已结束、全部专题阅读进行了二次分类，进一步方便读者进行检索。阅读指导栏目与中文在线数字出版集团股份有限公司进行合作，由中文在线提供阅读专家指导、精选最适合的书籍等服务，进一步提升学生的阅读能力。

第五节　新技术在中小学图书馆的应用

一、新媒体技术应用

新媒体技术是数字化、信息化、知识化综合发展之下的必然产物，与传统媒体比较，新媒体改变信息交流与传播的方式，加快信息的流通速度。准确来说，新媒体技术所具有的特征和优势，符合新时代图书馆服务的工作方式和思想观念。将新媒体技术运用在图书馆的阅读服务中，可以帮助图书馆解决当前阅读服务工作中出现的问题，还拓展图书馆阅读活动的展开形式，更新书籍的内容，加速图书馆服务工作理念的多元化发展。

中小学图书馆对于新媒体技术的应用包括设置移动客户端及微信、电子书借阅机、报刊借阅机、朗读亭等。

（一）移动客户端及微信应用

1.图书馆移动客户端

图书馆移动客户端结合新媒体技术和无线通信技术，通过手机、平板电脑等移动终端设备，为用户提供馆藏搜索和数字阅读服务。用户可通过图书馆移动客户端绑定读者证，进行图书查询、预约、预借、续借、图书荐购等操作。同时，图书馆移动客户端还提供新书通报、借阅排行榜查询功能、个人阅读历程分析功能、个人账户管理功能。

2.微信公众号

国内已有多所中学图书馆开始利用微信公众平台的推送功能和菜单功能为读者提供服务。例如，利用推送功能为用户推送馆内新闻、活动信息、馆藏信息、美文欣赏等内容，及时宣传图书馆活动并提供线上服务；利用菜单功能方便读者和用户使用图书馆的馆藏资源及其他资源，推广图书馆的资源和服务。中学图书馆微信菜单服务最常见的功能是个人图书馆功能，即本馆读者可以用身份证或校园卡绑定读者证。提供的服务包括馆藏查询、在线续借、还书提醒、读者证绑定和解绑等功能。本书列出国内几所中学微信公众平台提供的服务内容，见表4-1。

表4-1　国内几所中学微信公众平台提供的服务内容介绍

序号	图书馆名称	菜单功能
1	陕西省汉中市勉县武侯中学图书馆	关于我们：图书馆简介、联系我们、规章制度
		阅读空间：回复"读书"，每天给您推送一条读书名言
		回复1：本馆资讯——看看我馆有什么新鲜事儿

续表

序号	图书馆名称	菜单功能
		回复2：阅读推广——有关读书的一切
		回复3：品读书社志愿者活动——是阅读，但不只是阅读
		回复4：他山之石——看世界　品鸡汤　正能量　观百家思想
		更多精彩：官方网站图书馆电台
2	湖南省长沙市雅礼中学图书馆	雅礼读书：链接到读书社的文章
		真人图书：链接到真人图书专栏，编辑的文章及视频由学习部成员完成
		关于本馆：本馆简介、借阅规则
3	广东省广州市执信中学	微图书馆服务：图书馆微网（学习中心）精彩活动、阅读书单、听杂志、在线阅读、科技新知、在线茶树、图书馆新闻、书刊推荐、感悟分享、热门书评、读者来稿
		荐书：名师荐书、图书荐购
		场地预约：我的预约、预约场地
4	上海市罗星中学图书馆	读者指南：开放时间、入馆须知、规章制度、借书卡管理、图书馆概况
		借阅攻略：图书的分类、馆藏的分布、借阅的流程
		近期资讯：转回历史消息页面
5	上海市第二十五中学图书馆	关于本馆：本馆简介、借阅规则
		图书推荐：弹出推荐书目（10本）窗口
		资讯分享：弹出活动分享窗口

续表

序号	图书馆名称	菜单功能
6	河南省三峡市湖滨区会兴中学图书馆	读者指南：图书馆概况、借书卡管理、规章制度、开放时间
		借阅攻略：图书的分类、借阅的流程
		馆长推荐：崇明区图书馆、书籍、影视作品
7	河北省唐山市滦县何庄中学图书馆	好书推荐：书香校园库、教师库
		书香足迹
		规章制度：图书馆借阅制度、借阅记录
8	澳门利玛宝中学图书馆	主界面：(二维码进入)新书书单、阅读报告、借阅榜单、阅读推荐、活动资讯、购书建议
		趣味百科：动物百科、冷知识、脑洞篇、日常篇、科普篇

（二）电子书借阅机和报刊借阅机

1. 电子书借阅机

电子书借阅机，见图 4-9，是一款落地式触控一体机，提供海量的电子书籍。电子书借阅机方便快捷，一台设备就能快速建成 24 小时数字图书馆。电子书借阅机突破纸质书刊的数量及传阅限制，让每个人都能第一时间下载阅读自己喜爱的内容。电子书借阅机一般具有如下功能特点：通过二维码扫描，可以实现内置图书、有声读物的本地下载；支持 Android、iOS 移动app，也可通过微信、QQ、浏览器等扫描在线图书资源二维码进行移动阅读；支持最新报纸更新，保证用户在第一时间看到最新的原版报纸；支持资源分类检索与分类导航；后台管理系统可以与所有终端设备进行统一管理，实时监控全部终端的运行情况，统计终端上图书的阅读次数、扫描下载次数等，并给出各种图表分析结果。

图 4-9　电子书借阅机

图片来源：http：//ms.enorth.com.cn/system/2016/04/19/030928644.shtml。

2. 报刊借阅机

报刊借阅机，见图 4-10，提供 24 小时自助借阅，可以通过扫一扫功能获得电子报刊资源，为满足读者的报刊阅读需求提供极大的便利。

图 4-10　报刊借阅机

图片来源：http：//china.makepolo.com/product-picture/100647903374_0.html。

（三）朗读亭及其应用

朗读亭，见图 4-11，是一个可提供读者进行朗读训练的自助训练设备，一般包含专业麦克风、头戴式耳机、高脚凳、空调遥控器、多功能小吧台等。读者可以在朗读亭内自助进行朗读训练，提高朗读技巧。

图 4-11　朗读亭

图片来源：http：//www.unuodi.com/?bd_vid=10789015002413467945。

二、3D 打印技术的应用

目前，3D 技术已在各领域得到广泛应用。中小学图书馆也应该根据自身情况引入 3D 打印机，为读者提供更加真实的创作感受。图书馆可以将 3D 打印技术引入图书馆管理系统，将书本知识转变为真实的事物，拓宽学生的视野。

山东省潍坊市昌乐县北大公学双语学校拥有使用面积 1.2 万平方米的图书馆。图书馆中配备 3D 打印教室，在 3D 教室中，建模笔记本电脑、模具观察平板电脑、3D 打印机等一应俱全。3D 打印技术的应用，使学生能够真切感受到科技的发展，站在科技的前沿去感受科技的魅力，对培养学生的学习兴趣和自主学习意识意义重大。

三、大数据与云计算技术应用

（一）大数据技术

大数据具有大量（Volume）、高速（Velocity）、多样（Variety）、真实性（Veracity）、价值（Value）五大特点。据 IBM 公司估计，全球每天产生 2.5 亿亿（2.5×1018）字节的数据。用户可以点击和重新定义所要呈现的要素，通过大数据分析，将大数据可视化，营造所需要的环境。大数据技术已在教育领域得到广泛应用。中小学图书馆应用大数据技术，可更好地开展数据加工处理和读者服务。大数据技术既可以用于单个中小学的图书馆业务，也可以用于一个地区的中小学图书馆管理。例如，一些中小学图书馆已采用大数据分析平台，实时发布阅读与读者服务信息。这些图书馆设置一个大数据发布显示屏，以各种颜色曲线图表示长期的借阅情况和短期的借阅排名，以滚动播放方式显示图书馆的热门推荐和最新图书，还可以发布图书馆的通知以及各种最新信息（包括时间，馆内温度、湿度等）。

（二）云计算技术

美国国家标准与技术研究院（NIST）定义：云计算是一种按使用量付费的模式。这种模式提供可用的、便捷的、按需的网络访问，进入可配置的计算资源共享池（资源包括网络、服务器、存储、应用软件、服务），这些资源能够被快速提供，只需投入很少的管理工作，或与服务供应商进行很少的交互。在云计算技术支持下，用户所需的系统及应用程序并不需要运行在用户的计算机、手机等个人终端设备上，而是运行在大规模的服务器集群中。用户所处理的数据也并不存储在本地终端设备上，而是保存在互联网的数据中心。这些数据中心正常运转的管理和维护则是由独立的云计算服务商负责。用户通过支付一定费用获得访问权限后，在任意时间、地点都可以通过连接至互联网的终端设备使用云端的资源。

结合云计算的技术特点及图书馆工作的实际，云计算技术将给图书馆的发展带来以下深刻的变革：一是可以大大减少图书馆在软硬件方面的资金投入，降低运行维护成本；二是可以更有效地实现图书馆间信息资源共享；三是可以更高效地为用户提供全面化、个性化的信息服务。

厦门市于 2018 年全面开展建设教育系统云图书数据中心，ILAS 助力搭建云图书基础平台，在厦门市中小学图书馆中实现厦门市中小学图书馆的市级、区级、校级、馆级数字化统一管理及服务，校级纸质图书标准管理，未来采购、共享各类电子资源，实现区域图书馆纸质文献、电子资源的共建共享。云图书管理基础平台包括云图书基础数据中心，中小学云图门户、统一身份认证平台，纸质图书自动化管理系统，云图书馆用户管理系统，云图书馆统一检索平台等。基础数据中心将学校的原始业务、应用等数据进行整理、迁移，存放至教育信息数据中心云存储；云图书门户提供展示中小学图书馆各类资源，让读者在数字门户一站式获取信息及服务①。

四、物联网与智能技术的应用

（一）物联网技术

物联网技术是指通过射频识别（RFID）、红外感应器、全球定位系统、激光扫描器等信息传感设备，按约定的协议，将物品与互联网相连接，进行信息交换和通信，以实现智能化识别、定位、追踪、监控和管理的一种网络技术。在物联网中，物品能够彼此进行"交流"，而无需人的干预。其实质是利用射频自动识别技术，通过计算机网络实现物品的自动识别和信息的互联与共享，从而达到方便识别、管理和控制的目的。物联网技术可以简化图书馆借还书的流程，加快编目、排架、盘点速度，提高工作效率和服务质量，具有广阔的开发利用和应用前景②。

---

① 科图ILAS为厦门市中小学云图书馆建设贡献力量！［EB/OL］.［2024-04-30］. https://www.ilas.com.cn/?p=506.

② 解读物联网原理［C］//四川省通信学会.四川省通信学会2009年学术年会论文集.成都：四川省通信学会,2009:36.

（二）中小学图书馆 RFID 系统

中小学图书馆 RFID 系统，主要包括以下内容：RFID 标签、自主借还机、RFID 工作人员工作站、智能还书箱、安全门系统、移动盘点车、自助图书馆等。

1.RFID 标签

RFID 标签是一种带有天线、存储器与控制系统的无源低电集成电路产品，可在其中的存储晶片中多次写入及读取图书、媒体资料的基本资料，用于图书和多媒体光盘资料的标签识别，见表 4-2。图书专用标签可以粘贴在图书上，用于图书资料辨识。

表 4-2　RFID 标签规格

存储量	1kbit 内存
芯片	ICODE SL2
频率	13.56 MHz
固有频率误差	≤ ±200K Hz
协 / 标准	ISO/IEC 18000-3，ISO 15693
工作模式	RTF（Reader Talks First）
抗冲突性能	30 个标签 / 每秒
饱和点	500 个标签
数据传输速率	标签到阅读器：52kbps 阅读器到标签：26kbps
侦测距离	可达 914mm/36 inches
标签寿命	10 年 /100，000 次读写
包装	每卷 2000 个标签

2. 自助借还书机

自助借还机可对粘贴有 RFID 标签的流通资料进行扫描、识别。借还处理的设备用于读者自助进行流通资料的借还操作。设备配备触摸显示屏或简单按键操作系统，提供简单易操作的人机交流界面、图形界面，可以通过SIP2 协议或 NCIP 协议等与应用系统连接，快速准确地完成流通资料的借还操作，安全可靠。

自助借还机设备一般具有以下功能：

（1）借书。读者可通过读者证，在自助借还书机上办理借书手续。

（2）还书。读者可在自助借还书机上自助归还图书馆借阅图书。

（3）查询 / 续借。读者通过读者证登录读者信息界面，查询读者借阅图书信息，并可按照图书馆规则进行续借。

（4）读本图书识别。可同时识别多本贴有 RFID 标签的图书。

（5）具备安全设计，防止借阅过程中偷换、抽换书籍或一书登录多书借出的功能。

（6）操作完成即自动打印收据，可根据需求显示读者姓名、借阅资料题名与归还日期等相关信息。

少儿款自助借还机是一款特别为儿童设计制造的借还设备，设备设计符合儿童身高及操作习惯，造型可爱、圆滑安全，材质环保无害，可对粘贴有电子标签的书籍进行快速多本借阅、归还、续借等自助操作。这种设备深受小学图书馆读者的欢迎，见图 4-12。

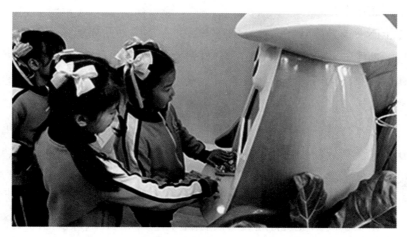

图 4-12　广西壮族自治区南宁市玉兰路小学图书馆引进少儿款自助借还机

图片来源：http：//nnclib.bbgcm.cn/article/588.html。

3. RFID 工作人员工作站

RFID 工作人员工作站可根据需要集成 RFID 读写装置、各种类型读者证卡识别装置、条码识别装置等设备，对 RFID 标签进行识别和流通状态处理，辅助以其他装置用于流通部门对粘贴有 RFID 标签及条码的流通资料进行快速的借还操作，提高工作人员的流通资料借还工作效率。该设备可根据需要通过扫描图书条码对 RFID 标签进行编写，进行简单的加工工作，一般具备以下功能：

（1）标签转换。将图书条码转换成 RFID 标签数据。

（2）标签改写。改写 RFID 标签数据（如：EAS/AFI）。

（3）标签数据设置。除条码号之外的其他数据项设置。

（4）条码输入，条码阅读器读取条码信息。

（5）人工输入，键盘输入。

（6）中文界面与英文界面的切换。

（7）提示动画，具备直观提示读者操作的功能。

（8）自助借书与还书功能。

（9）查询读者个人基本信息。

（10）单据打印，打印内容模板由用户提供。

4. 智能还书箱

智能还书箱是读者在进行自助还书后，存放图书的周转箱。

（1）功能特点：由钣金或铝合金材料制成。智能还书箱自带滑轮，便于移动和更换。滑轮可锁死，防止无意推动。加配箱满报警模块，提供声光报警，与分拣系统设备所配备书箱规格一致。

（2）技术特点：单个还书箱有效容量不少于 100 本图书，有效载重不少于 100 公斤。有效使用寿命不少于 2 年，可扩充箱满报警功能。静音、轻便脚轮设计，适合图书馆的使用环境。

5. 安全门系统

图书馆安全门系统设备通过对读者随身携带以及装入背包内的文献状态（是否办理借阅手续）进行判别，以达到防盗和监控的目的。这种设备在中小学图书馆已得到广泛应用。

6. 移动盘点车

移动式盘点车配有 RFID 手持图书信息采集器、图书馆移动书车，并配备移动电源，支持长时间脱机工作，是一款灵活性、实用性较强的盘点工具。它具备图书上架定位、盘点、图书查询、图书下架等功能，可实现快速精准定位图书架位、快速下架图书，统计每层书架图书信息、借出信息、在架图书信息、错架图书信息等，以及查询图书基本信息等功能。

7. 自助图书馆

24 小时自助图书馆是基于 RFID 图书管理的典型应用，具有投入少、效益明显的优点，可以建在图书馆的某个角落或者直接建在某个社区或者校园里，方便读者使用。越来越多的社区和校园开始投入并建设这种智能化的微型图书馆。

第五章　中小学图书馆建设标准与空间设计

第一节　建筑标准与设施设备

图书馆的建筑标准是指由相关部门出台的对图书馆的建筑设计起到规范作用的一系列标准。图书馆设施设备是维持图书馆正常运营和履行图书馆职能所需要的建筑设施以及书桌书架和各种专业设备。图书馆建筑、设备标准对于图书馆的建筑与设计起着极其重要的作用，有助于保障图书馆建筑设计有章可循，推动图书馆建筑规范化、科学化，规范图书馆的建造。

中小学图书馆标准包括配备标准和质量标准。中小学图书馆配备标准是根据学校学制、学生规模而对学校图书馆大小、布局等作出的规定；中小学图书馆质量标准是对学校图书馆采光、通风等的具体规定。在国家标准、行业标准中，图书馆的配备标准和质量标准往往同时出现在一个文件中。

中小学图书馆构成要素包括馆舍、藏书、读者、馆员、技术设备，但在馆舍建设方面，目前我国中小学图书馆馆舍建设未取得大的进展，部分中小学甚至没有完整的图书馆，部分有图书馆的中小学馆舍面积也较小，拥有独立"图书馆"建筑的中小学并不多见[1]。在标准出台方面，目前我国已出台针对中小学图书馆的标准数量较少，大部分文件都是试行标准，没有形成一个较为完备的规范性文件体系，且各省市相关规定所涉及的具体指标缺乏统一

---

①　周知.新时期中小学图书馆建设思考［C］//中国武汉决策信息开发中心,决策与信息杂志社,清华大学经济管理学院.决策论坛——科学制定有效决策理论学术研讨会论文集（上）.科技与企业,2015:1.

性，文件中也缺乏关于中小学图书馆空间规划的具体要求与量化指标，相关内容还有待进一步完善，中小学图书馆建设标准问题还需深入探索。

　　我国中小学图书馆在建筑设计上应首先符合 2018 版《中小学图书馆（室）规程》①的要求，同时可参考《图书馆建筑设计规范》（JGJ 38—2015），结合自身实际进行灵活设计。2018 版《中小学图书馆（室）规程》是我国中小学图书馆建设的指导文件，有助于中小学把握图书馆建设大方向。与 2003 版《中小学图书馆（室）规程（修订）》对比，2018 版《中小学图书馆（室）规程》取消了 2003 版关于城市中小学校图书馆建设标准应不低于现行《城市普通中小学校校舍建设标准》（建标〔2002〕102 号）的规定，也取消了电子阅览室生均使用面积不低于 1.9 平方米等规定。另外 2018 版《中小学图书馆（室）规程》中特别加入了"接收残疾生源的学校图书馆应当设置无障碍设施及相关标识"，体现了对残疾生源的关注。2016 年施行的《图书馆建筑设计规范》在建筑设计标准的规定方面符合目前图书馆的管理模式，该规范专门提出图书馆的建筑设计应该结合图书馆的性质、特点及发展趋势，并适应现代化服务、管理的要求，从而为读者、工作人员创造良好的工作环境和条件。值得注意的是，该修订版规范较以往增加了无障碍设施、智能化设备和节能设施的相关规定，体现了图书馆事业发展中对于现代化和可持续发展的重视，凸显图书馆的人文关怀，相关标准信息见表 5-1。

　　在中小学图书馆日益重要的趋势下，中小学图书馆的建筑设计也越来越重要，有关中小学图书馆的建设标准与设施设备也将受到关注。显然，中小学图书馆的建筑设计也要结合中小学图书馆的具体性质、特点和未来发展趋势，遵循美观、大方的原则，与图书馆现代化服务与管理的需求以及周边环境相协调，尽可能实现图书馆的基本功能，包括外借功能、阅览功能、管理功能和藏书功能等。本节将对中小学图书馆使用面积、建筑标准、设施设备、阅览座位和藏书建设、标识系统等标准加以说明。

---

　　①　教育部关于印发《中小学图书馆（室）规程》的通知［EB/OL］．［2024-06-17］．http://www.moe.gov.cn/srcsite/A06/jcys_jyzb/201806/t20180607_338712.html.

表 5-1 我国中小学图书馆建筑设备相关标准文献

级别	文件名	发布时间
国家级	《中小学图书馆（室）规程》	2018 年 6 月 8 日
	《关于加强新时期中小学图书馆建设与应用工作的意见》	2015 年 5 月 20 日
省（自治区、直辖市）级	《关于加强天津市中小学图书馆（室）建设和管理工作的若干意见》	2014 年 12 月 10 日
	《重庆市中小学图书馆（室）等级建设标准（试行）》	2011 年 10 月 24 日
	《山西省义务教育阶段中小学图书馆（室）设施设备配备标准》	2009 年 6 月 10 日
	《辽宁省九年义务教育学校普通中小学建设标准》	不详
	《河北省中小学图书馆（室）建设管理标准》	不详
	《广西中小学图书馆建设评估细则》	不详
	《云南省中小学图书室建设标准与规范》	不详
	《广东省中小学图书馆（室）建设标准》	2004 年 3 月 5 日
	《湖南省中小学图书馆室建设合格县市复查评分细则（试行）》	不详
	《江西省中小学图书馆等级评定实施意见（试行）》	2008 年 6 月 4 日
	《贵州省中小学图书馆（室）管理办法》	不详
	《江苏省小学图书馆建设标准》	2011 年
	《浙江省中小学图书馆（室）建设标准》	不详
	《安徽省中小学图书室建设标准》	2009 年
	《福建省中小学图书馆（室）建设基本标准》	2017 年 6 月 29 日
	《上海市普通中小学图书馆规程》	2016 年 9 月 8 日
	《青海省小学图书馆（室）评估细则（试行）》	不详
	《内蒙古自治区中小学图书馆（室）管理规章制度》	2018 年 5 月 24 日
	《宁夏回族自治区中小学图书馆（室）评估细则》	不详

一、使用面积

近年来，我国山东省、江西省、北京市、长春市等省市陆续出台的"普通中小学办学条件标准"中，对于中小学图书馆（室）的使用面积指标有了明确的标准。例如，2009 年 4 月，长春市教育局发布了《长春市普通中小学校办学条件标准》（试行）[1]，该标准将图书室作为基本指标，规定了中小学图书室的使用面积，见表 5-2。

表 5-2 普通中小学图书室使用面积基本指标一览表　　单位：平方米

类别	18 班	24 班	27 班	30 班	36 班	45 班	48 班
完全小学图书室	170	220		270	330		
初级中学图书室	261	340		420	480		
九年制学校图书室	212		289		380	468	
高级中学图书室		381		468	556		645

各个中小学图书馆（室）应根据各自学校的性质、在校师生人数、相关标准文件规定等综合因素划定馆舍的使用面积，应为读者留有充足的阅览空间与交流活动空间。

二、建筑标准

（一）选址与馆舍设计

中小学图书馆的选址应与校园的总体规划相协调，校园中的图书馆宜建造在校园中交通较为便捷的位置，且远离操场、食堂等较为喧闹的场所，并且不宜处在食堂的下风向。

我国 2018 版《中小学图书馆（室）规程》[2]在第六章"条件与保障"中

---

① 长春市普通中小学校办学条件标准（试行）[EB/OL].[2019-10-26].https://wenku.baidu.com/view/f9f1a29832d4b14e852458fb770bf78a65293a92.html.

② 教育部关于印发《中小学图书馆（室）规程》的通知[EB/OL].[2024-06-17].http://www.moe.gov.cn/srcsite/A06/jcys_jyzb/201806/t20180607_338712.html.

规定图书馆馆舍建设应当纳入学校建设总体规划。有条件的中小学校设立独立的图书馆舍。图书馆应当有采编、藏书、阅览、教学、读者活动等场所。馆舍外部设计风格及色彩应与校园整体风格色彩相协调。小学图书馆建议适当采用较为活泼、鲜明的颜色，中学图书馆建议采用与校园主体建筑相协调的颜色。建筑物的设计若能与现代化科学技术紧密结合则更佳。在设计时，应积极探索建筑物的智能化和可持续发展的可能性，如图书馆建筑宜采用节能设计，引入节能技术。

图书馆馆舍作为图书馆运行的物理实体，其建设与设计对图书馆的服务有着重要影响。中小学图书馆的建筑标准要严格按照相关规程与规定，并切实结合自身实际，建造质量优良、环境优美、美观与实用性能兼具的馆舍。中小学图书馆可与专门的儿童图书馆合作与交流，学习经验。好的馆舍设计可以提高青少年对中小学图书馆实体的信任感和对图书馆的利用效率，有助于图书馆培养青少年的阅读兴趣①。

（二）总平面布置、馆内环境与建筑

中小学图书馆总平面布置应功能分区明确、总体布局合理、各区联系方便、各区互不干扰。另外交通组织应做到人、车分流，道路布置应便于人员进出、图书运送、图书装卸和消防疏散。

馆内环境需符合 2018 版《中小学图书馆（室）规程》②在第六章"条件与保障"中的相关规定：图书馆应当重视馆内环境的绿化美化，具备良好的通风、换气、采光、照明、防火、防潮、防虫、保洁、安全等条件。另外，接收残疾生源的中小学图书馆应当设置无障碍设施及相关标识。

在馆内建筑方面，图书馆各空间柱网尺寸、层高、荷载设计应有较高的适应性和使用的灵活性。藏、阅空间合一者，宜采取统一柱网尺寸，统一层高和统一荷载。图书馆各类用房除有特殊要求外，应合理利用天然采光，保持自然通风。外墙、外门窗和屋顶等围护结构应区别使用要求。

---

① 杨乃一, 高俊宽.海峡两岸中小学图书馆建设标准研究［J］.新世纪图书馆,2016（8）:13-16.

② 教育部关于印发《中小学图书馆（室）规程》的通知［EB/OL］.［2024-06-17］.http://www.moe.gov.cn/srcsite/A06/jcys_jyzb/201806/t20180607_338712.html.

三、设施设备

（一）建筑设施

在建筑设施方面，2018 版《中小学图书馆（室）规程》中没有作出特别的规定，但中小学图书馆可以依据自身实际参考《图书馆建筑设计规范》中相关的建筑设施方面的内容。《图书馆建筑设计规范》从给水排水，采暖、通风与空气调节，电气，建筑智能化等方面对中小学图书馆的建筑设施作出了相应的规定[①]。

设施的安全性是中小学图书馆建设的核心要求。由于中小学生自我保护意识较为薄弱，所有的硬件设施都要注重安全性。两级楼梯踏步之间不能有空隙，楼梯的两边也不能留有空间，否则有发生事故的潜在危险。另外，楼梯踏步的高度要适合大多数人，建造楼梯的材料应该防滑，楼梯的边缘要让人一眼能看到。阳台的扶手要有足够的高度，防止读者不小心从阳台摔落。凡是反光的区域，比如玻璃门或者其他比较反光的地方都应该贴上提示条，提示条的位置要依据学生群体的身高来定。小学图书馆提示条的高度要略低于中学图书馆的，这样可以让学生明显看到。同时要注意到其他的危险因素，比如暴露的电线、不合适的家具、尖锐的边缘等。在馆舍正式投入使用以后，应定期进行安全检查，以便及时发现问题、排除隐患。

（二）馆内设备

1. 设备配置原则

（1）针对性与实用性。书架、阅览桌椅等家具，电子检索设备，电子计算机，网络设备和相关外围设备，视听及音像控制设备应该具有较强的针对性与实用性。各种设备要适宜中小学生使用，尤其是小学图书馆馆内设备高度不宜过高，操作难度不宜过大。

（2）安全性。图书馆各种设备的配备也要特别注重使用主体的安全性问题。中小学图书馆的主要使用主体是学生，在图书馆建设之初，宜采购安全

---

① 图书馆建筑设计规范［EB/OL］.［2019-01-03］.http://www.zhaojianzhu.com/guojiaguifan/52749.html.

性能高、结实稳固、无毒无害的书架、书桌、椅子等，并购置安全的照明设备，对地面宜采取防滑措施，如铺设地毯。各种通电设备都要考虑防触电的问题。尤其是小学图书馆要尽量避免购买有锐利边角的设备，或者对有锐利边角的设备做防护处理，较为高大的设备要做固定处理，防止翻倒砸伤学生。

另外，针对图书馆工作人员需求特点，图书馆的设备也要充分考虑其人身安全。例如要给图书馆工作人员预留足够的空间工作，同时要注意其工作所使用的桌子、椅子，要避免图书馆工作人员不小心给自己带来伤害；手推车一方面要方便使用，另一方面要尽量避免伤害风险。

（3）科学性。馆内硬件环境应当具备一定的科学性，包括硬件本身的设计和硬件摆放设计两方面。首先，就硬件本身的科学性来说，即硬件的形状、大小、高宽、色彩、材质等方面需要科学合理，具有较高的使用价值。选择硬件时需要考虑各类硬件组合在一起是否科学可行，如不同形状、高度、宽度的各类型（如固定、可移动、旋转）书架结合，软硬座椅、靠垫地毯共同配备，各类大型硬件色彩协调等。其次，硬件摆放需科学设计，在合理规划馆内空间的基础上系统考虑各类硬件的摆放位置，摆放时还需考虑安全通道的设置等问题。

2. 设备基本配置

2018版《中小学图书馆（室）规程》第六章第三十二条规定："图书馆应当配备书架、阅览桌椅、借阅台、报刊架、书柜、计算机等必要的设施设备，并有计划地配置文件柜、陈列柜、办公桌椅、借还机、打印机、扫描仪、电子阅读设备、复印设备、文献保护设施设备、装订、安全监测等相关设备。设施、设备应当符合学生年龄使用需要。"[①]

（1）有条件的学校图书馆应配备足量的管理用计算机，并实行网络化管理。计算机管理软件必须能接收和输出文献编目标准数据，能与兄弟学校实现联合编目，资源共享。学校网站建有本校的图书馆网页。

（2）书架、书橱能满足本校应配备的全部藏书放置需要，并留有添加新

---

① 教育部关于印发《中小学图书馆（室）规程》的通知［EB/OL］.［2024-06-17］. http://www.moe.gov.cn/srcsite/A06/jcys_jyzb/201806/t20180607_338712.html.

书的余地，图书按照《中国图书馆分类法》体系组织排列。

（3）报刊架以能满足本校订阅的报刊使用为标准，不挤压，不堆放，宽松放置。

（4）图书馆各室应采取防霉防蛀措施，配有消毒设备、通风换气设备、消防器材、窗帘、抽湿机（或空调）及安全防盗等设备。

（5）图书馆应有文件资料柜、装订机、复印机、扫描仪、打印机等设备。

（6）适度增添信息化管理设施。目前全球处在信息化、网络化的时代，中小学图书馆要跟上时代发展步伐，与时俱进，适度配置一些信息化设备。学校应配置信息化管理设备，为馆员提供必要的现代化办公设备，安装必要的信息化管理系统，提高管理效率，让馆员从烦琐的事务性工作中解脱出来，腾出精力钻研学生服务业务。考虑到中小学人员编制少，投入技术改造比投入人员成本更经济。

3．其他新型设备

图书馆可根据形势的发展和实际需要，购置新型图书馆设备，例如图书杀菌机。有不少图书馆购置这种设备对借还的图书进行消毒，读者可自助使用。既有简易的图书杀菌小柜机，也有相对复杂的图书消毒柜，见图5-1。

图5-1　图书消毒柜

四、阅览座位和藏书建设

阅览座位和藏书量是中小学图书馆建设的重要指标。《北京市中小学校办学条件标准》[①] 中，对图书馆（室）作出了如下要求：

（1）图书馆（室）对培养学生自主学习、探索性学习、交流融合、健康成长有重要作用。图书室馆（室）位置要使学生易达。图书馆（室）应包括借阅空间（含个人借阅及集体借阅）、学生阅览室、教师阅览室、视听阅览室、报刊阅览室、书库（含开架及闭架）、编目和修整办公室及前厅展览空间、研讨空间，宜设展览制作室。

（2）学生阅览室座位数的下限为小学、初中每 10 名学生 1 座，高中每 8 名学生 1 座，完全中学每 8 名学生 1 座，九年一贯制校每 10 名学生 1 座。

（3）教师阅览室座位数的下限为小学、初中、九年一贯制校均按教职工人数的 30% 设座，高中按教职工人数的 40% 设座，完全中学按教职工人数的 35% 设座。

（4）视听阅览室座位数的下限为小学、初中每 25 名学生 1 座，高中每 20 名学生 1 座，完全中学每 23 名学生 1 座，九年一贯制校每 25 名学生 1 座。

（5）报刊阅览室座位数的下限为每班 1 座。

（6）藏书量计算下限为开架要求小学、初中、九年一贯制校每生 18 册，高中每生 28 册，完全中学每生 23 册；闭架要求小学、初中、九年一贯制校每生 17 册，高中每生 27 册，完全中学每生 22 册。

在图书馆向社区开放的情况下，藏书量需加大，具体情况因校而异，《北京市中小学校办学条件标准》未含与社区共享的增量。

五、标识系统

（一）标识

标识是人们在长期的生活和实践中，逐渐形成的一种非语言传送而以视觉形象传达信息的图形符号系统。图书馆标识是为读者提供最基本的方向、

---

① 北京市中小学校办学条件标准［EB/OL］.［2019-01-01］.https://www.sohu.com/a/190006910_778222.

各种馆藏、服务及设施信息的标签，见图5-2。在图书馆中，标识的主要功能有：传递信息，包括馆内资源、服务和设施的信息等；指引方向，包括指引服务、设施、功能空间的位置等；安全监管，可引起人们对不安全因素的注意，预防事故发生。图书馆标识作为图书馆建筑设计的重要组成部分，在现代图书馆的开放式借阅中能够给读者提供很大的便利，因此合理的标识设计是至关重要的。

图5-2　图书馆内的标识

（二）设计原则

为充分发挥标识的作用，标识引导设计应该从分析馆区建筑和空间的特性入手。在标识牌用语的设计方面，要简明扼要，多使用温暖人心的语言，在充分运用语言艺术装点的同时也要注重人性化；在标志牌外形设计方面，可采取台式、架式、墙挂式、图形式等多种样式，方便读者导航的同时也应便于标识牌随着库室的改变而移动。

中小学图书馆的标识应该具有信息性、可读性，切实发挥相应的提示作用。在进行图书馆标识系统设计时，需要遵循以下几项原则：

1.规范性原则

标识系统的作用是引导。中小学图书馆面对的读者为学生群体，他们的年龄层次、智力水平均处在不同的阶段，因此，标识设置应该更加注重规范性。目前，我国已经针对公共场所的标识设计出台了相应的国家标准，并推行符合标准的统一标识，如红色表示禁止，蓝色表示指令，黄色代表警告，绿色代表指示和导向等。这些标识都是经过严格测试后才推行的，一般都很形象、直观，非常容易让人理解其所要表示的意义。

2. 系统化原则

为使图书馆标识系统最大程度地发挥其功用，在设置时应遵循系统化的原则，使其成为一个有内在联系的完善的系统而非几个简单孤立的标识标牌。

在到达指示目的地之前，标识系统应连续地进行设置，像接力棒一样，所有可能引起行走路线偏差的地方，均应有该目的地的引导指示，引导人们顺利到达目的地。另外，组成标识系统的标识牌数目众多，如果各自为政，容易让读者眼花缭乱。在设置时可以根据具体的需要做一定改变，但是整体形体、图形、色彩、位置设置等应有系统的规划，使其具有一定的规律性和一致性，才能形成统一的美，并让读者更易接受。

3. 人性化原则

中小学图书馆标识系统是围绕学生活动而设置的，在设计时必须遵循人性化原则。

（1）符合学生的习惯和要求。对标识的高度、密度、视距、间距、色彩以及字体大小等的设置要适合相应年龄段学生的习惯和要求，要考虑到他们的理解能力，如在小学图书馆中，可以做一些色彩鲜艳、配有卡通图案的分类标牌，原则是活泼一点、醒目一点，给人感觉很轻松、快乐。

（2）注重标识的醒目性。标识的设置可以引入人体工程学、生理学、心理学和行为科学的相关知识，使读者更容易理解和使用标识。例如，设置警示性的标识时，既要考虑其白天时满足统一色调的要求，又要考虑晚上可发光、有夜视功能。安全出口标识宜设在出口顶部，疏散走道的疏散指示标识宜设在疏散走道及其转角处距地面 1 米以下的墙面上，疏散走道标识的间距不应大于 20 米，疏散用应急照明灯应设在墙面上或顶棚上。

（3）注重标识的用语。在设置提示性标识时，应注意文明礼貌，富有文采和诗意，增强亲和力和感染力，以达到更好的提示作用，如"严禁喧哗"或者"注意保持安静"等标识可以换成侧面性的提示——"大家需要一个安静的读书环境"。

第二节　空间设计与布局

一、中小学图书馆空间

随着图书馆的发展变化，"空间"一词被引入到图书馆行业中。2009 年国际图联卫星会议"图书馆建筑与设备专业组"五大分主题中的"作为第三空间的图书馆"和"图书馆作为场所与空间的创新"两个主题都提到了"空间"。当前图书馆转型的趋势之一是空间与资源的融合转型。空间作为一种资源也可以被开发和利用，从而具有了新的功能价值。在图书馆的转型期，空间资源从"硬化"转化到"软化"，也就是说从之前的静态化、结构化、固定化、可用化，转型成为动态化、非结构化、不定化、体验化的软性空间。对于空间资源的考察与评估，从对于空间的面积、设备总量、资源总量、馆藏品种这类"量"的要求转为对空间多媒体、设备品类、资源质量、馆藏特色的"质"的要求。

空间设计是指在建筑建成之后对空间内部进行规划、装饰等，具体设计项目包括空间结构规划、水电设计、灯光设计、装修、软装（沙发套、窗帘、摆件、挂画、灯具、花艺等），特殊的空间内还需要道具设计（如店铺内的货架、图书馆的书架等）。因此空间设计可以看作建筑设计的延伸，建筑设计注重外在的设计（包括结构），空间设计注重内里的设计。如果说建筑设计给图书馆构建起了一个外在躯壳，那么空间设计就是给图书馆注入内在灵魂。图书馆内部空间设计是图书馆服务的物理表现，它既具有室内设计的一般属性，也具有其作为公众阅读空间的独特性。

目前，国内对中小学图书馆的空间再造问题不够重视，如中学图书馆空间设计布局存在着建筑功能不全面、空间布局混乱等问题。我国越来越重视中学生的素质教育，需要学习与运用新的空间布局模式来适应当代教育的发展与师生的需求。知识经济的浪潮下，学生仅学习书本知识是远远不够的，学生不能永远只停留在教室或者学校宿舍。如何将学校图书馆打造成除教室和宿舍之外的"第三空间"，是当代学校图书馆发展的新趋势，对于我国基础教育的发展具有非常重要的意义。因此中小学应该重视图书馆的空间设计与空间布局问题，适应教育改革与图书馆转型的发展趋势，提高中小学图书馆的利用效率。

二、空间基本分区

（一）入口和出口

中小学图书馆的面积和规模有限。根据《美国残疾人法》（*Americans with Disabilities Act of 1990*），图书馆应提供至少一个出入口[①]。入口和出口不需要很多，否则会使监管更加困难；入口和出口尽量在一处，便于监管。出入口应该有盗窃检测系统，应该足够宽敞，在学生集中入馆或离馆的时候，避免拥挤和发生交通堵塞。要留有紧急出入口，以备在特殊情况下开放使用。

（二）书刊借阅区

书刊借阅区是中小学图书馆必不可少的空间分区，也是图书馆利用最广泛的区域之一。另外，在流通台周围应有足够的空间可以容纳其他的常用设备，比如桌椅、图书车、一个或多个联机公共检索终端、打印机等。

（三）多媒体和电子资源阅览区

多媒体和电子资源阅览区主要提供电视、投影等多媒体设施以及多台计算机终端。计算机放置在某个相对固定的区域，用于馆藏目录检索的计算机应放置在入口处。有条件的图书馆宜添置墨水屏阅读终端，以及可以播放CD、VCD等的视听设备。在规划计算机和多媒体设备的布局时要仔细考虑监管工作，即把它们放在监控视野内，便于图书馆人员监管。

（四）多功能活动区

中小学图书馆是学校教学空间的重要组成部分，小型或者中大型的图书馆都需要设置适当面积的多功能活动区。区别于开放服务空间，多功能活动

---

① U.S.Department of Justice，Civil Right Division，Disability Rights Section. Americans With Disabilities Act of 1990，As Amended［EB/OL］.［2020-01-23］.https://www.ada.gov/law-and-regs/ada/.

区相对独立和安静，与图书馆的主要空间隔开，以防止噪声干扰其他用户。它可以作为教室、会议室、团体研修活动室、讲座或比赛场地等，如长沙雅礼中学图书馆设置了带有舞台的报告大厅，可容纳 900 余人。该场地一般用于举办校园歌手大赛、话剧演出等娱乐活动。

（五）展览区

一个设计精美的带有公告板和特殊展示设施的展览区是学校图书馆最吸引人的空间之一。而展览区另一个同样重要的作用则是展示学校文化风貌，提升学生阅读兴趣。学校图书馆可以设置图书类展览区和公共展览区：图书类展览区可展示图书馆馆藏书刊，或者新书新到期刊，以吸引师生来馆阅读；公共展览区可展示学生优秀文化创意作品，也可张贴活动宣传海报或公益类海报，为图书馆、学校社团即将举办的活动吸引更多人流。学校图书馆展览区可以借鉴书店内部设计的理念，如特殊有趣的展示陈设和舒适的座位。

（六）工作区

尽管中小学图书馆工作人员较少，但是根据图书馆的功能和工作人员本身的需要，应为其设置专门的工作空间。如果没有单独的办公场地，流通区域至少要保留少量的工作空间。工作区的设置需要考虑工作人员与读者的距离问题，既要方便馆员提供服务，也要保护工作人员的隐私权。

三、图书馆空间再造的要点与布局

近年来，中小学图书馆的空间建设状况逐步得到改善，但这仅限于新建校的图书馆。大多数中小学的图书馆空间因校舍的局限，占地十分局促。因此，综合利用馆舍显得十分重要。

中小学图书馆的空间设计，狭义上仅指建筑物内部的功能分区，广义上则包括环境设备等。空间设计一般要考虑三个要素：一是图书馆的物理环境，如图书馆的规模、阅读环境、图书馆书架书柜的摆放、通道的设置等；二是图书馆内图书的类型，如绘本、小说、传记、地图、工具书等，这些对学生选书和阅读兴趣都有影响，所以空间设计要考虑藏书的主题、内容和形式特征；三是读者对象、图书馆服务与活动，要根据读者对象的类型、图书馆服务和活动的要求设计空间。

通常情况下，图书馆的空间可以划分为十大功能类型：藏书空间、阅览空间、学习空间、研讨空间、数字资源空间、视听空间、展示空间、自助服务空间、办公空间和休闲空间。针对中小学图书馆，可以将各功能综合起来，随时赋予有限空间最有价值的功能定位。一个关键问题是，中小学图书馆空间设计需要改变固有的认知习惯，比如动静的区别、既有模式与随时改变的区别、个体读者与集体使用的区别等。中小学图书馆功能拓展分区可以采用以下三种格局：

（一）借阅藏一体化格局

在相对独立的空间，集中借还操作、室内阅览、图书收藏等基本功能，是在条件有限的情况下图书馆功能布局的基本选择。空间使用面积有限的图书馆应该充分融合阅览空间与藏书空间，可以在书库中适当增加阅览座位，提高空间利用率。但要注意较低年龄段的学生借阅图书过程中的安全问题，书架等设施要做好固定工作，图书馆工作人员应做好监督与引导工作。同时出于安全性等因素考虑，全开放式的阅览空间不宜使用密集书架，密集书库也不宜日常向学生开放。

（二）师生共享格局

随着综合利用的理念深入人心，从前那种师生各自应拥有不同馆舍空间的想法越来越没有市场。用时间决定空间功能、先到先得、个体使用让位集体使用等理念逐渐得到广泛应用。

（三）泛在图书馆

泛在图书馆理念下，学校就是一个广义的图书馆，每一处都要有书的影子，每时每刻都能方便存取有用的纸质图书和电子资源。让学校建在图书馆里，绝不是一个幻想。这一理念很可能先在小规模的学校落地成为现实。

四、传统图书馆空间改造

（一）改造方向

2018 年 12 月 21 日，在北京召开的 2018 年图书馆空间再造与功能重组研讨会①上，南开大学教授柯平提出："当前我国的图书馆正在由之前的空间决定用户到用户决定空间。即之前什么样的人来图书馆读书取决于图书馆的类型、图书馆的定位、图书馆的空间设计风格，而当前图书馆更加重视'人'的作用，设计什么样的图书馆空间布局是由图书馆的服务主体决定的。"另外，柯平教授还提出：技术正在改变图书馆空间，图书馆的技术由自动化、数字化转变为智慧化，而图书馆的空间也正在逐渐由信息共享空间、多媒体空间发展成为智慧空间，空间设计受到技术发展的影响也在不断发展。从用户和技术两个角度来综合评断，传统的阅读空间对用户的重视程度和技术水平都较低，而目前我们要努力建成的图书馆空间应该是既以用户为主体，同时又运用新技术的创意智慧空间。这也是当前中小学图书馆应该努力的方向。有条件的中小学要引进新技术、新手段，打造数字化、智慧化的图书馆空间，而发展水平较低地区的中小学图书馆也要注重以学生为主体，打造学生爱去的、学生能从中受益的图书馆空间。

（二）改造原则

1. 以人为本

当前我国图书馆处在转型时期，从以前的以"书"为本转变为当前的以"人"为本，为了不在网络化数字化时代被淘汰，所有类型的图书馆都应该寻求自身转型方向。从中小学图书馆来看，就是要遵循以学生主体为本的原则，在空间的设计与空间布局方面要充分考虑对于学生的阅读、学习与成长所起到的帮助作用。建设图书馆的目的是为学生服务，帮助学生提高阅读兴趣、获取信息的能力及自主学习的能力等。图书馆管理者需要俯身下来倾听学生的心声，站在学生的视角去考虑他们想要一个什么样的图书馆，并把主动权交给学生。

2. 以资源为主导

中小学图书馆的空间建设要注意以资源为主导。南开大学教授柯平在

---

① 图书馆界在京研讨图书馆空间再造与功能重组［EB/OL］.［2020-01-01］.http://book.people.com.cn/n1/2018/1224/c68880-30484632.html.

2018 年图书馆空间再造与功能重组研讨会[①]上提到，文献资源是图书馆之本，是服务之源，所以文献资源是图书馆的第一要素，文献资源建设是图书馆工作的第一使命。当前我国图书馆对于资源的建设也由之前的"资源决定用户"转变为目前提倡的"用户决定资源"，这一点对于中小学图书馆的资源建设来说尤为重要。中小学图书馆的性质较为独特，使用群体较为特殊，在进行资源建设时要特别重视学生群体的需求。因此，中小学图书馆进行空间设计时，应考虑到馆藏资源的建设情况，合理设计书籍摆放位置等。

3.设计精细化

空间设计方案确定后，在内装施工前，平面图的设计应精细地标出桌椅、沙发、书架、专业设施设备的摆放位置，便于施工单位按图施工，实现强弱电点位精确对应，避免出现无用的强弱电地插或需要的地方没有安装强弱电地插的情况。

（三）实施策略

1.根据不同学生群体精准定位空间设计方案

中学生与小学生年龄差异较大，对于图书馆的需求也不同。小学生年龄较小，学校的主要目标是培育学生的优良素质，那么小学图书馆的目标就在于培养学生的阅读兴趣，鼓励学生养成良好的阅读习惯。小学图书馆的设计可以多参考少儿馆的设计方案，在装修装饰上多采用明亮的色彩、卡通的元素等。由于中学生面对更多的课业压力，中学图书馆要给学生提供一个交流互动、自主学习的空间，在空间设计上可以更多地参考国外中学图书馆的优秀案例。

2.合理划分空间布局

中小学图书馆在进行空间规划时，需要考虑不同年龄段学生的需求与特点，根据这些需求与特点来确定各空间的功能、布局。尤其是由于中小学生的成长具有差异性，各空间的布局应易于中小学生的使用，如设计简明有效的空间移动路线，避免学生迷失、拥挤；为残障学生提供无障碍服务空间；

---

① 图书馆界在京研讨图书馆空间再造与功能重组［EB/OL］.［2020-01-01］.http:/book.people.com.cn/n1/2018/1224/c68880-30484632.html.

不同学生分别对协作讨论空间、个人学习空间有所需求，需要考虑动静空间的协调并存等。

3. 注重开放性与灵活性

中小学生活动的丰富性、图书馆空间功能的多样化、设施的完备化以及未来社会整体发展变化的不可预测性等因素都要求空间规划时充分考虑空间的开放性、灵活性，以便实现不同功能空间区域间的弹性转化[①]。

4. 设计更加专业

虽然图书馆可以调查用户需求，初步设计空间，但是缺少掌握建筑、设计领域知识的专业人才，即使聘请顾问也很难完全满足空间规划的需要。因此，有条件的中小学图书馆在完成初步的调查和设计之后，宜向专业的建筑公司提交诉求，由公司派遣专业的室内设计师与中小学图书馆沟通修改初步设想，使方案既符合中小学图书馆和用户的需求，又符合建筑标准，确保空间规划能够付诸实践。

5. 具体问题具体分析

由于我国目前经济发展不平衡，各个中小学图书馆的实际情况往往不同，所以图书馆空间规划不可"一刀切"。各个图书馆在规划时必须明确本馆的目标、愿景，并合理统筹经费预算。本馆目标和愿景包括对馆藏量、用户量、馆员量和馆舍面积的考虑，以及这些方面未来增长的规划。根据这些内容，图书馆确定空间的具体规模，并为未来发展留有余地。此外，图书馆应科学判断图书馆空间建设所需成本，根据图书馆的经费和预算合理确定建设方案。经济条件有限的图书馆可以优先改造一些重要的空间，待条件成熟时再改造其他空间。

6. 其他方面

在具体实施时要坚持"三为主"的建设原则：即可行性研究和项目概算要以图书馆为主，规划和设计上要以图书馆为主，查验整改及竣工验收要以图书馆为主。另外，要坚持"三同时"原则，即可行性研究、初设概算的同时，要充分考虑图书馆专业建设经费，单独列项；在工程建设的过程中，图

---

① 杨文建,李秦.现代图书馆空间设计的原则、理论与趋势[J].国家图书馆学刊,2015(5):91-98.

书馆专业建设要同时推进；在工程查验整改中，专业设施设备、资源规划布局要同时布置、同时推进。

（四）创新案例

经过多方对比，本书选取了北京市与上海市共三所中学图书馆空间再造成功的案例供读者参考。这些中学的图书馆的馆舍建筑外观、馆内空间布局具有一定特色，室内装饰具有现代美感，值得借鉴。

1. 传统典雅式图书馆——北京市第三十五中学图书馆

北京市第三十五中学（新街口校区）位于赵登禹路 8 号，校园中心位置是原八道湾胡同 11 号，这是鲁迅家族离开绍兴到北京居住的宅院，是新文学经典《阿 Q 正传》等的诞生地，新文化运动风云人物蔡元培、胡适、李大钊、毛泽东、钱玄同、沈尹默等都曾到访。北京市第三十五中学对八道湾胡同 11 号进行展陈布置，建设成了"八道湾鲁迅纪念馆"。毗邻八道湾胡同 11 号，学校新建了两进格局的图书馆，图书馆和"八道湾鲁迅纪念馆"共同组成学校人文课程研发基地——"鲁迅书院"。图书馆整体建筑延续鲁迅旧居的风格，与旧居拼合成完整的方形格局。图书馆采取了一种新旧交织的手法，以实现历史与现代之间的微妙过渡，也使鲁迅文化在空间格局上得以延续。在图书馆的墙上，还镌刻着鲁迅先生的名言："无穷的远方，无数的人，都和我有关。"以此勉励师生，身处此地，更要理解并传承先贤们的赤子之心和家国理想。

该图书馆的整体建筑采用了中国传统建筑风格，见图 5-3，内部也是中国传统书房的样式。除了传统风格的建筑与装潢，该图书馆还融合现代科技元素，天然采光与一桌一灯相结合的设计充分体现自然环保的理念，而自助还书系统、自助打印复印系统等系统与设备的融入堪称传统与现代相融合的典范。

北京市第三十五中学图书馆一共三层，面积约 2000 平方米，藏书 7 万余册，一层和地下一层为开放阅览区，见图 5-4，提供 400 个阅览座位，地下二层为书库。在地下一层，学校还专门开辟了 5 个讨论室，供师生小组研讨所用。这里不仅是图书馆，也是该中学的老师和同学们上阅读课、开读书会或讨论会的地方。

图 5-3　北京市第三十五中学图书馆外观

图片来源：馆方提供。

图 5-4　北京市第三十五中学图书馆一楼公共区域俯视图

图片来源：馆方提供。

北京市第三十五中学图书馆整体装修风格统一，桌椅书架等设施都是浓重的传统中式风格，见图5-5，营造出古朴凝重的读书环境。这弘扬了中国传统文化，体现了图书馆是文化中心的职能，提高了学生对于传统文化的认同度。

图5-5　北京市第三十五中学图书馆具有浓厚传统气息的公共区域

图片来源：馆方提供。

2. 地下的图书馆——北京市第二中学图书馆

北京市第二中学图书馆位于该校综合楼的地下一层，虽面积不大但是装饰得很温馨。其外部建筑的独特之处在于其采光的设计。由于图书馆在地下，所以学校特地采用了天井采光，保证地下光线充足，见图5-6，充分地利用了校园空间，在保证采光的同时又兼具一定的美观性。

3. 上海市中小学图书馆改造案例

2015年前后，上海市教委制定出台了高于国家标准的《上海市普通中小学图书馆装备指南》，对中小学图书馆的功能、选址、面积、布局、环境、

图 5-6　北京市第二中学图书馆

图片来源：馆方提供。

基础设施、设备配置等都提出了具体详细的改建要求。截至2017年底，上海市共完成610所小学、初中和近100家高中图书馆的功能提升，建成了一批集"藏、借、阅、研、休"功能为一体的现代化学校图书馆。不同学段的学校图书馆各具特色：小学图书馆侧重童趣，激发学生学习兴趣；初中图书馆突出求知欲和探究精神的培育；高中图书馆重点打造合作学习和研究型学习平台。新图书馆基本采用大空间、全开架的开放式布局，置身其中，令人赏心悦目。

上海市金山区第二实验小学将图书馆和 STEM（Science、Technology、Engineering、Mathematics）中心合二为一，实现阅读与实践体验一体；将图书馆外的花园设计与图书馆相呼应，创造自然亲近的户外阅读空间。图书馆内有综合阅读区、电子阅读区，有接待大厅、卡座、休闲咖吧，有讨论交流、影视欣赏等拓展功能区，还有体现学校双语特色的"英悦"阅览室。

上海市市西中学（以下简称市西中学）把"学校建在图书馆中"。校内具有图书馆功能的场所并不局限于一处，而是有图书馆、思维广场、新型学习空间三大区域。传统意义上的图书馆占据市西中学两幢教学楼的整个底楼，面积超过1000平方米。经过改造后，它保留了传统的书库区、阅读区、办公管理区等，增设了信息发布区、座谈区、活动区。馆内有两间阅览室、一间视听室，配备文献资料、网络资料、音视频资料共融的课程资源系统，可充分满足师生信息获取需求。再加上馆内有各种可以灵活组合的桌椅，可供四人、六人或者十几人开展不同规模的研讨交流，于是"古诗词鉴赏"等拓展课、"国风"等社团活动、部分微型讲座便把活动场所搬到了图书馆。

2012年建成的思维广场则占据了市西中学另一幢教学楼的两个楼层，面积达880平方米。一楼一进门就是视野开阔的开放阅读区、电子阅览区，有一排排开架图书、电脑，供学生借阅书籍和查询信息。二楼不仅有供学生自主学习的大空间，还有六间用玻璃墙隔断、半封闭的讨论区，其中三间可各容纳十六人召开圆桌会议，另外三间则供六七人的小型讨论使用。讨论室内的桌椅各式各样，有适合十多人群聊的"长形"桌，也有适合六七人小组讨论的"马蹄形""圆形"桌，还有适合三五个人使用的面向屏幕半开放的"吧台形"桌。不管楼上楼下，到处摆放着各种座椅、沙发、贵妃榻，学生可以或坐或半躺着看书甚至休息。由于物理空间发生改变，打破了传统教室的功能设计理念，思维广场成为引发师生教学方式改革的"创新工场"。如今市西中学语文、英语、政治、历史、地理五门学科每周必有一节近一小时的课要放在思维广场上。另外，新型学习空间，见图5-7，坐落于教学楼各个层面大厅，与教室走廊相通，面积超过800平方米，同样设置有每月更新的图书，方便学生午休、课间上网查询的电脑，还有一人、两人、四人坐的桌椅等。图书馆书刊流通点延伸到了教学楼的走廊、大厅、校园各个角落，往日被闲置的公共空间被利用起来，也营造出校园时时处处可读书、学校建在图书馆中的书香氛围。

图 5-7　上海市市西中学色彩丰富、环境舒适的新型学习空间

图片来源：https：//new.qq.com/omn/20180426/20180426A1PU4J.html。

第三节　中小学创客空间

"创客"一词来源于英文单词 maker 或 hacker，是一种不以营利为目的，努力把创造力变为现实的人①。近年来，"创客"的概念快速在各行各业传播。在教育领域中，创客冲击了传统的教育教学理念，产生了创客教育这种新形态。创客空间是创客教育的载体，是创客教育实施的物理场所，创客空间的建设对创客教育的发展具有重要意义。

一、中小学创客空间的实践

"创客空间"的英文名称很多，常用的有 hackerspace、hacklap、hack-

---

①　陶蕾.创客空间——创客运动下的图书馆新模式探索及规划研究［J］.现代情报，2014（2）:52-57.

space、makerlap、makerspace、creative space 等。《创客杂志》一书首次提出了"创客空间"的概念：它是一个真实存在的物理场所，一个具有加工车间、工作室功能的开放交流的实验室、工作室、机械加工室①。西尔维娅·马丁内斯和加里·斯代格在《通过创造进行学习》中写道：创客空间是一个充满活力的课堂。在这里，学生们常常同时热情地进行几个项目。师生之间相互学习、相互支持，老师不担心自己的权威受到学生的质疑。让创客空间充满活力的最好方法是鼓励学生在课堂上创作感兴趣的作品②。

中小学创客空间是创客空间与中小学教育紧密结合的产物。在这里，中小学生能够将自己独有的创意变成现实。它的主要任务是培养创新型人才，是创客人才培养的重要场所。中小学生可以在创客空间里共享资源与知识，实现创新发展。2015年第二版《国际图联学校图书馆指南》中提出学校图书馆应提供进行媒体制作和小组活动的空间（常被称为"实验室"或"创客空间"）③。2016年，教育部在《教育信息化"十三五"规划》中明确提出有条件的地区要积极探索信息技术在"众创空间"、跨学科学习（STEAM教育）、创客教育等新的教育模式中的应用，着力提升学生的信息素养、创新意识和创新能力④。《2017地平线报告（基础教育版）》提到要重视创客文化在基础教育领域内的作用⑤。可见，利用创客空间开展中小学创客教育已经是教育发展的新路径，创客教育发展所面临的首要问题就是创客空间的建设。

美国政府一直都很重视创客教育的发展和创客空间的实践建设。美国总统奥巴马在2009年11月"Educate to Innovate"运动的发言中呼吁"每个学

---

① 陶蕾.图书馆创客空间建设研究［J］.图书情报工作,2013（14）:72-76,113.

② 吴俊杰.《以创造去学习》作者西尔维娅·马丁内斯、加里·斯代格:为什么创客运动对教育工作者来说很重要？［J］.上海教育,2015（17）:44.

③ The IFLA School Libraries Section Standing Committee. IFLA School Library Guidelines. 2nd［EB/OL］.［2020-04-30］.http://www.ifla.org/files/assets/school-libraries-resource-centers/publications/iflaschool-library-guidelines.pdf.

④ 教育部关于印发《教育信息化"十三五"规划》的通知［EB/OL］.［2019-10-28］.http://www.moe.gov.cn/srcsite/A16/s3342/201606/t20160622_269367.html.

⑤ 饶书林.我国中小学创客空间的现状调查与建构策略［D］.武汉:华中师范大学,2018:2.

生都应成为创造者，而不仅是消费者"。随后，美国白宫启动"创客教育计划"（Maker Education Initiative，MEI），由创客运动领导者、*Make* 杂志的创始人 Dale Dougherty 领衔执行该项计划。该计划旨在通过推动创客空间的建设以及发展各种创客项目，激发孩子的兴趣、信心和创造力，让每个孩子都成为创客[①]。2016 年由 1400 多所 k-12（从幼儿园到十二年级）学校校长联合签署《创客承诺》，形成了初等学校的创客教育系统[②]。

国内创客空间兴起时间较晚，中小学创客空间数量较少。目前国内中小学创客空间有清华大学附属中学创客空间、景山学校创客空间，温州中学DF 创客空间、乐清中学创客空间、温州市实验中学青少年创客基地，锡山高级中学创客空间等。这些创客空间各具特色，但究其根本都是为了培养学生的创新意识以及培养学生的创新能力。

二、创客空间的特征

创客空间是创客们集中学习与交流合作的场所。好的创客空间不仅提供先进的设备和仪器，更是创意与思想自由交流的场所。创客空间具有普通空间所不具备的一些典型特征，包括开放性、创造性和共享性。

（一）开放性

创客空间是一个开放的中心，是为创客提供深度学习的场所。创客空间要为用户提供不同的工具和资源，要加大空间内各类软硬件设备的建设力度。空间要向有创造需求的人开放，自由开放的创客空间可以促进资源的共享和自主的创造学习。开放性是创客空间最基本的特征，创客空间为创客们打造了一个可以自由创作、自由分享的开放式空间。这种形式改变了传统教育封闭保守的属性。

（二）创造性

创客空间是以创新活动来满足创客需求的，旨在通过提高创客的动手能力，贯彻"玩中做、做中学"的理念。中小学生在创客空间的学习没有固

---

①　杨现民,李冀红.创客教育的价值潜能及其争议［J］.现代远程教育研究,2015（2）:23-34.

②　陈琴.美国高校创客空间的构成要素与运行机制研究［D］.重庆:西南大学,2019:1.

定的模式，需要学生发挥自己的想象力来完成创造过程。创造中学习的模式可以培养创客的创造性思维，从而促进创客教育的可持续性发展。创客空间不单单是指物理意义上的固定场所，其本质上是知识学习与实践相结合的空间，是知识高效传播与创造的场所。创客空间要以培养实践能力为指导思想，要为创客的实践操作提供多样的资源和工具，支持跨界创意实践化的需要。

（三）共享性

创客空间是一个文化交流中心，可以通过整体交流和个体交流的不同形式，为创客提供交流平台，有效地促进知识和资源的互动。中小学创客空间在建设过程中要依赖资源的分享和整合。创客的一个重要特点是知识的分享与实物的互动。创客空间不仅促进学生个体的学习，还要促进学习共同体的形成。共享的特征会催动创意的产生，形成合力智慧。

三、中小学图书馆创客空间

（一）中小学图书馆与创客空间的关系

1.创客空间与中小学图书馆内在价值一致

中小学创客空间是中小学生在创客导师的指导下循序渐进地参与项目式学习，通过团体协作的方式去解决生活中的实际问题，从而培育批判性思维、创新创造精神以及相应的专业技能的专门空间。其内在价值包含支持学习，促进平等学习、游戏型学习和知识探索，形成"创造"的文化理念。

中小学图书馆是为中小学教学和学生学习服务的图书馆，其主要任务是为教学活动提供图书资料，对学生进行思想道德教育和丰富他们的文化科学知识。中小学图书馆内在价值包括知识的储存与管理、为学习提供支持、为知识分享和传播提供条件、为知识创新打造适宜环境四个方面。

经过对比可看出，图书馆与创客空间的内在价值，都离不开"学习""知识""分享""创新"这四个关键词，因此从本质上说创客空间与中小学图书馆的内在价值是一致的。

2.创客空间的建设促进中小学图书馆发展

中小学图书馆的存在是为了满足教师与学生读者的各种需要。在国内外如火如荼的创客运动影响下，图书馆的理念也发生了深刻的变化。图书馆的核心使命已经由传统的"传承文化成就、信息收藏和提供获取途径"变革为"致力于通过增强个人的知识，不断交流思想，从而达到强化社区能力的目的"①。创客空间和创客教育的发展有利于中小学图书馆在新时期的进一步发展。一方面，它为中小学图书馆在快速变化的外部环境下找到适宜自身发展的道路；另一方面，它能使中小学图书馆更好地为知识创新提供环境与资源。

3. 中小学图书馆是创客空间建设的理想平台

中小学图书馆依托信息资源开展各类服务，并以满足中小学生的学习需求为核心使命。同时，利用中小学图书馆的空间与资源进行创客空间建设，比从零开始直接建设创客空间更容易，能够降低创客空间的构建成本。此外，借鉴中小学图书馆固有的管理经验，能够使图书馆创客空间更易于管理。

综上所述，中小学在图书馆内建设创客空间有利于创客文化在图书馆的发展。图书馆长久以来的学习环境和信息资源储备为构建创客空间提供了优势，有利于创客空间的建设和创客教育的发展。

（二）中小学图书馆创建创客空间的意义

1. 扩大中小学图书馆服务范围

中小学创客空间供中小学生聚集起来进行创造、分享和合作。中小学图书馆构建创客空间，有利于图书馆开展新服务，也有利于图书馆支持创新、推动创新教育。图书馆利用自身的资源优势构建创客空间，通过向学生提供最先进的工具和技术以及信息资源，使其获得新的知识并培养创新技能，让他们自己动手发现知识，从而激发其学习热情与探索兴趣。图书馆内开办创客空间使中小学图书馆扩大了服务范围，图书馆不仅为师生提供文献，而且为学生学习探索、开拓思维提供了空间。

---

① 陶蕾.创客空间——创客运动下的图书馆新模式探索及规划研究［J］.现代情报，2014（2）:52-57.

2. 扩展中小学图书馆服务内容

目前，图书馆已经不再是读者获取文献的唯一场所。读者更倾向于不受空间和时间限制以自助服务的形式获取信息。创客空间不但提供创意产生的环境，同时提供创意成型的工具。中小学创客空间注重于手工制作、机器人、3D 打印设备应用等，主要以比赛等形式开展设计和制作类创客活动[①]。创客空间与图书馆的结合能够拓展图书馆服务的内容。图书馆不仅可以提供更多与创意有关的信息资源和工具，还为对创新感兴趣的中小学生提供创意交流的平台。

3. 提高中小学图书馆人员素质

中小学图书馆创客空间的发展对人员素质提出了更高的要求。中小学图书馆人员在创客空间中发挥着重要作用，工作人员肩负着创客教育的职责，需要就创客空间软硬件设备应用开展教学，帮助、指导学生更好地使用创客空间。这对工作人员提出了更高的要求。工作人员需要从技术、教学等方面进行学习和改进，做好教育者的角色。由此可见，为了更好地建设创客空间，中小学图书馆应加强对工作人员的培训，提高工作人员的科学素养与创新能力。

四、中小学图书馆创客空间案例

广州大学附属中学图书馆文化创客空间，见图 5-8，依托电子书工坊来进行校园文化创客培育活动。如果说平时的阅读是一种思想输入，电子书的制作则是一种思想输出。电子书制作活动为学生提供电子化平台和创作空间，他们运用软件就能将文字、图片、音频、视频等素材编排起来，制作出独一无二的课外电子书，见图 5-9。课外电子书会成为学校电子书数据库的馆藏书，优秀的作品则被打印成实体书，向相关机构申请著作权证。同时，图书馆组建文化创客社团，每周固定时间、固定地点组织学生进行"碰撞"和培训，培训内容不仅有电子书的制作，还包括知识产权、图书的相关知识等。

---

① 梁美燕.我国图书馆创客空间实践调查与分析［J］.科技视界,2018（10）:123-125.

图 5-8　广州大学附属中学图书馆文化创客空间
资料来源：编者拍摄。

图 5-9　广州大学附属中学图书馆文化创客空间学生作品
资料来源：编者拍摄。

第六章　中小学图书馆业务流程

第一节　中小学图书馆基本业务概述

当前中小学图书馆的基本业务包括纸质文献资源的建设、利用与推广，以及数字资源建设与利用。这些基本业务可以总结为面向中小学师生读者的资源建设和读者服务。与其他类型的图书馆相比，中小学图书馆的工作更加重视多任务综合能力的系统运用。由于在基础设施规模、人员编制以及经费支持等条件上的限制，中小学图书馆人员需要承担更多综合性的工作，因此，在做好基础管理的基础上，优化工作内容、突出办馆特色成为中小学图书馆业务开展的现实需要。在此过程中，中小学图书馆可以通过志愿者队伍建设以及服务外包等方式分解非核心业务职能，从而将工作重心放在核心业务上。从具体业务构成而言，中小学图书馆基本业务可以分为文献采访、图书分编、文献典藏、读者服务四个主要方面。其中，前三项业务主要针对资源建设，后一项则针对读者服务。

一、文献采访

根据教育部《中小学图书馆（室）规程》（教基〔2018〕5号）要求，中小学图书馆馆配应该在22个基本大类中有较为均衡的比例。该要求旨在协调中小学图书馆馆藏学科分布，提高馆藏建设的科学性和资金利用效率[①]。根据《中小学图书馆（室）规程》（教基〔2018〕5号）要求，中小学图书馆

[①]　教育部关于印发《中小学图书馆（室）规程》的通知［EB/OL］.［2024-06-17］.http://www.moe.gov.cn/srcsite/A06/jcys_jyzb/201806/t20180607_338712.html.

应该对文献采访目标和范围进行系统规划，不能盲目追求流行和畅销，从而造成图书主题选择的偏颇和比例上的不协调。图书馆基于自身馆藏基础，有计划地逐步提升薄弱类别藏书比例，补充相应门类的优秀出版物，是图书馆文献采访工作的重心。在文献采访过程中，教育管理部门制定的"基础目录""年度推荐目录""基本阅读书目""拓展阅读书目"等目录清单，应该成为中小学图书馆文献采访的重要依据。同时，一些知名学者研究和发布的阅读目录，也可以作为图书馆文献采访的参考。如朱永新主持的"新阅读研究所"研究和发布的面向不同年级的图书推荐目录、王余光教授的"影响中国历史的三十本书"等，这些都可以成为图书馆文献采访的目录源。

中小学图书馆人员作为图书馆文献采访活动的主要参与者，应该积极了解国内外图书报刊出版情况，努力提高自身对图书报刊的选择能力，这对提高文献采访的质量具有重要意义。特别是在经费不足的情况下，具有较好文献资源选择能力的馆员有利于将有限的资源发挥最大的效用。图书馆文献采访应该避免将经济因素作为文献采购的首要考量因素，由于资金紧张而选择低质量的廉价图书，这对图书馆馆藏建设的长期发展是十分不利的。在实际操作过程中，为避免图书采购的主观性和片面性，图书馆可以吸纳多方参与，群策群力以提高采购质量。如图书馆可以成立由学生、教师、学校管理者以及家长代表参与的选书委员会，通过建立相应的工作流程和制度规范，确立更为科学和更能体现多方需求的图书目录。在此过程中，图书馆应该注意民主参与和馆员专业性的结合，在文献查重、复本量、学科比例控制以及预算规模控制等方面严格把关，从而推动馆藏建设目标的实现。与此同时，图书采购应该注重供应商质量控制，选择有相应资质的图书供应商以保证图书质量。采购过程中，图书馆应该根据年度经费预算以及图书馆整体工作规划，选择灵活合理的图书采购频次，将集中采购和灵活采购相结合，保证采购目标的完成率。

二、图书分编

图书分编是指通过分类和编目将到馆图书纳入馆藏体系，从而为图书进入流通管理创造条件。当前我国中小学图书馆通常采用《中国图书馆分类法》进行分类，并通过计算机管理系统，采用机读目录的方式进行编目。

（一）《中国图书馆分类法》

《中国图书馆分类法》（以下简称《中图法》）是目前我国各类型图书馆使用最为广泛的一种综合性分类法，以学科分类和混合制标记符号编制体系为基础，广泛应用于国内主要大型书目、检索刊物和机读数据库。《中图法》经过了数次修订，现行使用的最新版为 2010 年 9 月出版的第五版。为适应中小学图书馆、儿童图书馆实际工作需要，《中图法》专门设置了《中国图书馆分类法·儿童图书馆、中小学图书馆版（第 4 版）》（简称《少图版》）。

《中图法》具有广泛的用户群体，在中小学图书馆实际工作中具有较高的普及率。其中，马克思主义、列宁主义、毛泽东思想、邓小平理论作为基本部类列在首位；其次是"哲学""社会科学""自然科学"3 大部类；此外，将一些内容庞杂、类无专属、无法按某一学科内容性质分类的图书，概括为"综合性图书"，作为一个基本部类，置于最后，形成 5 大部类。在 5 个基本部类的基础上，依照从总到分、从一般到具体、从理论到应用的原则扩展形成 22 大类的知识分类框架，并采用拉丁字母与阿拉伯数字相结合的混合制的标记符号为类号，其中"T 工业技术"大类范围广泛，内容繁多，故又在该类基础上采用双位拉丁字母标记其所属的 16 个二级类目，各部类及大类具体划分见表 6-1。

表 6-1　《中国图书馆分类法》5 大部类及 22 大类一览表

部类	大类
马克思主义、列宁主义、毛泽东思想、邓小平理论	A 马克思主义、列宁主义、毛泽东思想、邓小平理论
哲学	B 哲学、宗教
社会科学	C 社会科学总论
	D 政治、法律
	E 军事
	F 经济

续表

部类	大类
社会科学	G 文化、科学、教育、体育
	H 语言、文字
	I 文学
	J 艺术
	K 历史、地理
自然科学	N 自然科学总论
	O 数理科学和化学
	P 天文学、地球科学
	Q 生物科学
	R 医药、卫生
	S 农业科学
	T 工业技术
	U 交通运输
	V 航空航天
	X 环境科学、安全科学
综合性图书	Z 综合性图书

　　《中图法》类目划分标准的选择与顺序决定着文献聚类的方向和集中的程度，也同时决定了该部分类法的基本分类规则。《中图法》的类目划分一般是选择事物的本质属性中最有检索意义的属性作为划分标准，同一事物在不同的学科领域中选取的划分标准不一定相同，主要是根据文献检索的实际需要来决定事物按何种属性聚类。例如在"Q949 植物分类学"中，按植物形态将其划分为孢子植物、种子植物，而在"S5 农作物"中，则按植物的用途划分为禾谷作物、豆类作物、饲料作物、绿肥作物、经济作物等。

（二）CNMARC

基于当前中小学图书馆已普遍实现计算机自动化管理的现实，中国机读目录（China Machine-Readable Catalogue，简称 CNMARC）已经成为图书编目的重要数据资源。CNMARC 实现了中国国家书目机构同其他国家书目机构以及中国国内图书馆与情报部门之间，以标准的计算机可读形式交换书目信息。CNMARC 格式使我国机读目录实现标准化，并与国际相关标准对接，实现了结构化书目数据的共建共享。

CNMARC 研制于 20 世纪 70 年代。1979 年，我国成立了全国信息与文献标准化技术委员会，并成立北京地区机读目录研制小组。1982 年，中国标准总局公布了参照 ISO2709 制定的国家标准《文献目录信息交换用磁带格式》（GB/T 2901—1982），为中文 MARC 格式的标准化奠定了基础。1986年，北京图书馆自动化发展部依据国际机读目录（UNIMARC）开始编制我国的 MARC 格式。1991 年，书目文献出版社正式出版《中国机读目录通讯格式》（CNMARC）[①]。

1. CNMARC 的格式结构[②]

CNMARC 书目记录字段按功能划分为以下 9 个功能块，字段标识符的第一个数字（最左边）表示字段所属的功能块。

0-- 标识块：主要由记录控制号、国际标准书号（ISBN）、统一书刊号等字段构成。常用字段有：001、005、009、010、020、091、092。

1-- 编码信息块：主要由描述作品的各个方面的编码数据，如一般处理数据、作品语种、出版国别等编码字段构成。常用字段有：100、101、102、105、106。

2-- 著录信息块：主要由包括 ISBD 规定的除附注项和文献标准号码以外的全部著录项目，如题名与责任者项、版本项、出版发行项、载体形态项、丛书项和文献特殊细节项等字段构成。常用字段有：200、205、210、215、225。

---

① 马骊.中国机读目录（CNMARC）的研究［D］.天津：天津师范大学,2004：10.
② 国家图书馆.新版中国机读目录格式使用手册［M］.北京：北京图书馆出版社,2006：目录.

3-- 附注块：主要包括对作品各方面的文字说明，由一般附注、内容附注、提要和文摘、采访信息附注等字段构成。常用字段有：300、303、304、308、320、325、327、328、330、345。

4-- 款目连接块：用于实现相关记录之间的连接，在《新版中国机读目录格式使用手册》中定义了 36 个字段，主要用来描述层级关系、并列关系、版本关系、先前与后续款目关系。常用字段有：410、411、423、451、453、454、461、462、463、464。

5-- 相关题名块：主要包括作为检索点的本作品的其他题名，由统一题名、并列题名、其他题名、编目员补充的附加题名等字段构成。常用字段有：500、510、512、514、515、516、517、540、541。

6-- 主题分析块：主要由分类、主题标识、非控主题词等字段构成。常用字段有：600、601、605、606、607、610、690、692。

7-- 知识责任块：主要包括对作品负有责任的个人及团体的名称，主要由主要责任者、等同责任者及次要责任者等字段构成。常用字段有：701、702、711、712。

8-- 国际使用块：主要包括对负有责任的机构的标识，由记录来源字段构成。常用字段：801。

9-- 国内使用块：主要设置馆藏信息字段，如馆藏代码、登录号、分类号、书次号、入藏卷次、年代范围等字段。常用字段有：905、989、990。

2. CNMARC 主要字段说明 ①

001 记录标识号

005 记录处理时间标识

010 国际标准书号（ISBN）

020 国家书目号

021 版权登记号

022 政府出版物号

---

① 国家图书馆.新版中国机读目录格式使用手册［M］.北京:北京图书馆出版社，2006:17-368.

091 统一书刊号

100 通用数据处理

101 文献语种

102 出版或制作国别

105 编码数据字段：专著性文字资料

106 编码数据字段：文字资料——形态特征

200 题名与责任说明

205 版本说明

210 出版发行项

215 载体形态项

225 丛编项

300 一般性附注

304 题名与责任说明附注

305 版本与书目沿革附注

306 出版发行等附注

307 载体形态附注

310 装订与获得方式附注

320 文献内书目、索引附注

327 内容附注

328 学位论文附注

330 提要或文摘附注

410 丛编

411 附属丛编

500 统一题名

501 作品集统一题名

503 统一惯用标目

510 并列正题名

512 封面题名

513 附加题名页题名

515 逐页题名

516 书脊题名

517 其他题名

540 编目员补充的附加题名

541 编目员补充的翻译题名

600 个人名称主题

601 团体名称主题

602 家族名称主题

604 名称和题名主题

605 题名主题

606 论题名称主题

607 地理名称主题

610 非控主题词

660 地区代码

690 中国图书馆分类法

692 中国科学院图书馆图书分类法

700 个人名称—主要知识责任

701 个人名称—等同知识责任

702 个人名称—次要知识责任

710 团体名称—主要知识责任

711 团体名称—等同知识责任

712 团体名称—次要知识责任

720 家族名称—主要知识责任

721 家族名称—等同知识责任

722 家族名称—次要知识责任

801 记录来源

856 电子资源地址与检索

905 馆藏信息

3. CNMARC 数据示例

（1）CNMARC 数据示例 1[①]

00547nam0#2200221###450#

001 003685179

005 20080123145613.0

010 ##$a978-7-5019-6195-5$dCNY32.00

100 ##$a20080109d2007####em#y0chiy50######ea

101 0##$achi

102 ##aCNb110000

105 ##$aa###z###000yy

106 ##$ar

200 1#$a 感悟美学 $9gan wu mei xue $b 专著 $dComprehension of aesthetics$e 设计师的美学视野 $f 吴国强著 $zeng

210 ##$a 北京 $c 中国轻工业出版社 $d2007

215 ##$a191 页 $c 彩图 $d24cm

330 ##$a 本书的第一部分"关于美学的认知"，是对西方主要美学观形成历程及形成原因的认识；第二部分"理解传统美学"，在比较中表述了对中国儒、道、释三家美学观点的认识与理解；第三部分"论审美"，是关于诸种审美问题的一般性认识：第四部分"美学感悟"则是在各种不同时空，基于设计角度对美学的感悟与认识。

510 1#$aComprehension of aesthetics$zeng

517 1#$a 设计师的美学视野 $9she ii shi de mei xue shi ye

606 0#$a 美学 $x 研究

606 0#$a 艺术美学

690 ##$aB83$v4

690 ##$aJ01$v4

---

① 刘小玲.CNMARC 书目数据编制方法及操作实例［M］.北京：国家图书馆出版社，2008：199.

701 #0$a 吴国强 $9wu guo qiang$4 著

（2）CNMARC 数据示例 2[①]

00884nam0#2200330###450#

001 002786547

005 20050112155430.0

010 ##$a7-80700-087-2$dCNY24.00100 ##$a20041221d2004####em#y0c hiy50######ea

101 1#$achi$ceng

102 ##aCNb460000

105 ##$aa###z###000yy

106 ##$ar

200 1#$a 随时随地的瑜伽 $9sui shi sui di de yu jia$b 专著 $dThe Yoga $f（美）伊莱斯·布朗宁·米勒，（美）卡罗尔·布莱克曼著 $s 杨弋译 $zeng

210 ##$a 海口 $c 海南出版社 $c 三环出版社 $d2004

215 ##$a191 页 $c 照片 $d23cm

330 ##$a 本书教你减轻压力的呼吸技巧，伸展运动技巧和放松技巧让你看起来更年轻更有自信，精力更充沛。书中对每个动作均做了讲解，并配有展示图片。

454 1#$12001#$aLife is a stretch：easy Yoga，anytime，anywhere

510 1#$aYoga$zeng

606 0#$a 瑜伽 $x 基本知识

690 ##$aR214$v4

701 #0$c（美）$a 米勒 $9mi le$c（Miller，Elise Browning）$4 著

701 #0$c（美）$a 布莱克曼 $9bu lai ke man$c（Blackman，Carol）$4 著

702 #0$a 杨弋 $9yang yi$4 译

---

① 刘小玲.CNMARC 书目数据编制方法及操作实例［M］.北京：国家图书馆出版社，2008：196.

4. 简编

鉴于中小学图书馆馆藏资源的有限性与服务群体的实际需要，中小学图书馆计算机编目并不需要著录所有 CNMARC 字段，而是采取一种基于实际需要的简化编目方式，称为简编。简编在实现图书馆馆藏资源自动化管理的同时，有利于提高编目效率和降低编目成本。简编应该保证编目字段选择基本完整，对于一些基本字段应该严格保留，如下面的字段：

010 ad

2001a9bdfg

210 ac$d

215 ac$d

690 av5$4

利用自动化管理系统实现简编是当代中小学图书馆人员应该具备的基本技能，为此馆员需要了解图书馆自动化系统的最新发展。对于新从事相关业务的馆员而言，《中图法》以及《中文书目数据制作》等工具书是需要常备的。随着中小学图书馆管理系统逐渐向 B/S 架构过渡，该类系统一般提供从图书馆集中编目机构（如图书馆联合编目中心）下载书目数据的功能。各中小学图书馆可以结合自身情况选择合适的书目数据源，采取数据套录的方式获取书目数据。另外，对于一些尚未引入自动化管理系统的中小学图书馆，可以沿袭书目卡片等传统手工目录著录方式，以保证馆藏图书保存和利用的规范性。

三、文献典藏

文献典藏是指中小学图书馆按照科学标准进行排架。《中图法》是进行分类排架的最基本标准，同时图书馆可以结合种次号或者著者号进行补充，以实现文献典藏的有序化和可扩充。在此过程中，图书馆管理者应该尽量避免采用单一分类法（如按照学科分类排架）简单整理图书，单一原则在文献典藏的系统性发展中很难起到有益作用。

在综合运用《中图法》分类以及种次号、著者号排架的同时，为提高文献的易检性，图书馆可以根据现实需要采取设立专题书架或者对不同类别图书增贴色标的方法，使图书排架更为直观。如有小语种书籍的图书馆可以单独在 H 类里细分国别，在 I 类也可以给纯外文版图书立架，或直接建立外文书库，和中文书库对应。实践表明，图书排架的细分程度与馆藏图书数量密切相关。达到一定藏书规模的图书馆应该根据情况对某一大类图书进行适当的细分。如果馆藏数量有限并且在可预计的将来馆藏数量也不会有较大改变，图书馆可以选择较为简单的分类排架，如仅按照 22 大类进行排架。

图书排架是开展图书馆相关知识教育的重要窗口，对于培养学生的行为习惯以及提高他们对科学门类的认知具有重要价值。因此，中小学图书馆组织学生志愿者参与图书文献典藏的分类排架活动，在提高工作效率的同时对学生进行图书馆知识教育，有助于提高学生的读书热情和文献检索能力。

四、读者服务

中小学图书馆读者服务是指中小学图书馆根据读者需求和学校教育教学活动的实际需要，结合图书馆工作特点所开展的一系列与学校教育目标相适应的活动，具体包括学生入馆教育、读者证办理、图书借还、参考咨询、志愿者队伍建设、社团活动辅导、读书活动策划以及阅读辅导等。与高校图书馆和公共图书馆相比，中小学图书馆读者服务应该立足中小学生身心发展与认知水平的实际特点，选择具有针对性的服务内容和服务方式。综合而言，中小学图书馆读者服务应该坚持以下原则：

一是读者服务应该体现教育性，发挥图书馆对素质教育的支持作用，在为学生提供学业任务完成和课外知识拓展所需文献资源的同时，从学生行为规范、阅读习惯培养以及读书方法掌握等方面提升学生的综合素质。

二是树立"以人为本"的服务理念。中小学图书馆服务不能简单地理解为配合课堂教学的辅助工作，而应该立足教育规律和学生成长规律，体现出在学生培养方面的独特价值。如学生阅读推广服务应该突破课堂阅读的局限，建立系统性的课外阅读书目体系和阅读推广计划，在学校阅读文化建设和学生创新能力培养方面着力，为学生终身学习和终身发展奠定基础。

三是发展主动服务和创新服务理念，提高图书馆服务的针对性和有效性。中小学图书馆应立足图书馆丰富的馆藏体系，吸收最先进的教育理念和教育方法，形成图书馆服务品牌和文化，将图书馆打造成为学生成长的"第二课堂"。

第二节　中小学图书馆文献资源建设

一、文献资源概述

文献是指以文字、图像、符号、音频、视频等为记录手段的一切知识载体。这些载体的集合就是文献资源。文献必须具备两个要素：一是被固化于物质载体上的知识信息，二是记录知识信息的物质载体。

文献的类型大致有以下五种：

（1）非印刷型文献，如造纸术发明前的甲骨文、金石铭文、简策、帛书和造纸术发明以后的各种写本、抄本、稿本等。

（2）印刷型文献，如古今各类印本的图书、报刊、资料档案等。

（3）缩微型文献，如缩微平片、缩微胶卷等。

（4）视听型文献，如幻灯片、电影胶卷、录像带、录音带等。

（5）数字型文献，也称机读型文献，如计算机磁带、磁盘、光盘、云服务器等。

中小学图书馆的文献资源主要包括纸质文献资源和数字文献资源。下面我们就集中讨论这两种文献资源的建设问题。

二、中小学图书馆纸质文献资源建设

当前，纸质文献资源是中小学图书馆资源体系的主要组成部分，纸质文献资源建设是中小学图书馆资源建设的核心工作。图书馆应该秉承科学规划和合理布局的基本原则稳步提升纸质馆藏质量，同时处理好纸质文献和数字文献的关系。纸质文献在安全性、稳定性和可利用性方面具备优势。

随着教育信息化的逐步推进，数字资源建设不断发展，中小学图书馆更应该对纸质文献的重要性有充分认知，并对纸质文献资源建设进行系统和长期的规划。

（一）中小学图书馆馆藏纸质文献的特点

1.具有一定规模和结构

（1）规模

中小学图书馆规模应与其学校规模相匹配。除了应具备规定数量的藏书，还要有相应的工具书、期刊（学术期刊）以及电子资源。为了让这些资源尽量发挥相应的效用，还应该有相应的藏书库、阅览室、检索设施等，条件许可还应有下架书、剔旧书的藏书库。

（2）结构

①图书。图书规模以在校学生数为依据，小学生人均25册，初中生人均35册，高中生人均45册，完全中学学生人均40册，在此基础上每年以每生1册的数量递增。至相当规模时再依据相关剔旧标准，考虑剔旧问题。

②期刊（邮发期刊和自办发行刊）。中小学图书馆虽然对期刊没有具体数目要求，但作为图书馆的基本配置，一定数量的优质期刊是保证图书馆书刊质量的必备条件。其中除了一些必备的流行期刊如《新华月报》《三联生活周刊》《新周刊》《博览群书》《读书》《书城》外，还应有一定的教育研究期刊，如《人民教育》《上海教育》《北京教育》《天津教育》；教学研究期刊，如中国人民大学复印教学资料《初中数学教与学》等（各学科的教学研究类期刊以不少于1种为宜）；科普期刊，如《中国国家地理》《中国国家天文》《科学24小时》《博物》《奥秘》《发现》等；文学期刊，如《收获》《当代》《花城》《散文海外版》等。

③报纸。除中央、地方党政工团队报，教育类报以外，中小学图书馆应该对本地的主流报纸进行适当收藏，同时还应该对一些科普类和文化类报纸进行有针对性的收藏，以拓展读者视野，如《中华读书报》《图书馆报》《语言文字周报》《语言文字报》《教育文摘周刊》等。根据《中小学图书馆（室）规程》（教基〔2018〕5号）要求，期刊和报纸的种类应当为：完全中

学 120 种，高级中学 120 种，初级中学 80 种，小学 60 种①。在当前数字期刊产品不断丰富的环境下，图书馆应该注重纸质期刊与数字期刊优势互补。

④工具书。在阅览室提供必要的纸质工具书，是《中小学图书馆（室）规程》（教基〔2018〕5 号）对学校图书馆的基本要求。中小学图书馆应该注重纸质工具书资源建设，如《现代汉语词典》《新华字典》《唐诗鉴赏辞典》《宋词鉴赏辞典》等应该纳入基本馆藏体系。《中小学图书馆（室）规程》（教基〔2018〕5 号）明确要求，工具书配备应当为：完全中学 250 种，高级中学 250 种，初级中学 180 种，小学 120 种②。

2. 馆藏纸质文献的组织

中小学馆藏纸质文献资源应按照一定的科学方法和技术组织，形成有序化的纸质文献资源体系，从而为中小学图书馆服务的开展提供支持。根据学校的定位和规模，中小学图书馆应该对纸质文献资源建设进行长期规划，明确建设目标、递增原则、资金保障、采访规则、加工标准等内容，建立科学的馆藏体系。

3. 馆藏纸质文献的加工

纸质文献凝聚着人类优秀的精神文化成果，馆藏文献资源就是要提供给学校师生使用的公共资源。为了尽可能多地服务广大师生，中小学图书馆应不断加强对文献资源的组织和管理，改进服务手段，完善服务设施，让纸质文献资源能得到有效利用。对于到馆纸质文献资源，中小学图书馆应对其加工处理后再进入流通环节。同时，中小学图书馆应该选择与馆藏建设相适应的图书馆管理系统。各级教育管理部门也应注重人员专业能力培训，提高人员专业水平，以提高中小学图书馆管理的专业化水平。

（二）中小学图书馆馆藏纸质文献建设的基本内容

1. 馆藏体系整体规划构建

根据学校规模和整体办学目标，中小学图书馆应该进行科学的馆藏体系规划，其藏书比例、馆藏布局等，既要满足当前需要，又要满足未来学校教

---

① ②　教育部关于印发《中小学图书馆（室）规程》的通知［EB/OL］.［2024-06-17］. http://www.moe.gov.cn/srcsite/A06/jcys_jyzb/201806/t20180607_338712.html.

育发展的需要。

（1）藏书比例构成及调整。中小学图书馆要以教育部《中小学图书馆（室）规程》（教基〔2018〕5号）的藏书分类比例为标准设置馆藏建设目标，并结合本校办学特色，努力建立科学合理的藏书体系，见表6-2。

表6-2 中小学图书馆（室）藏书分类比例表

部类		分类比例	
五大部类	22个基本部类	小学	中学
第一大类	A 马克思主义、列宁主义、毛泽东思想、邓小平理论	1.5%	2%
第二大类	B 哲学、宗教	1.5%	2%
第三大类	C 社会科学总论 D 政治、法律 E 军事 F 经济 G 文化、科学 / 教育 / 体育 H 语言、文字 I 文学 J 艺术 K 历史、地理	64%	54%
第四大类	N 自然科学总论 O 数理科学和化学 P 天文学、地球科学	28%	38%

续表

部类		分类比例	
五大部类	22 个基本部类	小学	中学
第四大类	Q 生物科学		
	R 医药、卫生		
	S 农业科学		
	T 工业技术		
	U 交通运输		
	V 航空、航天		
	X 环境科学、安全科学		
第五大类	Z 综合性图书	5%	4%

资料来源：http：//www.moe.gov.cn/srcsite/A06/jcys_jyzb/201806/t20180607_338712.html。

值得注意的是，由于各馆原有馆藏基础不同，对于《中小学图书馆（室）规程》（教基〔2018〕5 号）所要求的馆藏比例的实现是一个渐进式的过程，为此，各馆应该结合现有基础，对于薄弱类图书进行有计划补充，以最终实现馆藏体系的合理化。为此，中小学图书馆可以采取馆藏文献比例对比分析的方式，作为学校图书馆自测纸质文献资源标准差的工具，目标是渐进性地到达规程要求，见表 6-3 与表 6-4。

表 6-3　图书馆藏文献比例记录表（与部标准对比，供小学用）

部类		逐年分类比例目标对比				
五大部类	22 个基本部类	小学标准	2019 年	2020 年	2021 年	2022 年
第一大类	A 马克思主义、列宁主义、毛泽东思想、邓小平理论	1.5%				
第二大类	B 哲学、宗教	1.5%				

续表

部类		逐年分类比例目标对比				
五大部类	22 个基本部类	小学标准	2019 年	2020 年	2021 年	2022 年
第三大类	C 社会科学总论	64%				
	D 政治、法律					
	E 军事					
	F 经济					
	G 文化、科学 / 教育 / 体育					
	H 语言、文字					
	I 文学					
	J 艺术					
	K 历史、地理					
第四大类	N 自然科学总论	28%				
	O 数理科学和化学					
	P 天文学、地球科学					
	Q 生物科学					
	R 医药、卫生					
	S 农业科学					
	T 工业技术					
	U 交通运输					
	V 航空、航天					
	X 环境科学、安全科学					
第五大类	Z 综合性图书	5%				

表 6-4　图书馆藏文献比例记录表（与部标准对比，供中学用）

部类		分类比例				
五大部类	22 个基本部类	中学标准	2019	2020	2021	2022
第一大类	A 马克思主义、列宁主义、毛泽东思想、邓小平理论	2%				
第二大类	B 哲学、宗教	2%				
第三大类	C 社会科学总论	54%				
	D 政治、法律					
	E 军事					
	F 经济					
	G 文化、科学					
	G 教育					
	G 体育					
	H 语言、文字					
	I 文学					
	J 艺术					
	K 历史、地理					
第四大类	N 自然科学总论	38%				
	O 数理科学和化学					
	P 天文学、地球科学					
	Q 生物科学					
	R 医药、卫生					
	S 农业科学					
	T 工业技术					
	U 交通、运输					
	V 航空、航天					
	X 环境科学、安全科学					
第五大类	Z 综合性图书	4%				

（2）排架与布局。首先，纸质文献管理要处理好图书排架问题。图书馆的纸质文献应该按照一定的科学方法，系统地依次排列在架上，让每一种文献资料都能够在书架上有一个明确的位置，以方便取阅、归架和管理。排架的基本原则是以《中图法》为主，提倡根据本校馆藏实际情况制定简约的馆藏分类表，如对哲学、教育学、中国文学、散文、外国文学、人物传记、综合等数量较大的类别可以进一步分类。

随着中小学图书馆信息化程度的不断加深，能够实现计算机检索已经成为纸质文献管理的基本要求。图书馆应该保证书目信息的基本检索路径，如书名、责任者名、ISBN 号、《中图法》分类号和册条码号。目前很多图书馆管理软件都支持多检索点查询，如 ISBN、ISSN、题名、题名拼音、主题词、《中图法》分类号、责任者、责任者拼音、出版发行者、出版时间、批次号、目标记录路径、状态、操作时间、其他标识号、分类号、杜威十进制分类号、id 等，这需要配备相应的管理软件和计算机网络等。

同时，图书馆还需要合理地安排藏书布局，完整地保存藏书，根据师生读者需要及时调整藏书分布，保证藏书处于最佳流动状态。整体而言，中小学图书馆馆藏布局主要涉及以下方面：

①流通库。一般是指可供图书借阅流通的书库。流通库的图书应与下架书、剔旧书、新到未加工书、加工中的书等分开存放。

②典藏库。典藏的本义指将重要的典籍收存起来，因而典藏库主要收藏古旧文献、珍贵图书等。因为这些文献的历史价值、学术价值或稀有性，需要对其进行特别保护或管理，流通率较低。

③阅览室。阅览室应该为读者提供一个宽松舒适的环境，应该保持适宜读书的氛围，应该拥有足够的参考文献便于读者查询。

④下架库。图书馆应该有用于临时存放下架书以便进一步处理的空间。

⑤总分馆模式。总分馆模式指在一个总馆之下设立若干分馆，统一由总馆调配，中心馆利用计算机网络与各分馆连接起来，做到资源共享，实现通借通还，如中小学总校分校之间，图书馆与各处室、学科、年级藏书架之间等。

⑥班级藏书架。在各班级设立读书角。

⑦楼道藏书架。对于相对完整的校舍，可以考虑在不影响正常功能（如安全疏散、防火通道等）的前提下设置楼道书架，方便师生读者。

中小学图书馆馆藏布局需要注意的事项包括：根据需要，灵活掌握布局，进行必要调整；坚持对馆藏书籍的批量处理与定期盘存工作；利用现代化手段，对流通情况、藏书利用率等进行定期统计，对图书馆工作进行有效评估。

另外，要注意书籍的保存保护问题，主要包括光线控制、温度与湿度控制、防治虫害、预防霉菌、空气净化、祛除尘土、预防水火、修补装订、拾遗补缺等。

2. 图书采购

（1）图书采购的原则与方法。中小学图书馆应该有效地利用各种工具进行图书馆文献资源建设。常用的图书采购原则和方法主要包括：

①"基本目录"：相关行政管理部门及教学研究机构发布的适合不同学段的学校图书馆适宜采购的书目。如教育部最新版《义务教育语文课程标准（2022 年版）》，在该课程标准的附录部分有《关于课内外读物的建议》；新阅读研究所公布的《中国小学生基础阅读书目与推荐阅读书目》《中国初中生基础阅读书目与推荐书目》《中国高中生基础阅读书目与推荐阅读书目》等。

②"年度目录"：2018 年版《中小学图书馆（室）规程》要求每个学校年度新增图书以生均不低于 1 册的标准执行。相关教育行政部门和教学研究机构发布的适合各学段学校图书馆采购的年度新书目录，为这项工作提供了便利条件。

1992 年至 1998 年，《全国中小学图书馆（室）必备书目》由国家教委条件装备司发布，每年列出的图书种类维持在 300 至 600 种之间。1999 年，该书目更名为《全国中小学图书馆（室）推荐书目》，推荐图书种类呈增加趋势，到 2011 年推荐近百家出版社的 1346 种图书，2019 年推荐图书 6905 种。《全国中小学图书馆（室）推荐书目》初期以小学生、中学生、教师三类不同人群为划分依据，后期将中学生细分为初中生和高中生，共分为小学生、初中生、高中生、教师及学校管理人员五类。2002 年书目大类分为

"人文社会科学类""文学艺术类""科学技术类""学校管理人员及教师学习读物""综合性图书"五大类。2004 年分类改为"社会科学""教育、体育""语言、文学、艺术""科学技术""综合"五大类。2012 年正式采用《中图法》五大部类分类体系[①]。各图书馆可根据该书目在每年推荐的近 7000 个品种中进行选购。

此外,贵州、广西、河南等地的教育主管部门,以本省教育厅的名义向国内各大出版社(重点是省内出版社)征集适合当地中小学图书馆收藏的图书信息,编制省级行政区划内的中小学推荐书目,如贵州省教育技术管理中心发布的《贵州省中小学图书馆(室)图书配备推荐书目》、河南省教育厅中小学图书馆工作委员会组织评审的《河南省中小学图书馆(室)推荐书目》、广西壮族自治区教育技术装备中心发布的《广西中小学图书馆(室)推荐书目》等,这些都可以作为当地图书馆的采购原则。其他采购原则和方法还有:

A. 校长推荐:鼓励校长根据自己的办学思想为全校师生推荐不同的书目。

B. 媒体推荐:关注权威奖项,如"中国好书"评选、文津图书奖、《光明日报》光明书榜等。

C. 师生荐购:师生根据教学和个人发展提出个人推荐书目。

D. 固定合作商推荐:由一些优秀的实体书店推荐的书目。

E. 电商推荐:当当网、亚马逊网、孔夫子旧书网等推荐的书目。

(2)图书采购的流程。图书采购需要遵循一定的工作流程,相关内容包括:

• 制定采购计划,履行报审手续。

• 选择图书,对入选书目进行选择和甄别。

• 订购与登册造账,查重、确定复本、订单发送、验收、加工、结账、年度汇总等,最后形成准确的财产账。需要说明的是,中小学图书馆馆配图

书登册造账通常由三部分构成：一是单册登录，指单册图书按照登录号的顺序顺延登记，登录号为单册图书唯一的账务记录标识；二是批次登录，指将同一批次采购图书的相关账务信息进行登录，主要包括册数、价格以及登录号起止区间；三是总括登录，通常是按照自然年或学年，将该阶段采购的图书账务进行汇总统计，以掌握馆藏图书的整体变化。随着中小学图书馆管理自动化水平的提高，图书馆图书账务登记流程正在不断简化，如有的图书馆把条码号作为登录号，不再单独设置登录号。各馆可根据自身具体情况选择合理的图书账务登记方式，在注重便捷性的同时，确保每一册图书账务信息的准确和可查。

（3）图书采购方法创新。在采取常规方法进行图书采购的同时，一些图书采购创新方法可以作为有益补充，可以综合利用以下几种方式：

● 读者荐购。读者荐购可以有多种方式，电话、口头、书单填写、电子邮件等方式均可以尝试。

● 读者自主采购。利用电商平台由用户直接进行图书选择，图书馆在后台进行筛选和采购。

● 与固定的图书供应商（含电商）合作。需要说明的是，随着教育管理部门对中小学图书馆馆配图书审查力度的不断加大，"谁推荐，谁负责"已经逐渐成为图书馆图书采购的基本原则。因此，中小学图书馆在馆配图书采购过程中，要重视过程的规范性和严谨性，保证整个过程有迹可查，相关书目来源清晰规范，杜绝迎合低级趣味以及不适于学校的藏书流入中小学图书馆。

（4）图书采购评价、改进与图书剔旧。对藏书布局根据实际情况进行评价，并根据评价进行改进，应该是图书馆典藏工作的常规工作内容。中小学图书馆可以根据上级主管部门既定要求，再结合自己的实际情况制定剔旧原则。在剔旧操作上要谨慎，避免草率决策和操作。需要说明的是，图书馆藏书属于中小学固定资产范围，图书剔旧及销册有相应的规范程序。通常情况下，除严重破损等特殊情况之外，图书馆下架图书不做销册处理。各馆可以结合自身情况，选择特定空间进行集中存放，并做好基本保护与消防安全工作。在图书下架与剔旧过程中，要本着严肃认真的态度，全面评估图书利用和保存价值，特别是对于一些年代较早的图书，要认真了解图书出版情况以及保存价值，对于有特殊保存价值的图书要及时进行修补以及数字化处理，对于仍出版的图书，要及时进行补充采购。

（三）中小学图书馆藏书建设的基本原则

藏书建设是一个由若干基础环节构成的系统工程。在藏书过程中，必须坚持引领性、实用性、标准化和高质量四项基本原则。

1. 引领性原则

中小学图书馆是学校的资源中心、信息中心和科研中心，其藏书建设应该体现对图书馆相关职能作用发挥的支持。资源中心让中小学图书馆承担起有效可信资源的聚集、整理、加工、再组合等工作，因此应该保证馆藏资源的可信度；信息中心体现出图书馆在数字时代的功能定位，因此图书馆藏书建设应该注重资源利用的便捷性和可获得性；科研中心是指图书馆应该保证师生读者能自如运用图书馆提供的文献资源进行有效的知识发现和再创造，这就需要图书馆藏书建设体现对于教育科研活动的大力支持。

2. 实用性原则

实用性原则是指中小学图书馆要根据学校实际情况进行文献资源建设，避免藏书建设上的保守或冒进。因此，中小学图书馆应该努力争取各方资源，主动进行馆藏补充，同时也要避免藏书建设的盲目性和随机性，以免造成相关资源的浪费。

3. 标准化原则

标准化原则是指中小学图书馆应该根据上级主管部门的标准化要求，认真进行纸质文献资源的建设。标准化原则是中小学图书馆纸质文献建设过程中重要的参考依据，不仅体现在馆藏图书的数量和比例方面，同时还体现在图书采购的规范性方面，如选择教育部制定的书目进行采购以及对多元化推荐过程中的相关环节进行规范和留痕。标准化原则是中小学图书馆馆藏质量的重要保证。

4. 高质量原则

中小学图书馆藏书建设应该坚持选择高质量读物，集中体现在版本选择、内容选择和图书印刷质量选择等方面。图书馆在藏书建设中应该坚持宁缺毋滥的原则，以选择高质量的图书为基本目标。

三、数字文献资源

（一）数字文献资源的类型

1. 网络资源

随着智慧校园云平台系统建设顺利验收，各中小学的互联网服务基本做到了无障碍全时开通，从而为图书馆数字文献资源建设奠定基础。该项目的落实为中小学图书馆利用网络资源创造了基本条件，也预示着网络资源将会成为中小学图书馆馆藏体系建设的重要内容。

（1）网络资源认识

互联网的发展深刻地影响着社会。在这一背景下，图书馆承担着对信息资源的引导、推介与借阅等义务。各学校应该始终把对信息的准确把握及辨识作为教育的一项重要内容。中小学图书馆一方面要积极向读者推荐网络资源，同时也肩负着资源审查和资源监管的任务。当前，随着人们对网络安全认知水平的不断提高，以及国家对网络意识形态监管的加强，网络空间与现实空间一样，已成为对学生进行爱国主义教育的阵地。中小学图书馆网络资源建设要牢记自身使命，通过相关制度设置与技术措施，保证对网络资源质量的把控。

（2）网络资源评价

要保证中小学图书馆网络资源质量，最重要的前提是选取优质可靠的网络信息来源，应尽量选用各级教育管理部门推荐的网络数据库，采用统一的网络资源平台（如天津市中小学数字图书馆以及重庆中小学数字图书馆）。鉴于中小学教育对于网络资源的现实需求以及学校信息技术的实际情况，中小学图书馆应该尽量避免单独采购网络数据库资源。有条件的中小学图书馆可以采取跨系统合作的方式，利用公共图书馆或高校图书馆数字资源为本馆读者提供服务。

2. 书目数据库

依托特定的图书馆管理软件，图书著录会生成标准化的书目数据。书目数据的规范化程度一方面与所选择的管理软件相关，同时也受图书著录时著录字段的完备详细程度的直接影响。图书馆书目数据库建设应该注意以下问题：

（1）图书管理软件的选择。图书管理软件是当前中小学图书馆信息化管理最为基础的管理工具。比较成熟的图书管理软件虽然很多，但价格、服务、更新频度、效果相差很多。相关指标主要包括：

• 数据完整性。包括 ISBN、正题名、责任者、出版单位、发行日期、定价、载体形式、主题分析、《中图法》分类号、提要文摘以及多媒体链接（封面图片、电子书、视频附录等）等。

• CNMARC 兼容性。

• 服务及时性。管理软件使用过程中通常会遇到一些突发问题，能否及时提供技术服务是判断管理软件成熟度的一个重要标准。相关问题主要包括数据丢失、数据错乱、数据无法及时更新以及一些临时性的非常规统计等。在 B/S 架构下，管理软件提供商往往还承担图书馆基础数据保存、管理和维护的任务。技术的稳定性和响应及时性是对管理软件提供商的基本要求。

• 数据库可信度。随着图书馆管理软件市场的日渐成熟，一些管理软件提供商积累了较好的业界评价，其产品被特定区域多数图书馆所采用。选择业界评价较高的管理软件，可以获得相对稳定的技术支持和产品升级服务。同时，在产品选择过程中，应该从本馆实际情况出发，选择技术水平和应用范围与本馆匹配的管理软件，避免片面追求技术的高精尖。

• 性价比。价格因素是中小学图书馆选择管理软件过程中需要重点考量的因素，除软件采购和维护费用之外，还应该充分考虑配套硬件设施以及软件升级服务等相关费用。此外，在软件采购过程中，软件提供商还应该说明数据维护、数据统计以及数据分析等相关费用。

• 可扩展性。在图书馆管理软件使用过程中，会遇到软件维护、升级等相关问题，成熟的软件提供商会根据相关技术发展情况，在一定周期内对软件的安全性、稳定性以及可操作性等技术指标进行升级。因此，图书馆管理软件需要选择有持续发展能力的产品，避免由于软件提供商自身问题（如倒闭）对软件的使用造成影响。

（2）书目数据著录与存储。图书馆书目数据的获得可以分为原编和套录。其中原编是指编目员根据纸质文献选择著录字段，首次在系统中录入相关字段数据。原编要求编目员具备一定编目能力和实践基础，能理解并领会编目的基本规则和通用原则。除原编之外，中小学图书馆还可以采取套录的方式获得书目数据。套录是指从国家图书馆联合编目中心下载标准数据，经修改后形成本馆的数字书目。修改的内容包括减去分类号中的复分内容、合理缩减分类号的长度以便于书标的清晰醒目打印等。具体操作前需要先和国家图书馆联合编目中心签订成员馆协议。

对于已获得的书目数据，图书馆要注意存储的安全性。中小学图书馆可以采取本地存储或异地存储（如数据托管）的方式，选择有较好技术保障的存储方式，最大限度地保护书目数据库的安全。同时，随着技术的发展以及管理软件的更新换代，中小学图书馆书目数据可能会面临数据修正和数据迁移等相关问题。在此过程中，中小学图书馆可以根据技术条件采取合适的技术处理方式，但保证数据的完整性和可用性是基本要求。

3. 全文数据库

（1）来源

A. 购买。购买是获得全文数据库最为直接的途径，在此过程中应该注意以下问题：

第一，选择可信的数据供应商。需考虑其数据的完整性、合法性，供应商的技术能力和售后服务等因素。

第二，联合采购。由教育管理部门牵头，采取联合购买的方式以降低采购成本。

第三，避免同质性和重复采购。

B. 自建。利用自身技术条件和资源条件开发数据库。

C. 其他方式。

第一，赠予。通过行政或其他渠道获得免费使用的数据库。

第二，交流。通过交流获得有一定使用限制的数据库。

第三，开放获取。通过开放获取获得公开发布的科研知识成果与信息资源。

第四，业内合作与共享。利用图书馆公共服务平台获得数据库资源。

（2）存储与利用

●存储。包括本地存储和托管存储等。

●利用。利用数据库开展资源建设和服务。

4. 开放存储资源

开放存取资源又称 Open Access（OA）资源，是指用户可免费在线获取的、不受许可限制的数字化学术信息资源。有效利用开放存储资源是提高图书馆数字化水平的有效途径。

开放存取资源虽然不属于图书馆自身拥有的资源，但经过图书馆的组织和整理，也可以成为馆藏的一部分。中小学图书馆要重视网上免费学术资源"收藏"，特别应重视 OA 资源、网络首发资源或灰色文献等，以使图书馆的"虚拟馆藏"不断得到充实，成为"实体馆藏"的有效补充。中小学图书馆在利用开放存取资源的过程中要注重资源的可靠性和知识产权的处理问题。

5. 自建数据库资源

（1）校史资源

中小学图书馆应该注重收集和整理体现学校办学特点和办学历程的校史资源，形成校史资源数据库。包括：

①公开出版物的电子版，包括报纸、期刊、图书、音像制品等，都应该有数字形式的储存，并且放到相应的资源库中，向学校师生开放，有条件的可以向校友乃至社会开放。②内部出版物的电子版，只要有价值，都应该收集。③在重视学校主体校区之外，还要注意收集分校、联盟校、合并校的相关资料。④合作出版的出版物电子版，只要包含本单位资料，便应尽可能地收集，并做好索引工作。

以上电子资源经整合可以形成校史资源库，除此之外还可以有条件地开放，如校友补充上传资源，以丰富并抢救性保存相关资料。

（2）各种本地校园网站、微信公众号

中小学图书馆应该发挥资源中心的基本功能，尽可能地收集、整合校内各层级的部门、处室、年级、班级建的网站、微信公众号及其他公共信息网络平台的信息，以最大限度地满足本单位人员查询的需求。

（3）本校试卷题库

试题可以先从纸质资源的编目、扫描开始，逐渐实现电子版资源的全文保存、自由访问及下载。

（4）学校活动资料

如运动会、朗诵比赛等活动资料。

（5）古籍文献资源

古籍文献是部分中小学图书馆资源的特色内容。中小学图书馆应该重视对古籍文献资源的整理和利用，并加强保护。

（二）数字文献资源评估

中小学图书馆应该对本馆数字资源建设和利用情况进行持续评估，包括数字资源的使用统计、利用效果分析以及未来发展趋势预判等，从而提高数字文献资源建设的科学性。

（三）数字资源建设及利用方面的工作建议

1. 数字资源建设方面的建议

（1）注重数字资源建设的长期规划。中小学图书馆数字资源建设应该有长期规划，构建满足本校教育教学需求和体现本校教育特点的数字资源体系。

（2）注重数字资源与纸质资料的协调，避免重复建设，从而造成资源的浪费。

（3）积极开展自建数据库建设，有条件的中小学图书馆应该积极开展特色数据库建设，形成特色数字资源体系。

（4）在数据库建设过程中注重部门和机构之间的合作，提高数据库建设质量和影响力。

（5）积极开展数据库推广与利用。

（6）积极利用国家教育信息化推进过程中的各项支持政策，提高数字资源拥有量。

2. 数字资源利用方面的建议

（1）重视数字资源利用的统计与分析，对数据库利用进行科学管理。

（2）将数字资源利用视为对学生进行信息素养教育的重要契机，采用多种形式对学生开展数据库使用相关知识的培训。

（3）加强数字资源的普及与宣传，引导和帮助学生提高利用现代技术和设备进行自主学习的能力，为教育信息化的推进提供助力。

第三节　中小学图书馆用户管理

一、中小学图书馆用户的类型

"图书馆用户"这一概念是从"图书馆读者"发展来的，这种发展或演变标志着社会发展的进步，是图书馆服务理念的变化使然。一般而言，凡是利用图书馆的资源、服务的个人或团体，都可以称为图书馆用户。具体到中小学图书馆来讲，图书馆用户可以从多种角度进行区分：

按在学校的角色来划分，可以分为教工用户、学生用户。其中教工用户又可以分为教师用户、职员用户、领导用户，学生用户又可以分为小学初段、小学中段、小学高段、初中、高中等阶段的用户。

按到馆的频次来划分，可以分为长期用户、中期用户、临时用户、潜在用户等。

按使用目的来划分，可以分为研究型用户、学习型用户、休闲型用户。

按用户群体属性来划分，可以分为群体用户、个人用户。

按使用方式来划分，可以分为到馆用户、电话预约用户（如行动不便人士）、网络用户。

需要说明的是，上述分类不是绝对的，在一定条件下用户的类型是可以互相转化的。有时同一用户还可能身兼不同角色。为不同类型用户提供个性化的服务，是现代图书馆的使命和责任。优秀的中小学图书馆应该能最大限度地适应并满足不同用户的需求，为用户的发展提供支持。

二、中小学图书馆用户资格的获得

原则上讲，中小学图书馆的用户应是该校全体师生，并可扩充至退休教职工、毕业生、校友、合作单位等。开放的中小学图书馆应该尽量扩大自己的服务范围。当某一类型用户获得基本资质时（如取得学籍、获得教职等），应该自动获得图书馆的借阅资格。为了工作方便，可以在用户第一次到馆时完善个人信息，完成用户资质认证。该过程可称之为用户资格"初始化"。初始化操作的严谨程度决定了服务的有效性和安全性。用户资质认证过程既不能简单化，也不能复杂化，应该包括用户身份信息识别和个人信息完善两个基本环节。

用户身份信息识别可以结合初始年级花名册或学校人力资源部门的证明，将事先提供的名单先导入读者库，再在用户第一次到馆时完善唯一性设置，同时利用相应设备采集读者头像或指纹，有条件的图书馆还可以开通人脸识别等。唯一性设置的目的是从源头限制代借、换用、混用等容易产生责任不清的问题出现。个人信息完善是为了保护读者信息不被恶意盗用。所以，头像、指纹等信息一经录入便不可修改。但其他非关键字段可以放开让读者在微信公众号、OPAC、app 等图书馆管理系统里进行补充完善。

对退休教职工和毕业生的开放权限，是近些年由一些学校率先推出的。这一举措既扩大了中小学图书馆的服务面，使图书资源得到更为充分的利用，又解决了退休教工和毕业生寻求图书资料等资源困难的问题。大数据背景和诚信社会提供了彼此信任的社会环境。因此，倡导面向社会开放的中小学图书馆，不妨先从退休人员和毕业生开始。

需要说明的是，即使在安全、稳定的环境里，也有必要采用现代技术手段规范用户行为，如在馆内安装防盗检测设备、摄像监控设备、上网监控系统等。中小学图书馆环境内的扫描和安全检测可以为有效规范用户行为提供支撑。

三、对于违规用户的处理方式

如何对违规用户进行有效处理，是摆在中小学图书馆人员面前的一道难题。学校的育人环境要求中小学图书馆人员摒弃生硬的简单粗暴的解决方式，代之以善意的提醒、诚恳的批评教育等方式，以实现警示教育，并且以不对图书馆资源产生负面影响为限。对于图书丢失情况的处理，可以利用协商的办法，让读者以采购正版原书或等值新书的方式来进行补偿，切忌采取张榜公示、罚款等简单手段。这也体现了对于读者隐私权的保护。

第四节　中小学图书馆阅读推广服务

阅读推广是当前我国中小学图书馆的重要使命，也是图书馆读者服务的重要路径。2018 年版《中小学图书馆（室）规程》第七条"学校可根据需要设立阅读指导机构，指导和协调全校阅读活动的开展"，第二十七条"图书馆应当做好阅览、外借、宣传推荐服务工作；开设新生入馆教育、文献信息检索与利用、阅读指导课等，鼓励纳入教学计划；为教育教学和科研活动提供有效的文献信息支撑；创新各类资源使用方式，积极创建书香校园，组织形式多样的阅读活动，促进全民阅读工作；鼓励开展图书借阅数据分析，有针对性地改进学生阅读"。第七条建议在学校成立阅读指导机构，从而整体推进全校阅读活动，第二十七条更加具体地列举出图书馆服务需要包含的工作内容。2021 年，教育部印发《中小学生课外读物进校园管理办法》，一方面继续明确了"学校图书馆购买课外读物按照《中小学图书馆（室）规程》有关规定执行"，另一方面提出"进校园课外读物原则上每学年推荐一次"[①]。

中小学图书馆阅读推广活动的开展需要中小学图书馆人员学习和掌握科学的阅读理论并采取合理的阅读推广策略。

一、阅读推广的相关理论基础

什么是图书馆阅读推广？于良芝等认为，图书馆阅读推广主要指以培养一般阅读习惯或特定阅读兴趣为目标而开展的图书宣传推介或读者活动[②]。

---

①　教育部关于印发《中小学生课外读物进校园管理办法》的通知［EB/OL］.［2021-09-16］.http：//www.moe.gov.cn/srcsite/A26/moe_714/202104/t20210401_523904.html.

②　于良芝,于斌斌.图书馆阅读推广——循证图书馆学（EBL）的典型领域［J］.国家图书馆学刊,2014（6）:9-16.

王波认为图书馆阅读推广是指图书馆通过精心创意、策划，将读者的注意力从海量馆藏引导到小范围的有吸引力的馆藏，以提高馆藏的流通量和利用率的活动[①]。范并思认为阅读推广是图书馆服务[②]。图书馆阅读推广，无论是编制导读书目还是组织读书活动，无论是组织暑期阅读还是开展亲子活动，其目的与外借阅览一样，都是图书馆对于读者的阅读或学习的服务。赵俊玲认为图书馆阅读推广是提升阅读素养的所有活动的总称[③]。阅读素养包括阅读意愿和阅读能力，阅读能力即选择读物的能力、理解能力、诠释能力、批判分析能力和创新能力。这也是图书馆阅读推广与其他机构阅读推广的主要差别所在。

就图书馆阅读推广而言，阅读推广的四个要素在于：

（1）谁来推广（主体）：中小学图书馆人员。

（2）向谁推广（对象）：中小学在校生、教师、家长。

（3）推广什么（客体）：阅读活动、图书。

（4）如何推广（方式）：宣传、讲座、阅读指导课程等阅读推广活动。

二、阅读推广的活动类型

图书馆阅读推广以活动为典型特征，即以举办不同类型活动的形式提供阅读服务。中小学图书馆的阅读推广活动通常有以下几种类型：

（1）推荐图书：把馆藏图书通过宣传栏、微信、微博等渠道向读者进行推荐及展示。

（2）讲座类：组织读者开展某一个主题的知识讲座。讲座嘉宾可以是校内教师、家长或者社会人士。

（3）表演类：朗读诵读活动、绘本剧表演、课本剧表演、历史剧表演等。

（4）竞赛类：包含知识竞赛、作文竞赛、书评征文、手抄报大赛等。

（5）读书会：针对某一本书或者某一主题图书开展读书会活动，活动参

---

① 王波.阅读推广、图书馆阅读推广的定义——兼论如何认识和学习图书馆时尚阅读推广案例［J］.图书馆论坛,2015（10）:1-7.

② 范并思.阅读推广的服务自觉［J］.图书与情报,2016（6）:72-76.

③ 赵俊玲.服务读者:深化阅读推广工作的命脉［J］.新阅读,2018（9）:43.

与主体可以是学生，也可以是教师，形式可以是辩论、演讲、介绍等。

（6）阅读节：在一定的时间范围内开展，包含以上一种或者几种类型活动，是校园活动的一个重要组成部分。

三、阅读的几个要素

（一）阅读的四个层次

（1）基础阅读：或称初级阅读、基本阅读、初步阅读。这个层次的阅读，主要是认识文字，并学习到阅读的基本艺术，接受基础的阅读训练，获得初步的阅读技巧，脱离"文盲"状态。

（2）检视阅读：或称略读、预读。这个层次的特点是强调在一定的时间内完成阅读，抓住阅读对象的表面意思和讲述重点，获得对阅读对象概括的、系统的、宏观的了解。

（3）分析阅读：这个层次的特点是进行完整并且仔细认真的阅读，其主要目的是"发问—追寻—理解"。检视阅读强调时间的限度，而分析阅读则没有明确的时间限制。以娱乐消遣、获取信息或简单知识为目的的阅读可不必进行分析阅读。

（4）主题阅读：或称综合阅读、比较阅读。这是所有层次中最复杂也最系统化的。在进行这个层次的阅读时，往往不是针对一份单独的阅读材料，而是阅读者在阅读很多相关文献后，要在对阅读材料进行联系和比较的基础上，归纳提炼出自己的分析结果，建立新的、有价值的理论。因此，主题阅读是最积极也是最耗费精力的阅读。

（二）阅读的方式

（1）朗读：朗读是眼、口、耳、脑并用的创造性阅读活动。朗读不但要看，还要将阅读内容转变为有声语言，从而能够深入领会读物中词语的含义和精神实质。朗读还有利于提高语言的表现力以及促使语言规范化。

（2）默读：默读就是不出声地读。默读有利于加快阅读的速度，因为它省去了发音器官的活动和听觉活动。它有利于正确深入地理解读物，阅读者可以边读边思考；还有利于培养阅读者自觉的阅读态度和习惯。

（3）略读：是一种浏览式的阅读，其目的在于调查和寻找与自己学习、工作、研究有关的阅读资料，或者摸清某一学科领域中当前的热点，知道某一本书该不该读，有哪些新东西值得读，以便心中有数。一般受过良好教育的读者读速是 7 字 / 秒。

（4）精读：就是仔细阅读，逐章逐段以至逐字逐句地深入钻研，目的是深入透彻地理解读物。

（5）慢读：缓慢地阅读，是另外一种形式的精读。

（6）快读：也叫速读，就是在有限的时间里尽可能加快阅读的速度，多读一些内容。

（7）连读：也叫顺次读，即逐字逐句、逐行逐段地读。

（8）跳读：跳跃式阅读，即在阅读时，把那些无关紧要的，或早已熟知的内容，如过渡性词语、引证的材料、推论的过程，整行、整段乃至整页地跳过去，只寻找主要的论点、新颖的见解、争论的焦点或者是自己所需要的材料。

（三）科学的阅读观

（1）终身阅读观：是指把阅读活动贯穿于人的一生的阅读观。终身阅读观是千百年来人们在阅读实践中形成的一种观念。

（2）全面发展阅读观：阅读者通过阅读活动，力求自己在品德、知识、能力等方面都得到发展与提高。这是在批判地吸取了历代思想家、教育家的阅读认知观的基础上，根据人的全面发展思想提出来的科学的阅读观念。

（3）创造性阅读观：阅读者通过阅读，力求有新的见解、新的发现和新的突破口。创造性阅读观能促使阅读者对所读内容进行分析、理解、深化、质疑，或在所读内容的启发下进行想象、联想。

（4）高时效阅读观：阅读者在短时间内阅读最多的图书，用最少的时间获得最好的阅读效果。树立了高时效阅读观的人，有强烈的求知紧迫感，能加快利用时间的节奏，从而在有限的时间里，获得更大的时间价值。

（5）全方位阅读观：既读有字之书，又读"无字之书"；既重视书本知识，又注重实践知识。在实践中学习，一则可以更深刻地理解与掌握书本知识，拓宽自己的知识领域；二则能够检验书本知识是否正确，即"实践是检验真理的唯一标准"；三则能够发现书本中没有的新知识、新学问。

（四）阅读过程与阅读环境

阅读过程是指在阅读活动中复杂的心理活动和生理活动过程，可分为感知、理解、表达、评价等几个不同阶段。

阅读环境分为阅读大环境和阅读小环境。阅读大环境是我们所处的时代与社会；阅读小环境是阅读主体进行阅读的具体场所，如教室、图书馆、书房或其他阅读的场所，一般称之为物理环境。

（五）阅读节律

把阅读时间和人的身体节律联系起来考虑，形成"人体阅读节律"的概念。人体功能三节律分别为：人的体力强弱周期为 23 天，情绪高潮周期为 28 天，智力兴衰周期为 23 天。它们分别要经过高潮、临界、低潮、临界等四个阶段。

阅读能力属于脑功能的一部分，自然也存在节律性变化，人体的各种节律都会对阅读产生影响。其中，体温节律、血糖节律、神经递质节律、皮质激素节律和海马节律等与脑神经细胞关系密切。所以，认识和利用人体的"生物钟"，对提高阅读效率有着十分重要的意义。

1.利用节律特点，形成阅读动力定型

稳定的阅读作息规律，会形成良好的习惯，大脑皮质建立起各种条件反射，就会有效形成阅读动力定型。此时，每天的活动，经常以相同的顺序和固定的时间间隔出现，就会通过大脑皮质的综合利用，把一系列的活动联系起来，进而形成系统，使皮层活动精练化和自动化，既减轻了皮层自己的工作负担，又提高了皮层支配各系统器官的工作能力。

2.判断节律类型，确定最佳用脑时间

在一天 24 小时中，何时阅读效率最高，除了上述体内与阅读学习相关的物质节律外，还与最佳用脑时间有关。最佳用脑时间是因人而异的。这就要求通过自己的切身体验和比较，判断自己的节律类型，以确定最佳的用脑时间，然后相对固定下来，从而提高阅读效率。

3.适应节奏规律，纠正阅读时间误区

每日人的大脑活动有两个效率高峰时：10：00（129% 效率）和 19：00（158% 效率）；一个效率低谷时：13：00（80.3% 效率）。

（六）阅读量

所读读物的数量。《义务教育语文课程标准（2022 年版）》规定了各年级小学生的课外阅读量，1—2 年级不少于 5 万字，3—4 年级不少于 40 万字，5—6 年级不少于 100 万字。阅读量是以对阅读内容的理解和掌握为前提的。

四、阅读推广注意事项

中小学图书馆在阅读推广方面有其先天的优势（贴近读者、读者群体特征明显、社会认可度高等），有着广阔的空间和舞台。中小学图书馆应该本着爱学生、热心阅读推广的工作理念和服务精神积极开展阅读推广活动，从而实现自身价值。在阅读推广活动开展过程中，以下几个问题需要注意。

（一）协同多部门和学科教师参与阅读推广

中小学图书馆阅读推广工作的开展需要调动多方积极性，形成教育合力。一方面，图书馆应该推动阅读推广成为学校常态化工作，并成为实现学校教育目标的重要路径，从而使阅读推广获得学校支持和多部门配合。同时，中小学图书馆阅读推广应该鼓励学科教师与学生分享自己的读书经验，通过师生共读等形式发挥榜样作用。

（二）将阅读推广工作纳入学校书香校园建设整体规划

中小学图书馆阅读推广活动应该积极寻求学校管理者的支持，并将阅读推广工作融入书香校园建设，使之成为书香校园建设的一个重要环节和内容。一般来说，书香校园建设，首先要有一个由校长或者副校长挂帅，学科组长和图书馆员参与书香校园建设领导小组和工作小组，由该小组制定学校长期（若干年）和短期（一学期或者一学年）的书香校园建设计划，并按照计划有序开展各种活动。阅读推广是书香校园建设的灵魂，也是联系学校图书馆与全校师生的一条重要纽带。值得注意的是，当前农村中小学图书馆的使用和图书配备还存在一些问题，影响了农村中小学阅读推广工作的推进。2021 年，《关于推进农村中小学书香校园工程的提案》建议各地、各中小学要像重视营养餐那样重视学生的阅读，及时推出农村中小学"精神正餐"工程，大力推进农村中小学书香校园建设，滋养农村少年儿童的精神世界，夯实农村教育基础[①]，规范农村中小学图书馆建设，确保农村中小学生平等享有阅读的权利。在面向农村中小学教师的培训中，加入阅读指导的内容，把校园阅读和教育教学结合起来。

（三）阅读推广活动需要反思与评价

一个阅读推广活动结束后，要及时对该活动进行科学的评价和反思。评价一般由过程评价和总结评价两个方面组成。过程评价指在阅读推广活动开展过程中进行的有效评价，可以通过设置相应的调查问卷，了解读者在参与阅读推广活动中对其自身需求的满足程度以及对活动的组织、环节的评价。该环节的评价通常伴随着阅读推广活动而进行。同时，图书馆员还应该有意识地通过摄像、录音、照相等方式记录过程点滴。总结评价指在阅读推广活动结束以后，活动组织者及策划者从全局的角度审视或复盘本次活动的各方面情况，发现并解决问题，以期改善下次活动。同时，通过新媒体或者其他宣传途径及时对阅读推广活动全流程及活动效果撰写新闻稿进行宣传报道。

（四）经验总结和阅读推广方法的创新

中小学阅读推广应该注重科学性和系统性，及时总结经验并进行新的阅读推广方法探索对于阅读推广的开展具有重要价值。因此，图书馆应该注重对阅读推广规律的研究，积极实践"分级阅读"等新的阅读理念与方法，并积极进行经验交流和分享。例如，厦门五缘实验学校是厦门市教育局直属的第一所九年一贯制学校。该校进行了分级阅读的探索与实践，制定分级阅读标准，见表6-5，编印分级阅读书目，制定分级阅读测评标准，开设阅读方法指导课程，还开展了丰富多彩的校园阅读活动[②]，其经验具有推广意义。

---

① 民进中央:重视农村少儿"精神正餐"力推书香校园建设［EB/OL］.［2021-09-16］.http://www.moe.gov.cn/jyb_xwfb/xw_zt/moe_357/2021/2021_zt01/daibiaoweiyuan/dangpai/202103/t20210305_517722.html.

② 林志玲.九年一贯制学校开展分级阅读的探索与实践——以厦门五缘实验学校为例［J］.福建图书馆学刊,2019（4）:64-67.

表 6-5　厦门五缘实验学校学生分级阅读一览表

级别	推荐书目（举例）	阅读目标	测评标准
小学低年级	《猜猜我有多爱你》《千字文》《爱丽丝梦游仙境》……	• 培养阅读兴趣 • 养成每日阅读习惯 • 能够独立阅读带拼音的图书	• 掌握并熟练使用拼音 • 监测识字量 1600 字，800 字会写 • 完成指定共读书目，阅读总量不低于 5 万字
小学高年级	《皮皮鲁传》《昆虫记》《假如给我三天光明》《三国演义》……	• 独立阅读没有拼音的图书 • 掌握朗读、写读书笔记等阅读技巧 • 主动思考作者写作目的和中心思想等内涵	• 监测识字量 3000 字，2500 字会写 • 背诵诗文 60 篇（段） • 写读书笔记等应用文 • 完成指定共读书目，阅读总量不低于 60 万字
初中级	《海底两万里》《西游记》《安娜·卡列尼娜》《呼兰河传》……	• 养成默读习惯，流利阅读 • 了解文学体裁及其特点 • 独立思考，能够严谨表述观点并写成文字 • 提高文学欣赏品位	• 监测识字量 3500 字以上 • 阅读速度每分钟 500 字以上 • 背诵诗文 80 篇（段） • 完成指定共读书目，阅读总量不低于 260 万字

第七章 中小学图书馆管理

第一节 中小学图书馆行政管理

图书馆行政管理工作是管理人员在结合图书馆发展方向与自身特点的基础上，通过采用各种管理方式，不断提高图书馆中各种资源的利用率，使图书馆内各项工作都能井井有条，确保相关工作贯彻落实。现代化图书馆的行政管理工作涉及许多方面的内容，是推动图书馆长期、稳定发展的关键工作。只有做好行政管理工作，才能为广大读者提供良好的阅读环境。

一、人力资源开发管理

（一）中小学图书馆队伍建设

1. 人员编制

中小学图书馆工作人员的编制问题较为复杂，涉及学校规模及学校整体的人员编制，涉及图书馆的藏书数量、机构设置及业务工作的开展情况，涉及各地区的经济条件、教育事业发展水平和程度。《中小学图书馆（室）规程》（2018）综合全国各地情况，确定了"图书馆工作人员最低数"，提出了工作人员编制参照执行的最低标准[①]。设置专职管理人员与保持人员稳定性是《中小学图书馆（室）规程》（2018）对人员配置的明确要求（第三十三条），同时该规程还明确了中小学图书馆工作人员实行专业技术职务聘任制，以及

---

① 肖维平,冯守仁,董海,等.公共图书馆工作人员保障机制研究[J].中国图书馆学报,2010(4):10-16.

在调薪晋级或评奖时与学科教师同等待遇（第三十四条）。该规程表明各学校可根据实际情况，适当地增加图书馆工作人员数量，编制总数在本校教职工编制总数内合理确定（第三十三条）。

2. 队伍建设

尽管 2018 年版《中小学图书馆（室）规程》对中小学图书馆人员设置提出具体要求，但由于历史客观原因，当前一部分中小学图书馆的人员构成情况仍然比较复杂。正式人员与临时人员并存，专职人员和兼职人员并存，高校毕业生与领导家属等并存，这给图书馆的管理和业务工作开展带来很大不便。因此，中小学图书馆队伍建设应该把握以下基本原则。

（1）保证图书馆工作人员待遇。图书馆工作具有很强的业务性和学术性。一位专业的图书馆工作人员应具有不输于教师的文化素养、知识结构以及其他专业素质。二者在职业分类上，都是专业技术人员。所以，在职务、职称、工资、住房、劳保、进修、科研等各个方面，图书馆工作人员应享受与教师同等的待遇。

（2）提高图书馆工作人员素质。为了提高学校图书馆工作人员素质，学校要重视并组织图书馆工作人员参加业务培训，使图书馆工作人员能够了解馆藏布局，熟练掌握文献信息收藏范围及分类检索方法，掌握计算机管理系统操作方法等。学校要对学校图书馆工作人员进行考核，对于表现突出的图书馆工作人员实施奖励，可以将其派到其他院校图书馆交流访问，学习新的管理经验。同时，图书馆工作人员也要主动加强业务学习。

（二）中小学图书馆人力资源开发管理

1. 中小学图书馆人力资源开发管理的内涵

现代管理理念把"人"视为组织最重要的资源，力图实现从人事管理向人力资源开发管理的转变。图书馆人力资源是指所有从事图书馆工作的在职人员的总和，或者说是指为图书馆创造物质财富和精神财富，具有从事智力劳动和体力劳动能力的工作人员的总和。它是图书馆组织中最重要的资源，在图书馆工作中发挥着主导作用。

中小学图书馆人力资源开发管理是指为了顺利地实现既定目标，而对图书馆人力资源的获取、开发、保持和利用进行系统化管理的活动过程。图书馆人力资源开发管理的目的就是要通过人力资源的合理调配和对人员培训，建立图书馆组织机构与工作人员之间的良好互动关系，实现图书馆其他资源与人力资源的最佳结合。这是因为图书馆服务的开展，图书馆资源的利用、操作和配置以及图书馆形象的塑造都是由图书馆工作人员来实现的。人力资源的优化配置是提高图书馆核心竞争力的关键因素，是图书馆可持续发展的坚强基石。因此，中小学管理者要充分认识到图书馆工作人员在学校图书馆工作中的重要价值，对馆员队伍建设进行长期规划，从而为学校图书馆的发展奠定扎实基础。

2. 中小学图书馆人力资源开发管理的内容

中小学图书馆人力资源开发管理的内容相当广泛，归纳起来，主要体现在两个层面上，即宏观的人力资源开发管理和微观的人力资源开发管理。

宏观层面的图书馆人力资源开发管理是指决策者在图书馆管理活动中进行人力资源战略规划，制定人力资源发展的方针政策，分析与预测图书馆人力资源的存量与需求，控制和评价人力资源利用的管理过程。通常体现为决策者针对社会发展以及图书馆事业发展的需要，制定图书馆人力资源的发展规划与战略管理政策，建立图书馆人力资源社会保障体系，推动图书馆人力资源管理的社会化和系统化发展，如进行图书馆专业人员执业资格的培训与认证工作。

微观层面的图书馆人力资源开发管理主要是指具体制定中小学图书馆的人事管理制度与相关的方针政策，确定人员编制，规定人员的业务职称标准和考核标准，明确岗位要求与薪酬制度，配备与培训图书馆工作人员，协调图书馆各部门人力资源关系等图书馆管理活动过程。如果说宏观的图书馆人力资源开发管理的重点在于营造图书馆人力资源适用的社会环境，那么微观的图书馆人力资源开发管理则侧重于对图书馆工作人员的录用、选拔、培训、使用、考核与奖惩等具体指标的制定与运用。微观的图书馆人力资源管理通常由图书馆的人事管理部门来执行与完成。

二、制度化管理与人性化管理

（一）制度化管理

图书馆的规章制度是中小学图书馆工作规律的体现，是"依规治馆"的依据。中小学图书馆的良好运转建立在完善的规章制度的基础上。基于 2018 年版《中小学图书馆（室）规程》中各项具体要求，中小学图书馆规章制度可以按照以下标准进行分类。

（1）对图书馆任务和目标的相关要求。包括图书馆的性质、定位、办馆理念、服务宗旨、服务范围以及读者服务目标等。

（2）对于阅读活动开展的相关规范。包括图书馆在阅读活动方面的职责、阅读活动组织以及阅读活动实施过程中的相关规范。

（3）图书采购规范。包括图书采购按照选书"五位一体"（学生、学生家长、教师、校长、图书管理员）流程要求、执行学校的审批报备流程要求和按时规范地进行购书书目及账单公示、新书推荐等具体后续环节。

（4）馆藏图书账务登记相关规范。如建立总括登录和个别登录两种账目。

（5）图书著录过程中的相关规范。如采用 CNMARC 以及相关著录字段的确定。

（6）读者图书借阅相关规范。如借阅册数、借阅时限以及读者出现违规行为时的处理方式。

（7）图书馆空间相关规范。如书库、阅览室的读者行为规范（章程要求）。

（8）图书馆日常管理规范。如图书馆开闭馆时间、开闭馆音乐以及对于读者特殊需要的处理办法。

（二）人性化管理

1. 人性化管理与制度化管理的有效结合

人性化管理的根本原则是"以人为本"，讲究柔性化管理，通过加强对工作人员的人文关怀，优化对人员的管理效果。制度化管理则是一种硬性管理模式，工作人员必须严格遵守规章制度，做到自觉、自律，使图书馆的各项工作都能依规落实。长期以来，人们认为硬性管理更能优化管理效果，员工按照标准办事就能使图书馆按照人们的意愿发展，而违背规章制度的员工应受到一定的惩罚，这样更能促使相关工作高效推进。因此，硬性管理模式是长久以来的主流管理模式之一。而人性化管理与制度化管理有很大区别。人性化管理是通过人性关怀，采取非强制措施，进而产生说服力，使人们更加服从管理。将人性化管理与制度化管理相结合，实现刚柔并济的管理模式，更能体现人人平等的理念，进而激发图书馆工作人员的工作热情。

2. 人性化管理在图书馆读者管理制度中的运用

人性化管理不仅能在图书馆工作人员管理方面发挥巨大优势，同时也是管理读者的重要手段。读者是图书馆长期稳定发展的重要保证，在很大程度上决定了图书馆的生存与发展。而图书馆要想充分发挥社会价值，就要以读者为中心，尽最大可能满足读者的需求。因此，在对读者进行管理时，采用人性化管理更能得到读者的认可，进而提高读者对图书馆读者服务工作的满意度。

人性化管理的引入，就是为了更好地满足读者的个性化需求。这是时代发展对读者服务工作提出的必然要求，同时也会让馆内工作人员的付出更加符合读者不断提升的内在需求，让图书馆的人性化管理日趋完善。

三、设备设施管理与环境管理

（一）设备设施管理

1. 电子设备管理

电子设备是图书馆开展业务工作的重要工具。如今，电子信息技术发展十分迅速，电子图书成为图书馆馆藏资源的重要组成部分。但电子设备成本高、种类多、管理工作难度大，这就需要管理人员重点加强对图书馆电子设备的管理。中小学图书馆工作人员要坚持对图书馆电子设备进行定期检修与维护，以降低设备故障概率，延长设备的工作年限；要注意防盗、防火等工作，避免电子设备被人为破坏；要严格约束读者，使其自觉爱护图书馆电子设备，进而更加有效地开展图书馆业务工作。

2. 办公设施管理

办公设施指保障图书馆纸质文献保存、利用的书架、报刊架、桌椅和其他家具办公设施，以及保障图书馆安全的消防设施、应急设施等。这些设施设备是图书馆正常运转的重要保障，也是图书馆固定资产的重要组成部分。图书馆应该对这些设施进行登记造册并加强维护，以保障其正常使用，延长其使用寿命。

3.服务设备管理

一些中小学图书馆配备自助打印系统、学生检索机以及报刊阅读机等读者自助服务设备，对这些设备的管理和维护也是中小学图书馆管理的重要内容。在通过维护保证使用的同时，图书馆可根据具体情况及时对这些系统及设备进行升级换代，以提高服务用户的能力。

（二）环境管理

优化馆内读书环境是中小学图书馆管理的一个重要内容，包括以下两部分：

1.提高中小学图书馆建筑的实用性

中小学图书馆是学校的文化标志，是建设书香校园、营造良好校园文化氛围的有效载体。中小学图书馆建筑不仅要展现出独特的外在美，同时也要具备完善的内在功能，以体现出图书馆建筑的实用性。在设计和管理图书馆内部空间时，最重要的一点是保证图书馆的实际功能，绝不可为了追求美观而导致图书馆内部结构华而不实，无法为读者提供良好的阅读环境，影响读者的阅读体验。

2.打造良好的图书馆硬件环境

中小学图书馆的文献收藏不能拘泥于纸质图书，还应该建立完善的电子资料库，以光碟、硬盘、云空间等形式存储文献资料，再通过多媒体设备展现在读者面前，使读者获得高科技、现代化的阅读服务。

网络技术的发展给图书馆内在环境优化提供了技术支持。在网络技术支持下，可以将图书馆运营过程中的藏书收集、借阅等工作有机结合，当读者需要某一类型的图书时，通过图书馆内部网络便可快速检索，准确定位到相应的书籍，进而提高各类图书的利用率。电子化图书管理模式大大提高了传统图书借阅工作的效率，使借阅工作更加快速高效，更能体现出图书馆以人为本的理念，发挥图书馆以书育人的功能。

综上所述，中小学图书馆作为全国图书馆服务体系的重要组成部分，在推动我国文化建设、实施文化强国战略方面发挥着并将长期发挥十分重要的作用，因此，加强中小学图书馆的行政管理十分必要。中小学图书馆行政管理是学校整体管理的重要组成部分，是图书馆开展各项业务和读者工作的调控中枢，是全馆各项工作能够正常运行的重要保证。只有做好行政管理工作，才能切实推动中小学图书馆的长远发展。

第二节　中小学图书馆经费预算管理

一、中小学图书馆财务预算管理

（一）财务预算的概念和基本方法

预算是对未来一定时期内收支安排的预测和计划。财务预算是集中反映未来一定时期（预算年度）现金收支、经营成果和财务状况的预算。中小学图书馆作为全国图书馆服务体系的重要组成部分，需要遵循公共资金支出的财务预算制度，提前制定财务计划并严格执行。

（二）中小学图书馆预算相关内容

1. 预算的组成

中小学图书馆的支出预算由人员经费、经常性项目经费、发展性项目经费、购书经费四个部分组成。其中，在人员经费方面，图书馆工作人员的经费支出根据人员编制确定，并由财政部门按照统一的标准发放。对于一些存在返聘人员、临时工作人员以及劳务派遣等非固定编制人员的中小学图书馆而言，其人员经费也需要根据自身情况进行提前申报，以保证图书馆的正常运转。

2. 预算的编制

对于中小学图书馆而言，编制预算既是编制一个财务年度经费支出的计划，也是对即将开始的工作的规划。具体包括预测服务的量与质、评估硬件设备状况、预计额外工作任务、了解技术发展趋势等。

3. 预算的追加

需要追加预算的原因主要有：政策调整、项目需求资金增加、额外工作任务、图书馆突发事件等。预算的追加包括人员经费的追加、运行经费的追加和专项经费的追加等。

4. 中小学图书馆内部预算的编制

中小学图书馆编制和控制内部预算，主要是为了保证图书馆财政年度预算的执行，平衡预算和决算，既防止提前消费，又保证服务的数量和质量不打折扣。内部预算的编制依据主要来自事业任务，包括战略规划的分年度计划和下达的财政年度预算。年度预算编制前的内部预算编制主要包括业务预算和项目预算；年度预算下达后的内部预算调整主要包括对人员预算、业务预算和项目预算的细化。

5. 内部预算的控制

对预算使用的控制，实质就是对预算的执行，包括事前、事中、事后的控制。

6. 改善图书馆预算管理

（1）预算管理要全员参与。财务部门要负责做好员工的培训工作，普及预算管理知识，让员工掌握预算管理的一般内容。在预算的编制过程中，要充分调动员工的积极性，提前策划项目。要做好前期调研和可行性论证，细化项目支出内容，在充分考虑项目执行能力的基础上合理申报预算，确保部门预算编制的真实、及时、准确、完整。在具体预算项目执行中，员工是践行者，要让员工有一种主人翁的责任感，时刻关注项目预算执行的情况，遇到难点及时和领导、负责预算的管理部门协调解决。

（2）建立预算管理责任制。为保证预算管理工作顺利开展，需要在预算编制执行等环节建立预算管理责任制，明确任务分工，明确责任人。

（3）加强预算执行过程中的调整和控制。财务部门要主动跟踪预算执行进度，及时向部门预算负责人了解、沟通预算执行情况。财务人员不仅要对预算执行中的各项支出进行严格的审核，而且对支出的金额也要实施控制，要求各业务部门定期提交预算执行情况报告，对于超预算或低于预算的部分，需要提交情况说明。财务部门要会同业务管理部门认真分析超预算或低于预算的原因，对预算执行情况进行认真评估。如果是人为等原因造成的，要加大督办力度；如果是因年初制定的预算不合理或是因国家政策发生变化、重大自然灾害等不可预见因素造成的，则需要积极和上级财政预算管理部门及时进行沟通、协调，并根据上级部门的批复意见，对预算进行必要调整，以保障预算的科学性。

二、中小学图书馆资金管理规范

无论资金来源如何，中小学图书馆都必须依照财经纪律和财务制度规范使用资金，按照会计准则处理账务。这不仅是制度的需要，也是图书馆强化管理，保证资金安全，合理和节约使用资金，控制预算和平衡收支的需要。

要做好中小学图书馆资金规范管理，需要做好以下几点：

（1）严格执行财务制度。包括预算制度、牵制制度、出纳制度、报销制度、报损制度和报废制度等。

（2）准确运用会计科目。会计科目在资金核算和财务管理中非常重要，对预算支出套用准确的会计科目，是资金管理的重要前提。

（3）收支两条线。收支两条线是指要求图书馆的所有收入上缴财政，所有支出由财政承担。但在非税收入的实际操作过程中，财政集中资金比例有所不同，图书馆需要准确把握，并做好与财政部门的沟通。

（4）专款专用。要严格区分预算资金的用途，各个预算子项的经费原则上不能混用，专项经费必须实行专款专用，绝对不准挪用。

（5）预算调整。如果出现非常情况确实需要调整预算时，必须按照程序执行，并报告财政部门通过审批。

（6）工资管理。目前阶段，各地中小学图书馆的工资管理方式不尽相同，但总的原则基本一致：不是有钱就可以发工资，必须同时有工资总额（或工资基金）。在工资管理上，附带有社保基金、医保基金、住房公积金等的缴纳与管理。

（7）现金管理。严格禁止坐支。现金收支日清月结，手续完备，大额现金不过夜。

第三节　中小学图书馆统计

图书馆统计工作是指对图书馆工作和图书馆事业进行调查、统计和分析，提供统计资料，制订数量指标，实行统计监督，研究图书馆统计方法，对图书馆各项工作进行评价。图书馆统计工作是图书馆实行计量化管理的主要途径和手段，是中小学图书馆管理工作的一个重要组成部分，对发展中小学图书馆事业起着重要作用。

图书馆统计是图书馆科学管理的基础、前提和重要手段，可以为图书馆制订计划、作出决策提供重要依据；可以用来监督图书馆工作，调动图书馆工作者的积极性；也可以为图书馆管理控制提供反馈信息，帮助馆员研究读者阅读规律和指导读者阅读。

一、中小学图书馆统计工作流程

（一）统计工作的流程

统计工作由统计调查、统计整理和统计分析三个环节组成。

1. 统计调查

统计调查是统计整理和统计分析的基础。图书馆统计工作的第一阶段就是统计调查。统计调查是采用一定的方式和方法，有组织、有计划地从客观实际中搜集原始材料的工作过程。保证搜集到的资料的准确性、完整性和及时性是统计调查的基本要求。统计调查的方式按调查时间可分为经常调查和一次性调查。

2. 统计整理

统计整理是统计工作的第二阶段，是将统计调查所得到的大量原始资料，经过科学地汇总、归纳加工成有序资料的过程。首先应对调查得来的原始资料进行审查，检查其完整性和准确性，及时发现问题以便采取措施予以修正和补充；然后对统计资料进行分组汇总、编制统计表和绘制统计图等。

3. 统计分析

统计分析是统计工作的第三阶段，即最终阶段，是在系统整理统计调查资料的基础上，运用各种统计指标和统计方法，在质和量的辩证关系中，研究数字之间的内在联系、变化规律，进而可以揭示事物的本质、预见其发展趋势。通过统计分析，能及时发现图书馆工作中的新情况、新问题，为管理者提供科学的、可行的、具有量化特点的咨询意见和对策建议。

（二）中小学图书馆统计内容

（1）建筑统计，包括对图书馆建筑面积、书库、阅览室、办公室的统计。

（2）设备统计，包括对机器设备的名称、型号、规格、数量、质量情况的统计，以及对阅览桌椅、书架的数量、质量的统计。

（3）藏书统计，包括对图书期刊、音像资料、电子文档等的数量、质量、品种、价格、入藏时间的统计。

（4）经费统计，包括经费数额、来源和使用情况等。

（5）服务统计，包括读者统计、借书统计、阅览室人次统计、解答咨询统计等。

二、图书馆服务统计的主要指标

图书馆服务工作常用文献利用率、文献流通率、读者到馆率、读者借阅率、文献拒借率等来进行统计分析。在图书馆管理过程中，一定要掌握这些比率的数据，从中研究提高或降低这些比率的措施，以便加强对馆内文献的管理，提高馆内借阅、查询等服务水平。

（1）文献利用率：指在一定时间内，馆藏文献中被读者利用的文献数量占馆藏总数的百分比。

计算方式为：（读者利用文献件数 ÷ 馆藏文献总件数）×100%。

（2）文献流通率：指在一定时间内，馆藏文献被读者借阅的总次数（册次或件次）与馆藏文献总数（册或件）的百分比。

计算方式为：[馆藏文献被读者借阅的总次数（册次或件次）÷ 馆藏文献总数（册次或件次）]×100%。

（3）读者到馆率：指在一定时间内，到馆借阅书刊的读者人数与本馆拥有读者人数的百分比。

计算方式为：（到馆借阅读者人数 ÷ 本馆拥有读者数）×100%。

（4）读者借阅率：指在一定时间内，平均每个读者所借的文献资料数量。

计算方式为：（借阅文献总件数 ÷ 实际借阅人数）×100%。

（5）文献拒借率：指在一定时间内读者在图书馆未借到的文献的数量占读者所要借的文献总数的百分比。

计算方式为：（读者未借到的文献的件数 ÷ 读者所要借的文献的总件数）×100%。

第四节　中小学图书馆职业与人员能力提升

一、中小学图书馆职业

（一）中小学图书馆职业内涵

现有研究中对中小学图书馆职业的内涵论述较少，但对图书馆职业的研究比较成熟。我国《图书资料业务人员（图书资料馆员）国家职业标准》认为图书资料业务人员（图书资料馆员）是从事文献信息采集、组织、流通、管理、开发与服务等工作的人员。图书资料业务人员（图书资料馆员）被划分为五个等级：五级图书资料馆员（国家职业资格五级）、四级图书资料馆员（国家职业资格四级）、三级图书资料馆员（国家职业资格三级）、二级图书资料馆员（国家职业资格二级）、一级图书资料馆员（国家职业资格一级）[①]。2017年出版的《图书馆·情报与文献学名词》将图书馆职员定义为："从事图书馆或图书馆系统的管理、服务的人员，包括馆长、馆员、辅助专职人员、技术人员、办事员、见习或学生助理。"[②] 于良芝在《图书馆情报学

---

① 劳动和社会保障部培训就业司.图书资料馆员国家职业标准［S/OL］.［2020-05-01］.http://lib.guat.edu.cn/info/1010/1065.htm.

② 图书馆·情报与文献学名词审定委员会.图书馆·情报与文献学名词［M］.北京：科学出版社,2019:42.

概论》中提出图书馆职业是以最大程度地促进人类知识的交流与利用为己任的职业[①]。《国际图联学校图书馆指南（第二版）》也提到，中小学图书馆人员负责管理学校的实体和数字学习空间，在这一空间里，阅读、调查、研究、思考、想象和创造是教与学的中心[②]。

通过对图书馆职业内涵以及中小学图书馆功能定位的分析，我们可以认为中小学图书馆职业是在实体或数字环境下，辅助中小学教育教学，以满足中小学教师和学生信息查询与获取需求为核心工作的职业。

（二）中小学图书馆职业价值

中小学图书馆所发挥的作用是由中小学图书馆人员实现的，中小学图书馆人员是中小学图书馆成功的关键[③]。随着教育和就业环境的变化，中小学图书馆人员对学生、教师以及更广泛的学习群体有着直接或间接的贡献[④]。相关研究结果表明，中小学图书馆员能提升学生阅读、学习能力及信息素养。学生在阅读能力测试中取得的分数与学生所在学校是否有国家认证的全职图书馆员之间存在正相关关系[⑤]，中小学图书馆人员和课堂教师之间的合作对学生的考试成绩有影响[⑥]。在印第安纳州进行的一项研究发现，重视教师和图书馆员合作的中小学往往会有更好的教学成果[⑦]。2018 年教育部发布《教育信息化 2.0 行动计划》（教技〔2018〕6 号），要求到 2022 年要全面提升师生

① 于良芝.图书馆情报学概论［M］.北京：国家图书馆出版社,2016:203-205.

② 国际图书馆协会联合会.学校图书馆指南（第二版）［EB/OL］.［2019-12-16］. https://www.ifla.org/publications/node/9512.

③ TERAVAINEN，CLARK C. School libraries：a literature review on current provision and evidence of impact［R］. London：National Literacy Trust,2017:25.

④⑤ ZALUSKY S. The State of America's Libraries 2020：A Report from the American Library Association.［EB/OL］.［2020-04-30］. http://www.ala.org/news/state-americas-libraries-report-2020.

⑥ LANCE K C, RODNEY M J, HAMILTON-PENNELL C. Powerful libraries make powerful learners：the Illinois study. Illinois［R］. USA：Illinois School Library Media Association, 2005.

⑦ LANCE K C, RODNEY M J, RUSSELL B. How students, teachers, and principals benefit from strong school libraries：the indiana study. Indiana［R］. USA：Association for Indiana Media Educators,2005.

信息素养①。中小学图书馆人员作为信息工作者，要充分利用相关信息资源开展信息素养教育，提高中小学教师和学生的信息素养，助力教育信息 2.0 计划的顺利实施。

（三）中小学图书馆岗位类型

目前许多国家、机构将中小学图书馆岗位划分成了不同类型。

1. 国际图联《学校图书馆指南》（第二版）中小学图书馆岗位分类

国际图联《学校图书馆指南》（第二版）将中小学图书馆工作人员分为专业中小学图书馆员、中小学图书馆辅助人员和志愿者三种岗位类型②。

（1）专业中小学图书馆人员。专业中小学图书馆人员的主要职责包括以下五方面：

● 教导师生的职责。专业中小学图书馆人员的教导职责涵盖面向学生个体、小型学生群体、学生班级等广泛而多样的教学情境，以及教职人员非正式的和正式的专业发展。具体包括：阅读推广、信息素养（信息技能、信息能力、信息通晓、媒体素养、跨媒体信息素养）、探究性学习（问题导向学习、批判性思维）、技术集成、教师专业发展。

● 图书馆管理的职责。专业中小学图书馆人员的管理职责包括以最优使用为目的运营中小学图书馆的文献系统和优化服务流程。其中包括图书馆设施（实体和数字环境）、馆藏资源（实体的和数字的）的采购加工以及教育活动和服务（实体的和数字的）。人力资源管理（图书馆工作人员的招聘、选拔、培训、指导和评估）也是这一职责的一部分。

● 领导和协作的职责。中小学图书馆员的主要职责是助力学校完成其使命和达到其目标。通过与学校行政管理者和教师协作，图书馆员制定并实施以学生课程为主体的图书馆阅读服务或活动，以支持教学。图书馆员在教学活动中贡献与信息提供和资源使用有关的知识和技能，这些教学活动包括探

---

① 中华人民共和国教育部.教育部关于印发《教育信息化 2.0 行动计划》的通知［EB/OL］.［2020-04-30］.http://www.moe.gov.cn/srcsite/A16/s3342/201804/t20180425_334188.html.

② 学校图书馆指南（第二版）［EB/OL］.［2019-12-16］.https://www.ifla.org/publications/node/9512.

究和项目工作、解决问题活动、基本素养活动、阅读参与以及文化活动等。中小学图书馆人员可能独立或与学校其他专业人士协作，承担技术集成、为教师和行政管理者提供专业发展等方面的职责。协作是中小学图书馆人员工作中至关重要的一部分。中小学图书馆人员应与学校行政管理者一起致力于达到学校的目标。中小学图书馆人员应直接向校长、主管教师或学校常务主管汇报，应参与学校的整体规划以及其他管理层面的团队合作。在学校社群内，中小学图书馆人员应通过诸如跨课程探究计划和跨学科学习单元等活动，加强学校整体的凝聚力。中小学图书馆人员还应互相协作，延续自身专业发展。在美国北得克萨斯州，许多中小学图书馆的主管人员每月都会举行会议，交流想法、分享活动和服务的新思路；在英国，发展成熟的中小学图书馆人员区域团体每个学期会举行培训和交流活动。

● 社群参与的职责。社群参与包括以活动策划、馆藏建设和延伸服务方式，邀请多元文化、多语言、多地域的群体使用图书馆。中小学图书馆应该意识到家庭在儿童教育中的重要性以及代际知识传递的价值，帮助儿童从家庭和社群中得到支持。还可采用社会参与的运行制度，使得多元背景的人能够在中小学图书馆工作、参与管理并作出贡献。中小学图书馆人员应与更大社群内的图书馆群体保持联系，包括与公共图书馆和图书馆协会的联系。为能在特定社群内提升面向儿童和青少年的图书馆服务水平，中小学图书馆和公共图书馆应通力合作。书面合作协议应包括以下内容：合作常用指标、合作领域说明和界定、关于合作的经济含义及如何分担费用的说明、合作的计划时间段。合作领域的例子包括共享人员培训，合作进行馆藏建设和活动策划，协同提供电子服务和网络，班级参访公共图书馆，基本素养和阅读联合推广，儿童和青少年图书馆服务联合推广等。

● 推广图书馆活动和服务的职责。所谓图书馆活动和服务推广，包括告知用户图书馆必须提供的活动和服务，以及将这些活动和服务与读者的需求和偏好相匹配。中小学图书馆必须积极推广所提供的活动、服务和设施，以使目标群体意识到图书馆作为学习中的伙伴，作为活动、服务和资源提供者的角色。中小学图书馆服务推广的目标群体包括校长、学校行政管理层其他成员、部门主任、教师、学生和家长。根据学校的特点和不同目标群体来调整沟通的方式至关重要。中小学图书馆应与学校行政管理者和教师合作制定书面推广计划。计划应包括以下内容：目的、行动计划、评估方法。

（2）中小学图书馆辅助人员。中小学图书馆辅助人员（即图书馆助理、图书馆技术人员）应向图书馆员汇报，并在文职和技术方面支持图书馆员的工作。中小学图书馆辅助人员应接受关于中小学图书馆基本运作流程的培训，熟练掌握图书馆馆藏的排架、借还和加工工作，提供与在线流通管理和编目有关的技术服务，提供数字资源的获取服务。

（3）志愿者。志愿者不能代替图书馆带薪工作人员，但可以根据协议提供工作支持。在馆员指导之下，学生也可以成为中小学图书馆的志愿者。学生志愿者应该是高年级学生，通过正式的申请程序遴选，经过必需的培训，以完成诸如协助设展、馆藏重新排架、与幼龄儿童一起阅读、向同学推荐图书等任务。

二、中小学图书馆工作人员的工作内容与具体职责

虽然各国对中小学图书馆岗位类型的划分有所不同，但分类标准总体上是以中小学图书馆工作人员的工作内容为基础的，且关于中小学图书馆工作人员工作内容的描述有很多共同之处。国际图联《学校图书馆指南》（第二版）① 对中小学图书馆职业的分类较为全面，本书采纳其分类标准并重新对中小学图书馆工作人员的工作内容进行了梳理。

（一）专业图书馆员的工作内容

专业图书馆员是中小学图书馆的核心员工，他们主要利用图书馆学专业知识与技能开展图书馆工作，为中小学教师和学生提供专业化的信息服务，工作内容主要包括信息资源建设、信息服务和教育教学。

1. 信息资源建设

专业图书馆员应对中小学教育工作状况、教学设计以及我国人才培养目标有着清晰准确的认知，在符合国家相关方针政策的前提下，运用科学专业

---

① 学校图书馆指南（第二版）［EB/OL］.［2019-12-16］. https://www.ifla.org/publications/node/9512.

的信息资源建设方法、技术，从信息资源采购、整理、存储、传递和利用各个环节入手，提高中小学图书馆馆藏信息资源质量。要重视对校本资源、特色资源的收集、整理、加工、保存和应用，整合实体和虚拟资源，形成相互补充、多元统一的馆藏资源体系。

（1）资源采购方面，要制定合理的采购计划，综合考虑教师、学生、家长和图书馆领域专业人员的需求或建议，与图书或数据库供应商建立友好的合作伙伴关系，以保证中小学图书馆馆藏资源的质量。

（2）资源整理方面，要严格按照《中国图书馆分类法》等标准对馆藏资源进行归类整理，制定适当的资源剔旧制度。

（3）资源存储方面，要通过完善基础设施、引进数字化技术等方式妥善存储具有收藏保存价值的图书。

（4）资源传递方面，保证每周 40 小时以上的开放借阅时间，尽可能在周末以及节假日为教师和学生提供借阅服务，开通线上线下两种资源借阅途径，创新图书借阅方式，简化图书借阅管理流程，将馆藏资源推送到楼层、课堂，促进师生便捷、有效阅读。

（5）资源利用方面，要密切配合学科教师开展教学工作，充分挖掘馆藏资源在教学中的应用价值，为学校相关文化艺术活动的开展提供资源支持，积极开展有利于提高学生综合素质的课外活动，促进学生德智体美劳全方面发展。

2.信息服务

中小学图书馆信息服务应该做到专业化和精准化，紧密配合学科教学，准确把握本馆的学科资源分布情况，借助现代信息化管理手段，对学生阅读特点、图书借阅情况等阅读数据挖掘、分析、整合和汇总，有针对性地为不同的学生提供服务[1]。具体来看，专业图书馆员应提供的信息服务包括学习资源收集与提供、信息素养教育、阅读推广活动设计与推广、教师专业能力提升。

学习资源提供指通过多种途径向教师或学生输送合适的课内外学习资

---

① 金学文,李阳阳.中小学图书馆管理:数字图书馆应用研究——以《图书馆法》及《中小学图书馆(室)规程》等为指导[J].边疆经济与文化,2018(8):115-117.

源，保证学习资源提供的及时性、有效性与高质量。信息素养教育指专业图书馆员应承担学生信息素养培育的职责，通过课堂教学、课外活动等多种方式提高学生的信息检索能力、信息分析能力和信息利用能力。阅读推广活动设计与推广是专业图书馆员的重要工作内容。中小学是最适宜培养学生阅读习惯的阶段，因此专业图书馆员应积极组织开展书香校园创建活动，结合校园文化，开展经常性的主题读书活动，传播社会主义核心价值观，培养学生阅读兴趣、阅读习惯，发挥好引领、辐射和带动作用。教师专业能力提升方面，专业图书馆员要围绕深化课程改革目标任务，推进图书馆与学科教学有效结合、深度融合，将图书馆作为课程资源的基础上，进一步整合形成教学资源。同时提升学科教师对图书馆的认识，倡导学科教师自觉利用图书馆改善教育教学，开展教育科研活动，推出一批优秀教学案例和先进教师典型。

3. 教育教学

教育教学是中小学图书馆馆员工作实践的核心[①]。专业图书馆员的教育教学工作有两种表现形式，一种是作为教育教学主导者，直接面向学生开设阅读指导课程、信息素养培育课程；另一种是作为教学支持者，为学科教师开展教学活动提供学习资源与相关技术、基础设施支持，协同学科教师进行教学内容设计。

一位优秀的中小学图书馆员就是一个播种者，能在孩子心中撒下热爱读书的种子。他不应只管理图书，还应发自内心地关注教育热点，关注教学活动，积极参与到教育实践中，扩展图书馆的教育职能。早在 2005 年 1 月 20 日，《中国教育报》就刊文呼吁中小学图书馆员要有清晰的角色定位，首先是教师，其次才是图书馆员。中小学图书馆员应努力从图书借还的"简单机械化劳动者"角色中跳出，主动转变为学校教育教学的参与者。例如，原北京市日坛中学的图书馆馆长李小燕老师，从事图书馆工作 35 年，精心进行数字教育资源与课程的开发和整合工作，为老师开展培训活动。培训内容包括中小学数字图书馆的信息特色、使用方法与技巧，信息资源的种类特点

---

① AASL Standards Framework for Learners[EB/OL].[2024-06-17].http://xxsy.sdu.edu.cn/info/1007/1164.htm.

等。通过培训使广大教师掌握了获取优秀教学设计、案例、重难点分析、典型例题等信息资源的技能[①]。

（二）图书馆辅助人员的工作内容

图书馆辅助人员有文职人员和技术人员两种类型。文职人员扮演秘书的角色，负责辅助专业图书馆员处理行政与外宣方面的事务。技术人员包括负责图书编目、排架等业务的图书馆专业技术人员，以及负责图书馆信息化系统运营的计算机技术人员。

（三）志愿者的工作内容

中小学图书馆志愿者主要从中小学生中选拔、培训，不属于图书馆正式员工范畴，其主要职责是图书整理排架、书籍推荐、协助开展图书馆活动等。中小学图书馆设立志愿者岗位不仅可以分担图书馆工作，使图书馆运作更顺畅，也可使学生在志愿者工作中培养实践技能，提升综合素质。很多国家的中小学图书馆都广泛开展了学生志愿者活动，比如在美国密歇根州，有一所小学的图书馆小队（Library Squad）通过幕后工作使图书馆运营顺畅，这些学生每周定期进行书架整理并到幼儿园教室收集书籍，有时还会协助为新书贴上标签和条形码[②]。在匈牙利，从2012年起，中学生有义务进行志愿工作以帮助当地社群。这些志愿工作也可以在中小学图书馆和公共图书馆完成[③]。在意大利罗马，一些高中生参与了一个特殊需求活动以帮助图书馆顺利运营。该活动既有助于图书馆的管理，也有利于学生的个人发展。在图书馆改造时期，学生也提供了帮助。这使他们提高了自身的协调能力、拓宽了兴趣爱好，并增强了自信心[④]。

（四）工作人员的具体职责

中小学图书馆要制定具体的工作人员职责制度，可参考天津市耀华中学图书馆工作人员职责，见表7-1。

---

① 王豫灵.浙江省中小学图书馆建设、管理与运行状况分析［J］.图书馆研究与工作,2018（11）:93-96.

②③④ 学校图书馆指南（第二版）［EB/OL］.［2019-12-16］.https://www.ifla.org/publications/node/9512.

表 7-1　天津市耀华中学图书馆工作人员职责

人员类型	序号	图书馆工作人员职责
编目人员	1	服从学校安排，遵守图书管理员的岗位职责，按照本馆全年计划及每月工作计划有步骤、有计划地进行工作
	2	长期不懈地学习《中国机读目录格式》及《普通图书著录规则》，提高编目水平，增加著录字段，争取做到著录准、快、全
	3	坚持学习本馆所应用的自动化管理系统的使用方法，提高软件利用率。负责本馆系统维护，出现问题及时找有关人员解决
	4	对于本馆新进书籍，应在最短的时间内编目完毕，使之迅速投入流通，不得拖延
	5	协助进行图书采购工作，做好计算机查重工作，避免重复选购
	6	负责图书馆内图书、期刊的提出、注销工作
	7	每批图书编目完成后，要及时进行账目打印工作，并及时保管，做到书账相符
	8	认真做好采编室的卫生工作，做到办公桌、操作台整洁干净，个人物品全部入柜，办公室物品摆放整齐
	9	协助馆长进行图书分类工作
教师阅览室、书库、资料室工作人员	1	服从学校安排，遵守图书管理员的岗位职责，按照本馆全年计划及每月工作计划有步骤、有计划地进行工作
	2	按时开馆，未经领导批准，中途不得离开，不得自行闭馆
	3	对来馆教师要微笑服务，有问必答，积极、主动、热情地帮助教师进行文献资料检索工作，使其高兴而来，满意而归
	4	积极开展参考咨询工作，争做知识导航员，要从进馆咨询（接待、检索、解答）、馆外咨询（电话、邮件）及专题咨询服务三个方面来进行
	5	对新入库的图书要当日及时上架并整理好，不得拖沓。对教师还回的图书及期刊必须当日及时上架，不得拖沓
	6	每天两次去收发室取报刊，核对无误后，立即进行入馆登记、盖章、上架，绝对不能丢失

人员类型	序号	图书馆工作人员职责
教师阅览室、书库、资料室工作人员	7	每月整理一次报纸，按日期排放并保存好，不定期检查现刊、过刊数量，如发现缺失应及时查找，查找未果应及时向馆长汇报，每学期集中整理期刊一次
	8	馆藏现刊原则上不对外借阅，如需急用，请示馆长，同意后登记清楚，借期最长两天，要及时催还
	9	每月编制《新书通报》一份，《教育教学各科论文索引》一份，发至各教研组
	10	帮助教师们用好大型工具书，有义务向他们介绍其使用方法
	11	不定期地整理工具书柜及书库，要做到每类图书按种次号依次排列，以防乱架
	12	做好古籍图书及旧报的保存和利用工作，保护好历史文献，做好破损图书的修补工作
	13	做好调离本校老师的清书工作
	14	设立新书展示架，积极推荐新书
	15	完成馆长交代的其他工作
	16	做好办公室及出纳台卫生工作，个人物品入柜，办公物品摆放整齐，不准出现乱堆、乱放现象
学生书库、学生阅览室工作人员	1	服从学校安排，遵守图书管理员的岗位职责，按照本馆全年计划及每月工作计划有步骤、有计划地进行工作
	2	按时开馆，未经领导批准，中途不得离开，不得自行闭馆
	3	对来馆学生要积极、主动、热情地服务，有问必答
	4	积极开展参考咨询工作，主动为学生进行书目检索或从报刊、网络上为其查找资料
	5	对新入库的图书要当日及时上架并整理好，不得拖沓。对学生们还回的图书及当日到馆的期刊报纸也必须及时上架，不得拖沓
	6	每月整理一次报纸，按日期排放与保存。不定期检查现刊、过刊数量，如发现缺少应及时查找，查找未果要及时向馆长汇报。每学期集中整理期刊一次
	7	馆藏刊物一律不外借

续表

人员类型	序号	图书馆工作人员职责
	8	要及时编制《新书通报》，贴于学术书库门前黑板上，还要适时更换"新书橱窗"内的新书
	9	在学生阅览室内设置学生工具书柜，配备重要工具书及参考书，此类书只阅不借
	10	不定期地整理工具书柜及书库，要做到图书按 22 大类排列，用色标加以区分，以防乱架
	11	做好毕业生图书清还工作
	12	教育学生爱护书刊，做好图书修补工作
	13	完成馆长安排的其他工作
	14	做好办公室及出纳台的卫生工作，个人物品入柜，公共物品摆放整齐，不准出现乱堆、乱放现象
志愿者	1	热爱学校图书馆，热情诚恳地为读者服务
	2	准时到达服务岗位，确保出勤
	3	认真学习图书馆知识和业务操作技能
	4	爱护图书，发现图书破损和遗失，应主动帮助图书馆老师做好图书修补工作
	5	帮助值班老师完成图书借阅、上架、分类及整理工作
	6	认真督促读者遵守借阅规则，并自觉遵守馆内有关制度，工作时不聊天，不吃零食
	7	协助老师维护图书馆环境，打扫图书馆卫生
	8	努力学习，广泛读书，争取做课堂学习和课外阅读的模范
	9	积极参与图书馆开展的各类文化活动

三、中小学图书馆人员职业资格

合格的中小学图书馆人员能促进中小学图书馆的发展。因为受过专业教育的、具备职业资格的中小学图书馆员能在跨学科、跨部门的交流中扮演教学指导者、项目管理者、教育家、合作伙伴以及信息专家的角色，所以合格的中小学图书馆人员能在有充足工作人员和信息资源的中小学图书馆里促进探究性学习①。

　　当前许多国家都在持续探索中小学图书馆人员职业准入资格，尽管标准不一，但大部分国家都对中小学图书馆人员的学历背景和图书馆专业知识背景提出了要求。在法国，中小学图书馆员（专业文献资料工作者）在教育水平、地位等方面均与其他教师保持一致。在意大利的南蒂罗尔地区，K-12学校的图书馆员由波尔扎诺自治省根据应聘者的图书馆学资质和培训情况招募。中小学图书馆助理必须完成中等教育和图书馆学培养计划（至少一年的理论和实践学习）。符合资质的中小学图书馆人员必须完成高等教育（至少三年）。在葡萄牙，自2009年起，学校图书馆人员均为具有图书馆学专业背景的学校教师。澳大利亚中小学图书馆标准规定，成为中小学图书馆馆员的前提是必须具有学校教师的身份，然后进修学习图书馆有关课程②。日本《学校图书馆法》以国家立法的形式对中小学图书馆人员的任职资格进行了规定：相关从业人员取得司书教谕资格之前，首先必须取得教谕资格，其次应完成司书教谕的培训课程学习，并达到考核合格要求，方能有资格获取司书教谕专业职务，且相关培训课程的组织机构、培训内容等应符合相关法律规定③。

　　我国《中小学图书馆（室）规程》（2018）规定，图书馆管理人员应当具备基本的图书馆专业知识与专业技能。中学图书馆管理人员应具备大学本科以上文化学历，小学图书馆管理人员应具备大学专科以上文化学历④。但事实上目前我国中小学图书馆尚未设立专业职务制度，也未形成严格的中小学图书馆行业准入制度。

---

　　① 　American Association of School Librarians. AASL Standards Framework for Learners［EB/OL］.［2024-06-17］.http://xxsy.sdu.edu.cn/info/1007/1164.htm.

　　② 　学校图书馆指南（第二版）［EB/OL］.［2019-12-16］.https://www.ifla.org/publications/node/9512.

　　③ 　学校图书馆法［EB/OL］.［2020-05-24］.http://law.e-gov.go.jp/htmldata/S28/S28HO185.html.

　　④ 　教育部关于印发《中小学图书馆（室）规程》的通知［EB/OL］.［2024-06-17］.http://www.moe.gov.cn/srcsite/A06/jcys_jyzb/201806/t20180607_338712.html.

四、中小学图书馆员职业素养

苏联杰出的教育家克鲁普斯卡娅曾经说过："图书馆员是图书馆事业的灵魂。"[1] 图书馆的一切工作都是通过图书馆员来完成的，图书馆员素质的高低将直接影响图书馆各项工作的开展情况。《学校图书馆指南》（第二版）指出，专业的中小学图书馆员所需的素养包括以下几方面：教与学、课程体系、教学设计和实施，活动管理——计划、发展/设计、实施、评估/改进，馆藏建设、存储、组织、检索，信息加工与行为——基本素养、信息素养、数字素养，阅读参与，关于儿童和青少年文学的知识，关于阅读障碍方面的知识，沟通和协作技能，数字和媒体技能，道德和社会责任，为公益服务——为公众/社会负责，终身学习的承诺、持续的专业发展，以及中小学图书馆事业社会化、中小学图书馆的历史及价值观社会化[2]。

《新西兰学校图书馆指南》中指出，理想的中小学图书馆员应具备的素养包括专业技能、教师技能以及通用的工作技能三个方面，具体如下：将信息处理方式融入学生学习环境（教室和图书馆）的专业能力，具备信息资源管理知识、图书馆学知识和信息技术应用知识，拥有课程开发经验，掌握教育和组织环境中的信息管理，具备成为合格教师的技能和知识，拥有教育管理知识，具备组织管理能力，了解各种形式的课程信息资源，具有在工作中有效使用和整合信息资源、信息服务和信息技术的能力，对青少年文学有热情并深度了解，具有优秀的沟通交流技能、熟练使用信息技术的能力、在信息素养课程中担任学生及教师的引导者的能力，拥有以学生为中心的意识，具备团队合作能力、积极应对各种挑战的能力、分权的能力、有效表达观点的能力[3]。

---

① 李华瑛.图书馆员是图书馆事业的灵魂［J］.河南图书馆季刊,1981（1）:51-53.

② 学校图书馆指南（第二版）［EB/OL］.［2019-12-16］.https://www.ifla.org/publications/node/9512.

③ Ministry of Education and National Library of New Zealand. The School Library and Learning in the Information Landscape：Guidelines for New Zealand Schools［M］. Wellington：Learning Media Limited,2002:22-23.

日本学界认为，图书馆人员的专业性主要表现在三个方面：一是图书馆人员必须了解利用者；二是图书馆人员必须了解资料；三是图书馆人员必须能够把利用者和资料联系起来。因此，专业性的工作只有掌握相应专门知识和专门技能的人员才能胜任和完成[①]。

施建国在《中小学图书馆管理》中将中小学图书馆人员素养总结为六个方面：较高的思想政治素质，较高的文化素质，扎实的图书馆学、情报学与现代信息管理学专业知识，较强的信息意识和能力，扎实的计算机专业知识及网络知识，必要的法律意识[②]。

目前我国图书馆界虽尚未出台统一的中小学图书馆人员素养标准或指南，但中国图书馆学会中小学图书馆分会开展了"中小学图书馆工作者研修班""中小学图书馆榜样人物"评选等活动，均能体现我国图书馆界对中小学图书馆人员素养的要求。截至2023年，"中小学图书馆工作者研修班"已开展十五届，面向全国中小学图书馆工作者提供线上培训课程。本书列出第十四届和第十五届"中小学图书馆工作者研修班"主要培训内容，见表7-2：

表7-2　中小学图书馆工作者研修班培训内容

	2014年（第十四届）[①]	2018年（第十五届）[②]
政策法规	教育部有关部门负责同志作《中小学图书馆的政策与发展》报告	教育部《中小学图书馆（室）规程》（2003）培训
学术研究	中外现代中小学图书馆比较研究	中小学图书馆工作与课程的深度融合研究
信息技术	中小学图书馆自动化、网络化管理	基于云技术的中小学图书馆建设、管理和应用
资源开发与利用	中小学图书馆校本资源的建设与应用	中小学图书馆校本资源的建设与应用

---

① 钟伟.试论日本学校图书馆专业职务制度对我国中小学图书馆发展的启示[J].图书馆工作与研究,2012(9):117-121.

② 施建国.中小学图书馆管理[M].杭州:浙江文艺出版社,2008:161-166.

续表

	2014 年（第十四届）	2018 年（第十五届）
优秀实践	河北省石家庄市介绍中小学图书馆建设经验，参观中小学优秀图书馆	阅读指导课程现场观摩与交流
		中小学图书馆建设及应用经验介绍展示，观摩中小学图书馆建设案例
其他	中小学图书馆管理人员网络培训思路	

①第十四届中小学图书馆工作者研修班暨中小学图书馆建设现场观摩会在石家庄召开［EB/OL］.［2018-12-31］.http://www.lsc.org.cn/contents/1360/7560.html.

②关于举办第十五届中小学图书馆工作者研修班的函［EB/OL］.［2018-12-31］.http://www.lsc.org.cn/contents/1129/9288.html.

自 2017 年起，中国图书馆学会中小学图书馆分会开展了两次"中小学图书馆榜样人物"评选活动。此外，安徽、贵州等省份也开展了该项评选活动。"中小学图书馆榜样人物"评选条件[①]，见表 7-3。

表 7-3 "中小学图书馆榜样人物"评选条件

	2017 年	2018 年
评选对象	专职图书馆员，并长期在图书馆岗位工作	专职图书馆员，并长期在图书馆岗位工作
思想政治	坚持党的基本路线、方针、政策，遵纪守法，品德高尚	坚持党的基本路线、方针、政策，遵纪守法，品德高尚
职业道德	热爱本职工作，热心服务、乐于奉献、业绩突出；有突出的感人事迹	热爱本职工作，热心服务、乐于奉献、业绩突出；有突出的感人事迹，在图书馆界引起关注
阅读指导	能够配合学科教师定期组织形式多样的读书活动，开设阅读指导课，对学生进行课外阅读指导	能够配合学科教师定期组织形式多样的读书活动，开设阅读指导课，对学生进行课外阅读指导

① 通知公告列表［EB/OL］.［2018-12-31］. http://www.lsc.org.cn/cns/channels/1129.html.

续表

	2017 年	2018 年
教学科研	能多途径为教育教学科研收集、整理、编辑、加工相关资料	能多途径为教育教学科研收集、整理、编辑、加工相关资料
创新能力	在机制创新、管理创新、服务创新、技术创新和人才培养创新等方面作出突出贡献	在机制创新、管理创新、服务创新、技术创新和人才培养创新等方面作出突出贡献

从以上中国图书馆学会中小学图书馆分会所制定的中小学图书馆工作者培训内容及"中小学图书馆榜样人物"推荐条件来看，我国图书馆界认为中小学图书馆人员应具备的基本素养包括：良好的职业道德素养、教学科研素养、阅读指导素养、数字图书馆技术素养、图书馆业务素养和图书馆管理素养。

五、中小学图书馆人员管理策略与能力提升

（一）中小学图书馆人员管理策略

1.转变观念，领导重视

学校领导应当重视图书馆人员队伍的优化，要把有一定专业知识，热爱图书馆工作，热心为师生服务，甘为人梯的人才安排到图书馆，以切实提高图书馆工作的实效。同时应提高图书馆人员的地位，健全对图书馆人员的评价体制，根据工作成绩，使图书馆人员在工资、福利、评职称等方面享受与一线教师同等的待遇，以保持图书馆队伍的相对稳定。

2.实行持证上岗制度

借鉴国外学校图书馆的专业职务制度，由相关管理部门实施"图书管理员资格证书"申报制度。凡到中小学图书馆工作的人员，都需经培训考核，取得图书管理员资格证书后方可上岗，以杜绝将"老、弱、病、残"往图书馆安置的倾向。这也能敦促已在职的工作人员不断加强学习，提高自身业务水平。

3.建立人才激励机制

中小学图书馆要深化体制改革，实行全员聘任制和岗位目标责任制，建

立健全各项规章制度，实行"多劳多得、优绩优酬、效率优先、兼顾公平"的分配制度。通过完善绩效考核制度激励图书馆人员主动提升自身能力，在图书馆工作人员之间营造积极向上的学习氛围。调动图书馆人员工作积极性，开创图书馆工作新局面。

（二）中小学图书馆人员能力提升

为了更好地为教育、教学服务，中小学图书馆人员应当不断提高自身的专业能力，中小学校领导也应重视图书馆人员队伍建设，加强图书馆人员的培训、继续教育等工作。《学校图书馆指南》（第二版）指出，中小学图书馆人员需要接受中小学图书馆学和课堂教学的正规教育，以培养专业能力。中小学图书馆人员专业能力的提升能够通过多种方式实现，常见的方式包括，取得文凭、完成学位教育，或是在取得最初的教学或图书馆学认证后参与持续的专业发展。中小学图书馆人员教育的目标是提升中小学图书馆人员的职业能力。

在已有专门的中小学图书馆人员教育计划的国家，其课程体系除了包括图书馆学专业课程外，还应包括与教育（学习、课程、教学）、数字技术和社交媒体、文化和基本素养等方面内容。这些领域的学习可以帮助学习者全面加深对信息素养的理解，提高创造性思考和解答问题的能力。中小学图书馆人员教育还应培养中小学图书馆人员的侧面领导者角色、变革推动者角色以及中小学图书馆社群成员角色[1]。我国部分中小学图书馆在图书馆人员能力提升方面做出了较好的示范，比如选送图书管理员到学校进修，组织图书管理员到外地参观学习，组织召开经验交流会、专题讨论会，组织专业知识竞赛、论文评选等。通过一系列的活动，使图书馆管理工作人员队伍得到了巩固，业务素质得到了提高[2]。有学者认为，要提高中小学图书馆人员业务水平，应建立完善的考核制度和竞争机制，激励图书馆人员主动提升业务水平。中小学图书馆应根据部门特性和工作内容，制定合理的考核机制，并在

---

[1] 学校图书馆指南（第二版）［EB/OL］．［2019-12-16］.https://www.ifla.org/publications/node/9512.

[2] 潘春兰.如何提升中小学图书馆的建设和管理水平［J］.教学仪器与实验,2007（1）:50-51.

考核机制的基础上制定竞争和激励机制。与竞争机制相配套的还要有监督和协调机制，以保证图书馆管理工作的规范性。中小学图书馆还应加强对图书馆人员专业技能和业务水平的培训，根据不同的岗位和工作内容制订相应的培训内容和培训方法①。

教育部《关于加强新时期中小学图书馆建设与应用工作的意见》指出，要对从事图书馆工作的兼职教师进行图书馆业务培训，在职务（称）评聘、晋升、评优评先、待遇等方面，给予图书馆管理人员与教师同等的机会。创新培训机制，建立分层分级培训体系，制定培训计划，提倡利用网络资源平台开展远程培训。鼓励各地充分利用高等院校图书馆及学术团体、行业组织的专业优势，开展形式多样的中小学图书馆专（兼）职管理人员培训，加大高等学校培养中小学图书馆专门人才的力度②。

结合相关专家学者的观点以及我国中小学图书馆实践状况，中小学图书馆人员的能力提升可以从以下三个方面进行：

1. 重视岗位培训，开展图书馆人员继续教育

随着现代信息技术的发展及其在图书馆的广泛应用，图书馆对人员的要求迅速提高，它需要既懂图书馆专业知识，又懂计算机、网络技术，还能开展阅读指导的复合型人才。中小学图书馆在招募图书馆人员时，应优先录取有图书馆学教育经验或已获得相关职业认证资格的求职者。在科学技术飞速发展的今天，只有本专业的知识是不能适应现代图书馆事业发展的需要的。因此，图书馆人员要加强自身的学习，改变知识结构单一的现状，在掌握本专业知识的基础上，兼顾其他学科知识的学习，提高综合运用知识的能力，真正成为"知识的导航员""信息的管理者"。

同时，学校管理部门也要把对图书馆人员的培训和教育计划纳入教师继续教育规划范畴。应建立健全岗位培训制度，要有计划、有目的、分层次地对在职图书馆人员进行专业的系统性培训，提高图书馆人员自动化、数字化管理水平及开展阅读指导、信息检索与信息服务的能力。人员入职后，也应

---

① 陈小青.网络环境下中小学图书馆管理工作探究［J］.成才之路,2017（11）:23-24.
② 关于加强新时期中小学图书馆建设与应用工作的意见［EB/OL］.［2018-12-31］. http://www.moe.gov.cn/srcsite/A06/jcys_jyzb/ 201505/t20150520_189496.html.

当鼓励其继续深造，并为图书馆人员返校学习提供机会或相关便利条件。只有这样才能使中小学图书馆人员在教育教学服务中发挥主观能动性，完成从"后勤人员"到参与教学、为教学服务的"骨干力量"的角色转变。

2. 加强图书馆员职业道德教育

业务素质是图书馆人员为读者服务的基本本领，而思想政治素质是图书馆员开展读者服务的重要要求。要加强职业道德教育，培养图书馆人员的事业心和责任感。工作人员要遵循阮冈纳赞图书馆学五定律，树立"读者第一，服务至上"思想，全心全意为师生服务，主动开展各项服务。中小学图书馆要加强职业精神教育，培养馆员的职业精神和职业自豪感；工作人员要把图书馆工作看作是神圣的事业，全身心地投入工作。

3. 成立地方中小学图书馆工作协会

由当地教育局或教育技术中心牵头，成立中小学图书馆工作协会，解决中小学图书馆业务工作中的实际问题。该协会主要任务是不定期举办图书馆工作培训班，开展业务研讨，提高图书馆人员理论素养和业务水平，进行学术交流，组织图书馆人员外出参观学习等。中小学图书馆人员应积极参加相关学术论坛、行业交流论坛。表现优秀的图书馆人员，也应积极与同行交流共享优秀实践经验。图书馆人员只有通过交流与学习或业务技能竞技，才能真正提高业务水准，开拓视野，了解当今图书馆的发展趋势，改变中小学图书馆故步自封、闭门造车的局面。

第五节　中小学图书馆馆长

一、中小学图书馆馆长的职责

2019 年出版的《图书馆·情报与文献学名词》将图书馆馆长定义为：对某一图书馆或图书馆系统实施行政和业务领导的最高负责人职务。该职务对图书馆或图书馆系统的规划、预算、决策、运行、人事管理和任务评估负全面责任①。柯平将图书馆馆长定义为"对一个图书馆负有管理和决策责任，实施图书馆运行与发展的领导"②。

中小学图书馆的规模较小，面向的用户群体也很有限，因此我国中小学图书馆馆长多为兼职，且一般不具有决策权。2018年版《中小学图书馆（室）规程》规定，图书馆实行校长领导下的馆长负责制，由一名校级领导分管图书馆工作。有关图书馆工作的重大事项应当听取图书馆馆长意见，最终由校长办公会决定③。

因此，考虑到中小学图书馆的特殊性，中小学图书馆馆长需要具备一定的决策能力、管理能力、领导艺术和战略思维。中小学图书馆馆长应当把馆长这一职务当成事业来做，不仅要对图书馆负责，更要对中小学图书馆内的图书馆人员负责，对学校里的教师和学生负责。

馆长应负责主持全馆工作，负责组织制订和贯彻实施图书馆发展规划、规章制度、工作计划、队伍建设方案及经费预算方案。中小学图书馆馆长除了要统筹图书馆人员、财政、设备设施等方面的日常管理工作外，还应着重关注本校图书馆的未来发展规划，使图书馆与学校教学工作实现更好融合，最大程度发挥图书馆在教学工作中的价值，以提高图书馆在整个学校中的地位。天津市耀华中学图书馆馆长职责，见表7-4。

表7-4　天津市耀华中学图书馆馆长工作职责

序号	职责
1	在主管校长、主任领导下，把握办馆方向，努力执行学校通过的各项决议，负责全馆行政业务工作，处理好本馆对外事务及日常行政工作中的重大问题
2	负责全馆人员的思想政治工作，组织全馆人员认真学习马列主义、毛泽东思想、邓小平理论，加强自身修养，提高个人素质

① 图书馆·情报与文献学名词审定委员会.图书馆·情报与文献学名词[M].北京：科学出版社,2017:42.

② 柯平.我们需要什么样的图书馆馆长[J].国家图书馆学刊,2011(1):6-10.

③ 中小学图书馆（室）规程[EB/OL].[2020-05-24].http://www.moe.gov.cn/srcsite/A06/jcys_jyzb/2018.

续表

序号	职责
3	每月至少主持召开一次馆务会议，听取各部门该段时间的工作汇报，并根据实际工作情况及时进行工作总结，指出不足，纠正错误，然后再根据学校工作的总体思路，布置下月馆内各部门的工作计划
4	每学期结束前，要做好年度总结，并制订出下学期工作计划
5	抓好全馆人员的业务学习工作，多进行一些学术交流工作，努力提高全馆人员的业务水平
6	不定期修订本馆各项规章制度，岗位职责，并及时检查、监督其执行情况，使之行之有效
7	根据学校拨款及财政预算，制定本馆图书采购计划，把握图书采购的大方向
8	把握馆内所定期刊、报纸的大方向，拥有对订购报刊的终审权及决定权
9	在时间允许的情况下，负责图书分类工作或承担图书活动课的教学工作
10	负责全馆卫生监督工作，使图书馆成为永远干净整齐、书香四溢的地方

二、中小学图书馆馆长任职资格

我国 2018 年版《中小学图书馆（室）规程》[①] 规定中小学图书馆馆长须为校级领导，后者要求中小学图书馆馆长应具有大专（含）以上学历，中学图书馆馆长具有本科（含）以上学历，或学士（含）以上学位，或具有中级职称，馆长不应频繁变动。

除了学历和职称的条件，中小学图书馆馆长还应当具备以下条件：

（1）有专业教育背景，有图书馆学专业或相关专业的教育背景，或者经过图书馆学专业知识的系统培训，取得图书馆人员专业资质。

（2）熟悉业务，具有图书馆业务技能，并有丰富的图书馆实践经验。

（3）具备领导者素质和决策能力，具有较丰富的管理经验。

（4）有创新意识，有一定业务研究能力，或者有较高水平的图书馆领域

---

① 中小学图书馆（室）规程［EB/OL］.［2020-05-24］.http://www.moe.gov.cn/srcsite/A06/jcys_jyzb/2018.

的学术成果。

三、中小学图书馆馆长的作用与地位

21 世纪，中小学图书馆面临着许多机遇和挑战，特别是随着中小学图书馆现代化的发展，图书馆转型刻不容缓，中小学图书馆对馆长有了更高的素质和能力要求。

一是要提高现代化管理和决策能力。中小学图书馆馆长首先应当带头学习专业技术，掌握最新的专业知识，了解国内外图书馆发展前沿动态，成为一名优秀的管理者。馆长不仅要善于进行人、财、物的管理，还要善于进行服务管理，及时修订服务制度，处理服务中的问题。特别重要的是，中小学图书馆馆长应关注图书馆发展大计，要统筹馆内外事务，做好服务营销，以较高的专业素养指引图书馆的发展方向和道路。

二是要有创新意识和创新能力。面对社会环境和技术环境对中小学教育的影响，图书馆馆长要认清教育教学改革形势和国内外图书馆创新动态，积极主动开展创新服务，组织图书馆馆员策划服务项目，通过服务创新和提高服务质量来提升图书馆的地位。

三是要强化责任感和使命感。中小学图书馆馆长的任期目标要具体化，要按照任期目标责任制的要求，不断强化责任意识，做好任期内的工作，承担并完成任期责任。特别重要的是，要以高度的责任感和使命感促进图书馆转型，充分发挥图书馆的作用。

在中小学图书馆变革与发展过程中，有很多优秀馆长的经验值得学习。例如，复旦大学附属中学（以下简称复旦附中）图书馆馆长阎衡秋从事图书馆工作 20 多年。在复旦附中图书馆新建成的借阅中心里，阎馆长亲自设计了一个巨大的"知识魔方"，并将它悬挂起来，使每个走进这里的学生第一眼就能看到。魔方的各面雕刻着人类有史以来最具影响力的思想结晶，例如，《共产党宣言》、《独立宣言》、"相对论"等。为了鼓励学生充分利用图书馆资源，阎衡秋首创了"寒暑假无限量借书制度"，规定全部阅览室周末、节假日向学生开放，与学校教研组联手推出"读童话""国际物理年"等关于学生阅读的专题寒假作业，并与兄弟学校联手定期举行专题读书联谊活

动。每年年终，借阅图书最多的前十名学生还会获得图书馆授予的"阅读明星"称号，并获赠 100 元购书券。2000 年，阎馆长勇敢地走上了教学一线，在高一年级开设了"信息利用基础课"，并自己编写了校本教材。随后，他又尝试开设了"科学与艺术"和"影视鉴赏"课，指导学生阅读和使用信息，拓展学生的科学与艺术视野。阎馆长还指导高三学生盖鹤麟自编一套高中数学教材。他的工作得到了学校的大力支持。在复旦附中，学校改变了由教务处领导图书馆的惯例，把图书馆交由分管教学的副校长直接管理。在经费投入上也很慷慨，每年的购书、报刊订阅经费都可达到二十万元[①]。2002 年复旦附中图书馆被评为"上海市中小学校示范图书馆"。2008 年，阎馆长高票当选"2008 上海教育年度新闻人物"。2011 年，阎衡秋获第二届全国教育改革创新优秀教师奖。

---

① 中小学图书馆摆脱边缘角色的理想与现实［EB/OL］.［2009-06-29］.http://paper.jyb.cn/zgjyb/html/2009-06/29/content_13401.htm.

第八章　中小学图书馆事业发展

第一节　中小学图书馆发展现状

一、中小学图书馆事业发展成就

在我国，中小学图书馆事业起步早，虽经历了发展的迟滞，但整体发展仍呈螺旋式上升趋势。改革开放以来，中小学图书馆事业在国家教育行政部门和图书馆界的关注与支持下，已进入高速发展的新阶段。特别是党的十八大以来，在科学技术日益发展的当下，中小学图书馆办馆条件得到大力改善，馆藏规模持续扩大，管理人员的素质也得到了提高。作为文献中心，中小学图书馆在学校教育教学过程中的作用日益凸显。但是，由于当前城乡发展不均衡、学校硬件设施存在差别，各地中小学图书馆建设现状也存在一定差距。

近年来，党和国家高度重视中国特色社会主义文化建设，国家教育部门加大对中小学图书馆事业发展的关注，出台了多项加强中小学图书馆建设的文件。教育部、文化部、国家新闻出版广电总局印发的《关于加强新时期中小学图书馆建设与应用工作的意见》为指导中小学全面贯彻教育方针、实施素质教育，提升学校内涵与品质，形成书香校园，带动全民阅读，助推学习型社会和书香社会建设，提出了应用型意见。该文件提出"中小学图书馆建设的重点任务是推进基础条件建设，确保馆藏资源质量，规范馆藏采购机制，不断提高信息化水平，充分发挥育人作用，带动书香社会建设"。2017年《全民阅读促进条例》在"全民阅读服务"章节中要求，各级人民政府应当加强中小学图书馆（室）等全民阅读设施建设并健全管理服务制度，在"重点群体阅读保障"章节中提出，国家鼓励中小学加强书香校园文化建设，加强校园阅读设施建设，建议中小学积极与其他类型文化场所加强合作，支持和帮助学生参加校外阅读活动。2018年教育部颁布的《中小学图书馆（室）规程》提出，中小学图书馆的主要任务是：贯彻党的教育方针，培育社会主义核心价值观，传承中华优秀传统文化，促进学生德智体美全面发展；建立健全学校文献信息服务体系，协助教师开展教学教研活动，指导学生掌握检索与利用文献信息的知识与技能；组织学生阅读活动，培养学生的阅读兴趣和阅读习惯。

近年来，国家先后实施一系列基础教育重大建设工程，全面提高了中小学图书馆基础设施水平。但由于认识不足、摆位不当，区域、学校之间建设水平不均衡，管理服务水平不高，信息化基础薄弱，专业化队伍匮乏以及与教育教学融合不够等问题仍然存在，直接影响中小学图书馆育人功能的发挥和综合效益的提高。到2022年，随着全面改善贫困地区义务教育薄弱学校基本办学条件、中西部农村初中校舍改造工程等重大项目的实施，城市中大部分中小学图书馆已按照学校建设标准补充新建图书馆，改善不达标图书馆；不具备条件的农村中小学、教学点也已建有图书柜、图书角，已基本建成与深化课程改革、实施素质教育目标相适应的现代化中小学图书馆建设、管理和服务体系。中小学图书馆正在与教育教学全面深度融合，成了学校信息资源高地和师生智慧中心、成长中心、活动中心。

二、制约中小学图书馆事业发展的因素

当前，虽然中小学图书馆的转型、发展已取得部分成绩，但制约其事业发展的因素依然存在。中小学图书馆须正视发展中面临的困境，积极寻求突破途径。目前，制约中小学图书馆事业发展的因素包括以下几个方面。

（一）上级管理部门认识和重视程度

《中华人民共和国公共图书馆法》已经发布并落实，但中小学图书馆的立法工作并没有得到与公共图书馆同样的重视。文化部2017年推出了第六次全国公共图书馆评估定级标准，而我国还未发布正式的关于中小学图书馆

评估工作的国家标准。

在中小学校的日常运行中，受到应试教育的影响，管理者往往更加重视升学率等指标的提升，对图书馆的建设重视程度不够，在校园文化建设中对图书馆的利用也相对欠缺，一些学校甚至购书经费都不能达到教育行政部门的要求。一直以来图书馆仅是被动提供文献资料和阅读场地，或由于不得其法，或由于缺少专业馆员引领，很少依据《中小学图书馆（室）规程》（教基〔2018〕5号）中的要求为中学生开设阅读指导课、入馆教育课、文献检索课。

（二）从业人员素质

中小学图书馆人员的素质反向制约着中小学图书馆事业的发展。根据《中小学图书馆（室）规程》（教基〔2018〕5号）要求，中学图书馆管理人员应当具备大学本科以上文化程度，小学图书馆管理人员应当具备大学专科以上文化程度。同时，该文件还对中小学图书馆员的任职资格仅在学历上进行统一要求，对其学术背景却无硬性规定。纵观目前中小学图书馆人员队伍，大多是专职馆员与兼职馆员并存，或是由转岗教师组成。这些转岗教师囿于其自身专业背景的限制，往往仅能承担"图书管理员"的职能，对中小学生的阅读推广、阅读指导、信息素养教育业务并不擅长。

（三）信息化转型迟缓

信息化时代的到来为教育事业的发展提供了有效的技术保障，信息化服务手段促进了各类型图书馆的数字化发展，为图书馆信息化转型提供了强大助力。但是，由于中小学教育管理者重视程度、各地区预算水平、信息基础发展程度等原因，中小学图书馆仍大多沿用传统服务模式，运用网络开展信息服务的意识淡薄，许多中小学图书馆由于信息化水平落后，不能及时借助信息化的发展完成信息化转型。

（四）地区发展不均衡

我国中小学由于地区分布不同，城镇中小学、乡村中小学之间均存在较大差距，导致我国中小学图书馆的运行、发展存在地区间、学校间的不均衡。一般而言，经济较发达地区的重点中小学图书馆都有较为丰富的馆藏资源，一些省市级示范性中小学图书馆已运用现代化信息系统进行日常采购、编目、典藏、流通管理。但在一些乡村地区，特别是偏远山村，中小学图书馆建设受经费、人员等因素影响较大。很多地区的中小学图书馆馆舍面积严重不足，甚至只设有一间图书室，图书借阅、流通也采用传统的手工记录方式，严重限制了学生们的阅读和学习。

第二节　中小学图书馆主管机构与行业组织

一、中小学图书馆主管机构

（一）行政主管机构

中小学图书馆作为中小学的构成部门，受所属学校的上级主管部门领导，其最高主管机构为各省、自治区、直辖市教育厅（教委），计划单列市教育局，新疆生产建设兵团教委。教育行政部门负责行政区域内图书馆的规划和管理，各级教育管理部门均应设立中小学图书馆工作委员会，负责辖区内中小学图书馆工作的规划、协调、指导和检查等工作。

按照《中小学图书馆（室）规程》（2018）要求，中小学图书馆实行校长领导下的馆长负责制，由一名校级领导分管图书馆工作。有关图书馆工作的重大事项应当听取图书馆馆长意见，最终由校长办公会决定[1]。

（二）业务指导机构

按照《中小学图书馆（室）规程》（2018）要求，县级以上教育行政部门负责行政区域内中小学图书馆的规划和管理工作，指导教育技术装备机构和学校做好图书馆的建设、组织、协调、配备、管理、应用、培训、评估等工作。各系统图书馆除了接受行政隶属关系的管理机构领导以外，也接受行业组织的业务培训、协调和指导。中小学图书馆行业主管机构为所属地区教育主管机构下属的教育技术装备中心。各地区教育技术装备中心负责教育

---

[1]　教育部关于印发《中小学图书馆（室）规程》的通知［EB/OL］.［2018-05-31］. http://www.moe.gov.cn/srcsite/A06/jcys_jyzb/201806/t20180607_338712.html.

系统教学装备集中采购的具体实施工作，承担区域内各类基础教育学校的实验室建设和教育仪器、电教器材、文化设施、图书资料、教具的标准拟定工作，并负责基础教育装备的管理使用、推广应用的相关培训工作。

在教育技术装备中心统筹下，各地区普遍开展中小学图书馆（室）标准化建设。结合《关于加强新时期中小学图书馆建设与应用工作的意见》的要求，应将中小学图书馆建设为设施齐全、功能完备、运转顺畅、服务便捷、使用高效的育人阵地和重要课堂①。中小学图书馆（室）标准化建设工作是科学配置教育教学资源的必然要求，是缩小城乡之间、地区之间、学校之间的教育差距，促进教育均衡发展的有效途径。

（三）行业指导机构

中小学图书馆业务的开展受各级教育学会下属的中小学图书馆专业委员会指导。各级中小学图书馆专业委员会在党的教育方针领导下，依托教育学会力量，全面、有效发动所辖地区中小学图书馆，积极开展学术研究和交流活动，进一步提高中小学图书馆的科学管理水平和图书馆员业务、科研能力。各中小学图书馆在图书馆专业委员会协调部署下，统一开展馆际活动，优化资源配置，促进资源共享。

我国广东省、福建省、江苏省、河北省、广西壮族自治区、上海市等省、自治区、直辖市教育厅根据教育部要求，明确中小学图书馆建设职能，正式成立了省、自治区、直辖市教育学会领导下的中小学图书馆专业委员会。目前，各省、自治区、直辖市教育学会中小学图书馆委员会在教育部门领导下，通过开展优秀阅读指导课评选、最美中小学图书馆创建等活动，积极开展工作，切实推进了中小学图书馆事业的发展。

二、中小学图书馆行业组织

（一）中国图书馆学会中小学图书馆分会

中国图书馆学会中小学图书馆分会作为中国图书馆学会的分支机构，成

---

① 　关于加强新时期中小学图书馆建设与应用工作的意见［EB/OL］．［2015-05-20］．https://www.xyx.gov.cn/Content-1304436.html.

立于 1991 年 6 月，是一个旨在推进中小学图书馆领域内的事业发展而专门成立的从事中小学图书馆业务活动的机构。中小学图书馆分会的业务主管单位为教育部教育装备研究与发展中心。

中小学图书馆分会在全国范围内负责组织开展中小学图书馆的理论研究和国内外学术交流活动，主持编辑有关中小学图书馆的各种文献信息资料并举办读书活动，开展对分会会员及广大中小学图书馆工作人员的继续教育和培训等工作。

近年来，中小学图书馆分会连续举办了全国中小学阅读指导课优秀课评比活动、全国中小学云图书馆助推 OTO 阅读高峰论坛、"中小学图书馆榜样人物"和"最美校园书屋"评选活动、全国中小学图书馆工作者研修班、"我听·我读——全国少儿读者朗诵大赛"等。

2015 年中国图书馆学会中小学图书馆分会年会中，福建省泉州市城东中学图书馆等 31 所中小学图书馆获评首届"最美校园书屋"。此后，2016 年西北师范大学附属中学图书馆等 54 所中小学图书馆，2017 年青岛第十六中学图书馆等 49 所中小学图书馆，2018 年北京一零一中学图书馆等 53 所中小学图书馆先后被评为"最美校园书屋"。但 2019 年起，中国图书馆学会不再进行"最美校园书屋"评选。2020 年 4 月，中小学图书馆分会积极应对新冠疫情，借助信息化优势，主办了中小学图书馆环境建设系列讲座，从图书馆生态体验、声学元素运用、阅读空间建设、疫后图书馆服务等方向进行创新服务。2021 年中国图书馆学会中小学图书馆分会年会中，山西省实验中学、上海市晋元中学等 21 所学校的图书馆获得"百年老校优美图书馆"称号，北京市密云区第二中学、天津市耀华中学等 42 所学校的图书馆获得"现代创新校园图书馆"称号。

（二）中国图书馆学会未成年人图书馆分会

中国图书馆学会未成年人图书馆分会作为中国图书馆学会的分支机构，成立于 2016 年 4 月，对中国图书馆学会的事业内涵和工作内容进行了扩展和丰富。未成年人图书馆分会是为了推进未成年人图书馆事业的发展，从而专门成立的从事未成年人图书馆业务活动的机构。未成年人图书馆分会的业务主管单位是天津市少年儿童图书馆，下辖 10 个内设委员会。由于中小学生几乎是未成年人，因此中小学图书馆的相关工作多与未成年人分会的业务内容相关。

在近年来的中国图书馆学会年会中，2012 年第 12 学术分会场主题"撒播阅读种子　守望少儿幸福"、2013 年第 16 学术分会场主题"书香伴我成长——关爱流动、留守儿童"、2014 年第 15 学术分会场主题"阅读滋润童心"、2015 年第 4 学术分会场主题"脑力激荡——少儿阅读推广中若干问题的是与非"、2016 年第 15 学术分会场主题"图书馆＋环境下少儿阅读推广的创新与变革"、2018 年分会场主题"专业·分享·示范：儿童阅读推广馆员的力道与才华"等均与未成年人阅读相关。

中国图书馆学会高度重视图书馆未成年人服务板块，于 2012 年开始专设机构研究、指导、帮助图书馆开展未成年人服务，在全国范围内实施"全国图书馆未成年人服务提升计划"。2013 年，创设全国图书馆未成年人服务论坛，邀请全国各地来自少儿图书馆和中小学图书馆的代表参加，提升了全国图书馆界的未成年人服务水平，促进了孩子们在阅读中健康成长。

（三）中国教育装备行业协会学校图书装备分会

中国教育装备行业协会成立于 1986 年，接受登记管理机关民政部和业务主管单位教育部的监督管理和指导。

中国教育装备行业协会学校图书装备分会是经教育部同意，在民政部登记注册的中国教育装备行业协会的分支机构，负责全国中小学图书馆装备的调研、协调、培训和业务指导，为教育部相关决策提供信息支持服务。该分会是由从事教育图书音像读物和数字化资源的研究、出版、发行及装备工作的专业团体和个人自愿组成的群众性、学术性社会团体，是政府联系广大教育图书装备工作者的纽带，是图书装备行业与广大中小学之间的桥梁。

在中国教育装备行业协会学校图书装备分会引领下，教育部、宣传部高度重视中小学图书馆建设的有关政策和举措，紧紧围绕中小学图书馆规范化、科学化、现代化的目标，按年度编制和推行了《全国中小学图书馆（室）推荐书目》。2018 年 8 月，中国教育装备行业协会学校图书装备分会主办的"中小学图书装备形势研讨及项目发布会"以"融合大发展，好书进校园"为主题，探讨了全国中小学图书馆装备工作的成绩与问题，为做好新时期中小学图书装备工作明确了方向、任务和办法。

（四）图书馆联盟

图书馆联盟（library consortia）作为图书馆联合的一种形式，是基于实现资源共享、交流合作，接受共同认定的合约而形成的图书馆联合体。"互联网+"形势下，图书馆联盟中的成员通过馆际合作，将传统图书馆与数字图书馆结合，实现纸质资源和数字资源的互补共存。

在我国，各地中小学图书馆联盟也在逐步建立。2012年12月18日，大连教育学院召开了"大连市中小学图书馆联盟成立大会"。以大连教育学院图书馆为中心馆，联合了大连市第二十四中学、大连市第三十六中学、大连市第四十八中学、大连市解放小学、大连市第三十四中学、大连市五四路小学、大连市格致中学、大连第七十九中学、大连市育文中学、大连市实验小学共计10所中小学，成立了东北地区首个中小学图书馆联盟。大连市中小学图书馆联盟旨在通过统一的规则，搭建成员馆之间的沟通平台，充分发挥大连教育学院图书馆的资源优势，免费为成员馆提供业务指导、技能培训等素质提升项目，实现成员馆之间的一证通用、资源共享、协调采购和参考咨询等。

随着移动互联网技术的发展，传统阅读方式已经无法满足全民阅读时代人们的需求，数字化阅读正搭乘着"互联网+"的东风，打破纸质阅读的藩篱，渗透进人们的生活。2017年10月27日，我国首个全国性质的中小学云图书馆地区联盟在温州市龙湾区第一小学成立。首个中小学云图书馆地区联盟共由温州、金华、台州、酒泉、石家庄、厦门、苏州、呼和浩特、唐山、太原、福鼎等11个地区的会员单位组成。

2015年11月19日，为全面落实中央《京津冀协同发展规划纲要》和《京津冀三地文化领域协同发展战略框架协议》，首都图书馆、天津图书馆、河北省图书馆签署合作协议，正式成立了京津冀图书馆联盟。2018年6月2日，京津冀图书馆联盟工作会议讨论通过了吸纳天津市少年儿童图书馆加入京津冀图书馆联盟，于2018年12月举办了"京津冀三地少年儿童图书馆、中小学图书馆学术暨工作研讨会"。

京津冀三地教育装备部门分别于 2017 年、2019 年在河北省唐山市召开"京津冀中小学图书馆建设、合作与发展论坛",三地中小学图书馆从业者共同探讨中小学图书馆建设、合作与发展。受新冠疫情影响,2020 年该论坛转变活动方式,充分利用大数据、云技术在中小学图书馆工作中的优势,采取线上培训方式,邀请中小学图书馆领域专家对京津冀中小学图书馆工作负责人、馆员,就疫情时期中小学图书馆信息化建设、馆员的信息素养、读者工作、学科馆藏建设等情况开展了两期"双基"培训。

2019 年 3 月,为了在天津市推动 2018 年版《中小学图书馆(室)规程》的落实和中学生阅读推广活动的开展,天津市实验中学、天津市耀华中学、天津市南开中学、天津市第一中学、天津中学、天津市耀华中学滨海学校共同成立"津六校悦读联盟",联合开展 2019 年读书节活动和其他校园读书活动。在 2019 年世界读书日前后,"津六校悦读联盟"通过组织好书分享活动、"寻找最美阅读风景"摄影大赛、朗读者比赛、汉字听写大赛、"中国知网知识发现答题赛"等活动,有效发挥天津六校阅读推广品牌的辐射作用。

2020 年 4 月,京津冀三地部分中小学图书馆馆员积极应对新冠疫情带来的影响,打破传统校园读书节的空间局限,充分利用信息技术优势带来的服务转型契机,将文献资源服务拓展到信息化背景下的阅读推广服务。在"停课不停学"的背景下主动作为,做到了"停课不停服务"。其中,北京、天津两市内共 6 所学校共同组织开展了基于线上互动的"人书奇缘"阅读推广活动。同学们通过与书籍"创意同框"的形式,或分享自己和书籍的创意瞬间,或利用书籍等摆出创意造型,或展示、推荐自己的藏书,也有同学通过活动找到了有同样阅读兴趣的"书友"。最终,活动共征集创意作品 300 余份,通过各校图书馆的微信公众号等社交媒体进行传播,实现了中学生阅读推广"云互动",在京津冀一体化的时代背景下,探索出普适性较强的区域和校际联合阅读推广模式。

第三节 中小学图书馆协作协调

一、中小学内部资源协调

（一）与德育处、教学处协作，保证活动开展

阅读的目的是增长知识、扩大视野、学会学习、培养阅读能力和养成阅读习惯，中小学图书馆是中小学读者实现阅读目的最便利的场所。教育部、文化部、国家新闻出版广电总局印发的《关于加强新时期中小学图书馆建设与应用工作的意见》指出，中小学图书馆不能囿于传统的为学生服务，还应是广大学生、教师获取信息资源不可或缺的重要途径，是落实立德树人根本任务、全面深化课程改革的重要阵地。强调要充分发挥图书馆对于保障教学、服务教学、改善教学，促进教师专业成长发展具有的重要作用。德育处和教学处是中小学中连接学生和教师的两个关键处室，中小学图书馆应利用建设书香校园的契机，联合德育处组织学生、联合教学处组织教师，充分培养师生的阅读习惯。

中小学图书馆可以与学校德育处合作，开展丰富多彩的读书活动。如可以通过组织读书活动、开展阅读讲座等方式，促进校园阅读氛围的营造和学生阅读习惯的养成。

中小学图书馆可以与学校教学处合作，把阅读能力培养与学科教学深度融合起来，让学科阅读成为常态。中小学图书馆应在校园内普及阅读不是独立于学科课程之外的观念，使师生读者明白，阅读不仅是语文课的延伸，而且是学习每一门学科必不可少的过程。教学处要在课程设计中要求，学科教学要利用一定课时，培养学生搜集、整理、分析和选择信息资源的能力，提高学生信息素养。

中小学校的德育处与教学处更应横向联合，打破处室壁垒，共同拓展图书馆使用功能。如利用图书馆举办学术讲座，展示师生作品，组织开展书香校园创建活动，结合校园文化，开展经常性的主题读书活动，传播社会主义

核心价值观，培养学生的阅读兴趣、阅读习惯，发挥好引领、辐射和带动作用。同时应组织力量积极开展针对中小学图书馆的理论与实践研究，加强科研引领。

（二）与学科教师协作，贯穿全过程知识教育

《关于加强新时期中小学图书馆建设与应用工作的意见》（教基一〔2015〕2号）提出："中小学图书馆作为服务教育教学、教育科学研究的重要办学条件，是基本实现教育现代化的重要体现，是均衡合理配置教育资源的重要内容，是广大学生、教师获取信息资源不可或缺的重要途径，是落实立德树人根本任务、全面深化课程改革的重要阵地，对于保障教学、服务教学、改善教学，提高学生自主学习能力和终身学习能力，促进教师专业成长和学生全面发展具有重要作用。"[1] 该文件要求中小学图书馆充分发挥育人作用，要围绕深化课程改革目标任务，推进图书馆与学科教学有效结合、深度融合。提升学科教师对图书馆的认识，倡导学科教师自觉利用图书馆改善教育教学，开展教育科研活动，推出一批优秀教学案例和先进教师典型。

中小学学科教师可通过推行"中小学图书馆＋课堂教学"模式，应用图书馆功能以改善课堂教学效果。学科教师可以根据学生心理、学习能力，结合教学进度、学科特征和馆藏资源列出参考书目，组织学生通过阅读达到预习效果。学科教师还可以将部分实践类课程转移至图书馆授课，把图书馆作为课堂的延伸，指导学生在图书馆内有针对性地选择图书、影像资料、网络资源，将图书馆、创客空间、实践教学结合起来。学科教师也可推进图书馆与学科教学深度融合，例如将图书馆阅读指导渗透至学科教学活动的过程中，形成新的教学资源。中小学图书馆人员可通过指导学生利用教学资源，全面提高教学质量，提升课堂效率。

中小学图书馆也应加强对学科教师专业能力培养的支持，可采取"图书馆＋教研"的模式，利用图书馆丰富的文献资源优势，倡导学科教师对图书馆充分利用。同时，图书馆还可为学科教师的集体备课、教研活动提供场

---

① 关于加强新时期中小学图书馆建设与应用工作的意见［EB/OL］.［2019-11-03］. https://www.xyx.gov.cn/Content-1304436.html.

地。学科教师在指导学生阅读的同时，与学生同读一本书，同议一个教学内容，既可分析学生可能碰到的问题，研究学生阅读的广度和深度，还可探究新的教法，提高课堂驾驭能力。

（三）与信息部门协作，加强信息资源建设

《国家中长期教育改革和发展规划纲要（2010—2020 年）》（以下简称"纲要"）总结了改革开放以来我国进行社会主义现代化建设总体战略的经验，确定了这十年内我国要基本实现教育现代化的总体目标。《纲要》的第十九章"加快教育信息化进程"中提出："加强优质教育资源开发与应用。加强网络教学资源体系建设。引进国际优质数字化教学资源。开发网络学习课程。建立数字图书馆和虚拟实验室。建立开放灵活的教育资源公共服务平台，促进优质教育资源普及共享""鼓励学生利用信息手段主动学习、自主学习，增强运用信息技术分析解决问题能力"。《关于加强新时期中小学图书馆建设与应用工作的意见》（教基一〔2015〕2 号）要求："各地要将中小学图书馆信息化建设纳入区域和中小学信息化建设整体规划，创造条件积极推进中小学数字图书馆及配套阅览条件建设。要充分发挥教育主干网、城域网、校园网的作用，以县级网络中心为依托推进数字图书馆和信息资源中心建设，辐射县域内学校。逐步建立起县级、地市级、省级中小学数字图书馆网络体系，为中小学图书馆、公共图书馆馆际数字资源共享搭建教育资源公共服务平台""要逐步实现中小学图书馆管理信息化和服务形式网络化，探索动态实现区域内中小学图书馆纸质图书、报刊的联合采编、公共检索、馆际互借等功能。"[①] 当下，互联网已成为人们获取信息资源的重要渠道，数字资源无时不有、无处不在，正在改变人们的阅读方式和习惯。中小学图书馆的信息资源建设离不开校内信息部门、技术部门的业务配合。特别是在当前这个网络化、信息化的时代，中小学图书馆除了典藏常规的纸质文献外，对数字资源的典藏、利用更是工作的重心。中小学图书馆在丰富数字馆藏资源方面，除了采用传统方式购买数字馆藏外，还应注意对本校多媒体教学资源

---

① 关于加强新时期中小学图书馆建设与应用工作的意见［EB/OL］.［2019-11-03］. https://www.xyx.gov.cn/Content-1304436.html.

的典藏和利用，甚至可以制作本校教学资源数据库，为传承和发展本校的教学传统、教学特色作出贡献。中小学图书馆应积极参与学校教育教学改革，利用自身作为学校知识中心的优势，积极开发建设具有校本特色的数字化教育资源，与信息部门共建、共享数字化教育平台。针对中小学生读者日益浓厚的数字阅读兴趣，中小学图书馆要加强与信息部门的协作，保证馆内数字资源的利用。为方便不同阅读偏好、不同阅读心理的读者更好地利用图书馆数字资源，中小学图书馆应注意增加典藏数字资源形式的多样性，同时也应注意为读者的检索提供便利。

二、中小学外部资源协调

（一）加强与公共图书馆合作

由于中小学图书馆读者与少年儿童图书馆（或公共图书馆的少年儿童阅读部）读者有大部分重合，仅不包括学龄前儿童，因此这两种性质的图书馆均为未成年人教育的场所。文化部 2010 年第 42 号文件《关于进一步加强少年儿童图书馆建设工作的意见》中指出："少年儿童图书馆作为未成年人社会教育的重要基地，是少年儿童课外阅读和自学的主要场所，对学校教育起着补充、延伸、深化的作用"[①]。由此可见，中小学图书馆与少年儿童图书馆加强联系，为中小学读者提供课内外服务十分重要。

在目前的图书馆管理体系中，中小学图书馆由教育部门主管，少年儿童图书馆由文化部门主管，两者分属两个系统。两者大多数以读者为桥梁进行联系，目前的合作还处于较浅层次。

中小学图书馆要突破传统思维，主动加强与公共图书馆合作，借助少年儿童图书馆力量，充分挖掘双方优势和需求，以服务对象为纽带，推进馆校共建、资源共享。当前中小学图书馆与公共图书馆进行共建最普遍的办法是在中小学图书馆内建设流通点、服务点，通过公共图书馆为中小学读者集体办证、集体借阅等方式开展合作。在政府主导的资源共建方面，杭州少年儿

---

① 文化部关于进一步加强少年儿童图书馆建设工作的意见［EB/OL］.［2010-12-14］.https://www.gov.cn/zwgk/2010-12/14/content_1765361.htm.

童图书馆开展的"公共图书馆数字资源覆盖中小学校"和深圳少年儿童图书馆开展的"常春藤计划",均由政府倡导和支持,并通过各个部门联合保障,是中小学图书馆与公共图书馆高站位、全方面、深层次的合作交流案例。同时,中小学图书馆人员可以参与公共图书馆举办的业务和科研培训,提升自身理论素养和专业能力。另外,两者要积极利用行业协会的作用,在中国图书馆学会中小学图书馆分会、未成年人图书馆服务专业委员会、青少年阅读委员会的组织协调下,开展中小学读者服务项目,例如"全国图书馆未成年人服务计划""全国少年儿童阅读年"系列活动等,提升中小学图书馆服务的整体水平。

在国家图书馆 2019 年世界读书日系列活动中,国家图书馆号召全国各级各类图书馆同时开展结合当地实情、具备当地特色的"同城共读"活动。以天津市为例,天津市南开中学、天津市第一中学、天津市耀华中学、天津市实验中学、天津中学等学校图书馆积极参与,为国家图书馆"同城共读"活动发挥了天津力量。

深圳少年儿童图书馆的"常春藤计划"也是中小学图书馆参与公共文化资源和教育资源整合的实践之一。"常春藤计划"以学校和公共图书馆资源的通借通还为基础,开展阅读推广人培训,积极探索中小学生阅读服务专业性提升的长效发展机制,是构建深圳市中小学生图书文献资源"四平台一体系"的重要探索。

(二)培养学生志愿者

随着公民责任意识的发展,学生志愿者正在成为补充中小学图书馆管理人员的重要力量。中小学生图书馆志愿者具有服务对象和兼职管理者的双重身份,这使他们既可以在工作中培养乐于助人、默默奉献的"义工"精神,又可以从管理者视角更好认识和有效利用图书馆。通过这一经历,中小学图书馆志愿者可以在价值观形成的关键时期全面、理性地认识图书馆,从而成为图书馆事业的人才储备。

关于对学生志愿者的选拔,中小学主要采取学生自行申报、班主任推荐和图书馆选拔后培训上岗的方式。中小学图书馆志愿者主要进行三种形式的服务:一是馆内日常维护工作,包括清理图书、帮助读者寻找书目、向读者推荐书目、图书上架排架、清理卫生等工作；二是组织交流工作，包括组织图书馆讲座、读书会、论坛，举办展览等工作；三是网络宣传工作，包括运营图书馆微博、微信公众号，协助馆员制作供网络宣传的文字、图片内容等。

另外，中小学图书馆也要组织学生志愿者积极投身公共图书馆的志愿服务，让志愿者团队参与到其他图书馆的服务、组织中去。天津市南开中学学生志愿服务团队多利用周末、寒暑假时间，自行组织到天津图书馆、天津市少年儿童图书馆借阅部服务。学生志愿者在服务他人的同时也提升了自身的人际交往能力。

（三）整合社会组织资源

中小学图书馆作为教育部门主管的中小学生文化服务机构，应积极消除行业壁垒，与政府设置的其他公益性文化服务机构合作，整合社会资源，加强与宣传部门、文化部门、关心下一代工作委员会、博物馆、美术馆、科技馆等政府下设单位的联系。

中小学图书馆可以从承办政府部门组织的各类有关中小学生德育教育的活动入手，通过加强学生读者的思想品德教育和爱国主义教育，利用承办"传统文化进校园""红领巾读书活动"等机会，加强与社会各界的联系。例如，天津市第二十五中学图书馆、天津市崇化中学图书馆积极组织学生参加京津冀图书馆联盟组织的"守望青春——我与图书馆的故事"活动，天津市少年儿童图书馆举办的"新时代少年朗读者——京津冀百校学生朗诵大赛"也吸引了天津市百余所中小学读者参加。天津市南开区图书馆还与区域内各中小学图书馆合作，开展由区图书馆主办、各中小学图书馆承办的"习近平新时代中国特色社会主义思想大宣讲南开文化大讲堂"系列公益性讲座活动。

中小学图书馆还可与博物馆、美术馆、科技馆等公共文化机构的合作，通过双方场地、设备、人员等资源共享，为青少年读者提供更多的参与空间与服务方式。天津博物馆宣教部组织"天博进课堂"活动，在天津市各中小学建设合作基地。天津博物馆工作人员发挥其专业特长，采取人员输出模式，派工作人员到中小学图书馆开设专题文化讲座，采用现场授课和直播教学等方式，对学生进行文物知识普及和讲解，组织学生读者制作钥匙扣、藏书票等。此举既陶冶了学生的情操，也让学生感受到了多种阅读推广活动带来的乐趣。

第四节　中小学图书馆国内外交流

一、中小学图书馆国内外交流概况

（一）中小学图书馆国内交流

我国的藏书机构从古代的官府藏书、书院藏书、私家藏书和寺观藏书逐步转变为具备图书情报学理念的现代图书馆。在国际交流日趋增强和我国社会主义文化大发展大繁荣的今天，图书馆对外交流在文化外交中发挥着积极的作用，为提升我国文化自信贡献了重要的力量。

在中小学图书馆国内交流中，比较成体系规模的，是与中国台湾地区少儿图书馆、中小学图书馆事业的交流活动[①]。1995 年 8 月，天津市少年儿童图书馆联合中国台湾世界华文儿童文学资料馆，在北京、上海、武汉、重庆、沈阳、大连等地举办首届"两岸儿童与中小学图书馆学术研讨会"。在此次会议中，双方就少儿、中小学图书馆事业在大陆和台湾的发展现状进行讨论，并研究了少年儿童图书馆、中小学图书馆的相关理论及实践问题。台湾地区的参会者还专门参观了天津市岳阳道小学图书馆。此后，两岸共举办了 7 届"海峡两岸儿童与中小学图书馆学术研讨会"。在 2008 年 8 月举办的最后一届研讨会中，两地图书馆界、教育界近百名代表出席。会议就如何加快发展现代化少年儿童图书馆事业进行研讨。双方就如何抓好未成年人的思想教育工作，从图书馆界角度探索出了相关模式和路径。

（二）中小学图书馆国际交流

自 1981 年我国恢复了在国际图联的合法席位开始，在国家加强文化治

---

① 霍瑞娟.国家文化治理环境下中国图书馆学会发展研究［M］.北京:社会科学文献出版社,2018:344.

理的大背景下，中国图书馆学会将其第五项职能明确为：图书馆对外合作与文化交流中心。我国同国际图书馆界的合作交流日趋加深。随着我国综合国力的提升，图书馆事业取得了长足的发展，中小学图书馆的国际交流也逐步从向西方国家学习阶段转入相互调研、借鉴阶段。

目前，我国中小学图书馆参与国际交流活动较少，这与中小学图书馆的管理体制和职能定位息息相关。小学图书馆的国际交流活动主要通过校友捐赠图书、开办讲座来实现。近年来，"真人图书馆"在中小学图书馆工作中得到了较大发展。2014 年 9 月，珠海市第三中学图书馆通过与由全球高校学生独立运营的非营利性组织国际经济商学学生联合会（AIESEC）中山大学分会联合举办两场真人图书分享活动，邀请来自英国、柬埔寨、俄罗斯、印度尼西亚、日本、葡萄牙、马来西亚以及罗马尼亚 8 个国家的志愿者参加的主题为关爱和支持孤独症患儿的志愿项目，将外国志愿者的志愿活动经历转化为 8 本"真人图书"，供珠海市第三中学图书馆读者"借阅"。这也成为中小学图书馆开展国际交流合作的另一种方式。

二、中小学图书馆开展国内外的交流途径

（一）加强与相关学会交往

中小学图书馆馆员应积极向国际、国内相关学会、协会靠拢，加强对国内外图书馆界的政策、规范和工作机制的学习，汲取先进理论和实践经验。我国中小学图书馆界应通过与国外学术组织开展合作研究，搭建世界范围的中小学图书馆专业人才知识培训体系，借鉴国际图书馆学和广义社会科学的背景，培养出更多具有国际视野、符合中国中小学发展特色的优秀中小学图书馆从业者。

（二）依托国际图联平台

中小学图书馆应着眼于世界，依托国际图联的平台，积极派人参加国际图联大会等学术交流活动，招募国外知名中小学图书馆学家来我国讲学。同时鼓励我国优秀中小学图书馆人员积极参加国际图联相关职务的竞选，深入国际图联中小学专业组的事务管理中，增强我国中小学图书馆界的国际话语权。

2019 年 4 月，中山大学主办"未成年人阅读、学习与赋能国际研讨会：面向合作的专业化与标准化 ISC2019"。来自国际图联标准委员会、国际图联学校图书馆专业委员会等国际重要专业组织的主席以及国际标准的执笔人在研讨会上进行相关国际标准的解读和研讨。其中，广东省广雅中学图书馆在研讨会上分享了中小学图书馆的实践经验，广州大学附属中学图书馆、佛山市第六中学图书馆、天津市南开中学图书馆、天津市耀华中学图书馆通过海报方式分享了阅读推广实践经验。

2022 年，我国北京大学附属小学图书馆"点亮图书馆"项目荣获国际图联 2022 年国际营销奖（IFLA PressReader International Marketing Award）第二名。这是我国第一个获此殊荣的中小学图书馆，也是全球中小学图书馆项目第一次入围国际营销类前三名。

（三）与国外、我国港澳台地区图书馆建立友好关系，建立馆员互访机制

随着中国经济的发展和国际交往的日益频繁，世界各国对汉语学习的需求急剧增长。截至 2018 年 12 月 31 日，我国在借鉴英、法、德、西等国推广本民族语言经验的基础上，共建立孔子学院 110 所，孔子课堂 501 所。中小学图书馆应积极借助孔子学院的力量，尝试将中小学图书馆人员派至孔子学院中，扩大中小学图书馆的国际影响。

中小学图书馆应依托中国图书馆学会力量，商讨恢复开展"海峡两岸儿童与中小学图书馆学术研讨会"相关活动，以推动我国中小学图书馆发展大业。此外，还应加强与其他国家的中小学图书馆之间的联系，增加图书馆员互访次数，提升互访级别，建立符合双方图书馆发展的、落实性强的互访机制。图书馆间应合作开展国际中小学图书馆理论与实践的研究，互通有无，积极向优秀中小学图书馆学习，弥补图书馆发展中的缺陷，从行动上落实海峡两岸中小学图书馆国际交流机制。

2019 年 7 月，第八届世界华语学校图书馆论坛在台北举行。世界华语学校图书馆联盟是 2010 年 12 月由江苏省图书馆学会中小学专业委员会、台湾学校图书馆馆员学会、香港学校图书馆主任协会、澳门图书馆暨信息管理协会及马来西亚多元文教交流会等中小学图书馆学术团体发起组成的一个跨地区、跨国界的民间团体联盟，其目的在于推动世界华语学校图书馆业务互

动交流，参与国际学校图书馆事务。目前的联盟成员有：江苏省图书馆学会中小学专业委员会、台湾学校图书馆馆员学会、香港学校图书馆主任协会、澳门图书馆暨信息管理协会、马来西亚多元文教交流会、福建省读书援助协会、山西省教育技术装备中心、香港陈一心家族基金会、宁波市阅读学会、南宁市图书馆学会、《阅读·梦飞翔》文化关怀慈善基金会共 11 个团体。该论坛创始时，论坛每两年举办一次，2012 年改为视需要每年举办一次，由上述 11 个团体轮流举办。截至 2023 年，论坛共开办十届（详见表 8-1）。

表 8-1　世界华语学校图书馆论坛开办情况

届别	时间	地点	主题
第一届	2008 年 12 月	江苏常州	图书馆——中小学教育教学咨询的不竭源泉
第二届	2010 年 12 月	台湾南投	无
第三届	2012 年 7 月	山西太原	阅读是学习的基础，创新是改变的结果，分享是付出的开始，服务是人生的到达
第四届	2013 年 8 月	福建福州	努力把图书馆打造成中小学的课程资源中心、校园文化中心、知识学习中心
第五届	2014 年 7 月	香港	学校图书馆在 M 世代的教育角色
第六届	2015 年 7 月	澳门	"学校图书馆如何协助自主学习""学校图书馆和教学的结合""学校图书馆与探究式教学""PISA 教学与阅读"四个方向
第七届	2017 年 7 月	湖南长沙	二十一世纪学习——融合学科的当代图书馆教育
第八届	2019 年 7 月	台湾台北	素养教育导向下的学校图书馆发展
第九届	2021 年 7 月	香港	数码时代图书馆动态及知识交流
第十届	2023 年 7 月	澳门	阅读推广发展

第五节　中小学图书馆发展趋势与新的使命

一、中小学图书馆发展趋势

（一）结合时代背景，开展阅读推广

如何通过有效的阅读推广活动让中小学生喜爱阅读、养成阅读兴趣是当下值得重点探讨的问题。中小学生阅读推广，是在中小学图书馆组织下，通过活动化服务引导学生投入阅读的新型服务形式。由于中小学生阅读存在较大差异，不仅中学生与小学生的阅读习惯、阅读偏好存在差异，甚至小学生中低年级与高年级学生的阅读行为也不尽相同。由于受生理、心理成长过程的影响，中小学生兴趣、性格多样，因此，如何通过多样化的阅读服务满足中小学生的不同阅读需求，并引导他们成长为具备健康人格的合格公民，应成为当前中小学图书馆关注的重点。建议中小学图书馆开展以下几类阅读推广活动：

1. 推荐书目类阅读推广

书目推荐是图书馆阅读推广服务的重要模式。中小学图书馆通过馆内空间、馆设网站、QQ、微博、微信公众号等途径发布图书馆员筛选过的适合中小学生阅读的书目、摘要，这是中小学图书馆常用的新书推荐方式。由于中小学生课业负担较重，且囿于年龄、阅历，自身对读物的鉴别能力存在天然劣势，对"读什么""怎么读"具有一定盲目性，因此中小学图书馆书目推荐服务直接决定着中小学图书馆的服务质量。中小学图书馆人员选择合适的书目进行新书推荐并辅以适当的导读服务，是中小学图书馆阅读推广活动至关重要的组成部分。中小学图书馆人员可以根据自身多年从事儿童阅读服务的优势，通过推荐书目类阅读推广引导中小学生学会阅读、爱上阅读。中小学图书馆人员也可在阅读推广服务中积累经验，总结中小学生喜爱的读物从而有的放矢地扩充馆藏，提升馆内文献利用率。

在图书馆空间中摆放并宣传推荐书目是中小学图书馆阅读推广最普遍的

途径，几乎所有的中小学图书馆都会利用图书馆墙面、宣传窗、宣传栏推荐书目。以天津市第二十五中学图书馆为例，在图书馆公共空间的墙上，错落有致地贴满新书推荐信息及图书导读内容，让学生读者可以清楚地了解图书内容，从而方便他们检索到适合书目。天津市实验中学图书馆利用独立空间，在进馆一楼大厅的宣传区域布置了醒目的期刊推荐区，使学生读者可以便捷地选择感兴趣的读物，有效提升了期刊利用率。

随着互联网技术的普及，移动终端逐渐成为读者接收信息的主要途径。各中小学图书馆也纷纷注意到学生阅读习惯的改变，开始通过微博或微信公众号为读者推荐书目。珠海市第三中学图书馆开通"珠海三中图书馆"微博，通过微博发布到馆新书推荐信息，受到学生读者的支持和喜爱。澳门利玛窦中学图书馆通过微信公众号"图书馆买什么由您来决定"栏目，向学生读者征集书目。北京一零一中学图书馆开通微信官方订阅号，为同学和老师提供图书馆动态和书籍信息推广、查询。

2. 阅读分享类阅读推广

在中小学图书馆，分享类阅读推广活动主要包括读书会、真人图书馆、图书交流等活动。儿童阅读推广理论认为，在阅读过程中加入与同龄人的探讨环节，可以加深儿童读者对读物的理解和认知，提高儿童阅读积极性，有效提升儿童读者的交往水平，对丰富、完善儿童人格有积极作用。而这类阅读分享活动具有消耗资金少、活动易于开展、无须特别训练、场馆需求低、活动效果好等特点，往往是中小学图书馆最乐于进行的阅读推广活动。

读书会作为传统的分享类阅读推广模式，由于易组织、效果好，是中小学图书馆广泛开展的活动之一。中小学图书馆读者有明显的年龄分布特征，其阅读能力、语言表达水平往往呈现分级特点，因此在中小学图书馆开展读书会活动具有天然优势。如天津市第一中学通过开展"文化之旅"活动，组织学生与文学专家共读《红楼梦》，同学们积极分享阅读体会，感受阅读带来的乐趣。

3. 文化讲座类阅读推广

近年来，中小学图书馆开始注重承担社会教育职能，通过举办各种类型的讲座进行阅读推广活动。中小学图书馆讲座的对象为中小学读者，讲座信息量大、交流及时、普及面广，受到了中小学教师、图书馆员和中小学生的认同和喜爱。以天津市为例，天津市通过开展社科界千名学者服务基层、习近平新时代中国特色社会主义思想大宣讲活动，由区级图书馆主办，各中小学图书馆承办，开展了一系列适合中小学生的文化下基层讲座活动。

4. 诵读、表演类阅读推广

中小学图书馆的诵读类阅读推广，形式已经逐渐由馆员诵读书籍故事为主转变为馆员组织，学生参与的活动。由于诵读类活动读者参与性强、互动效果好，因此得到了馆员、读者的喜爱，但同时也对图书馆员的专业化水平和活动策划能力提出了更高的要求。天津市第一中学在每年3月至5月，都会开展以"阅读经典名著，品味善学人生"为主题的读书节系列活动，学生通过班级朗诵等表演形式，将读书感受通过诵读方式表达出来。天津市南开中学也在每年的年终，由德育处、图书馆组织学生举办新年朗诵诗会，以达到"阅读育人"的目标。

5. 展览类阅读推广

由于中小学图书馆能够在课余时间吸引众多读者，同时具备独立举办展览的空间，因此可在中小学图书馆开展展览类阅读推广活动。中小学展览类阅读推广包括对推荐书目、学生工艺品、绘画作品、摄影作品、海报作品等的展示。中小学图书馆可以利用寒暑假时间，举办手工艺品、摄影、海报创作等竞赛，遴选出优质作品开学后在图书馆统一展出。此外，还可开拓多种宣传途径，如在校园网、校园公众号、校园微博、校园刊物上进行展览，以提高学生成就感和自豪感。2018年暑期，天津市南开中学图书馆在学生中开展"书香南开——中学生优秀传统文化阅读进校园"之中学生阅读公益海报和摄影作品征集活动，最终遴选出20余幅学生作品，在校园公众号、校园刊物中进行展出，大力宣传中华优秀传统文化。

（二）开展服务创新，提升服务效能

近年来，中小学图书馆开始重视服务创新，开展丰富多彩的读者活动。新兴的服务模式正在中小学图书馆中蔓延开来，主要包括以下几种：

（1）真人图书馆。真人图书馆活动在中小学图书馆中广泛开展。湖南长沙雅礼中学图书馆近年来坚持开展真人图书馆活动，在2017年"书香长沙"

全民阅读评选中被评为百佳创新案例。雅礼中学图书馆选取在不同领域里取得成就的学生、教师、学者担任真人图书馆主讲人，通过他们的分享，开阔学生眼界，为学生分享读书心得、生活经验、人生感悟。

（2）图书漂流。图书漂流是中小学图书馆举办的读书活动之一。图书漂流起源于二十世纪六七十年代的欧洲，读书人将自己读完的书贴上特定的标签后随意放在公共场所，捡获这本书的人可取走阅读，读完后再将其放回公共场所让下一位爱书人阅读，继续一段漂流书香。2011年，上海市建平中学开始在每个教室设立"图书漂流港"，每班配备120本最新图书，每月"班际漂流"一次，图书处于"流动状态"，送书上门。在教学楼各个楼层设立"开放式图书馆"，放置最新图书5000余册。校园内在有座椅的地方，配备微型图书柜。这样，近10000本图书在校园内"漂流"，同学自由"悦读"，没有了"借书"和"还书"的概念①。天津市南开中学通过学生社团"海棠书艺社"举办图书漂流系列活动，让书籍在历届学生中进行传递。天津市第一中学通过图书馆过期杂志漂流活动，赋予过期杂志新的生命。

（3）嵌入课程的项目化学习。为激发学生阅读兴趣，培养其阅读习惯，提升其阅读水准，让他们感受阅读魅力，上海市建平实验中学语文组创新性地进行了"悦读时光"课程的积极探索。2019年预备年级语文组根据新版部编教材名著导读的要求，在全年级16个班级中展开了《鲁滨逊漂流记》整本书阅读项目化学习。经统筹策划，各班明确分工、认领任务，展开个性化、体验式的全新阅读体验活动②。这种项目化学习将"体验荒岛求生　沉浸经典阅读"嵌入到课程中，从边缘活动进入主流学科，建构立体化学习场域，布置任务型主题阅读，创设开放类生活情境，组织系列性言语实践活动，多维度地培育了学生的核心素养，达到了激发学生学习动力、挖掘教师发展潜力，以及提升学校办学活力和拓展教育多元张力的多方面效果。

（三）优化资源建设，提升图书馆功能

现代图书馆功能必将随着社会文明的进步而发展，中小学图书馆也需要

---

① 张希敏，毛承延.追寻"腹有诗书气自华"的境界［J］.上海教育，2017（22）:8.

② 【课程建设】体验荒岛求生 沉浸经典阅读——上海市建平实验中学预备语文组项目化学习精彩呈现［EB/OL］.［2019-10-30］.https://www.sohu.com/a/320275445_712041.

紧跟时代发展趋势，优化文献资源建设，特别注意在文献数字化、服务自助化、设计现代化、管理科学化等方面拓展思路、深化改革。

目前，"中小学云图书馆""中小学数字图书馆"已被广泛认可，文献的数字化是形成"云图书馆""数字图书馆"的纽带。但在数字图书馆建设中，实现信息资源数字化和信息存取网络化，中小学图书馆须与计算机界、通信界、出版界、法律界积极沟通，共同努力。要理性看待中小学图书馆数字化的趋势，也不能忽视传统的纸质馆藏资源建设。随着信息科技、现代技术的发展，越来越多的中小学图书馆开始购置自助化设备，从自助检索系统、自助复印设备到自助借还书机，中小学图书馆自助化服务日趋完善。中小学图书馆自助化服务人为约束较少，使中小学生充分发挥自身能动性，获得了充分的权利和自由，有助于培养中小学生轻松、愉悦的阅读氛围和学习情感，更易于被中小学生接受。而中小学图书馆自助化服务，对人员的要求反而更高。由于工作人员不能第一时间掌握学生的阅读需求，与读者面对面交流机会也相应变少，这就要求中小学图书馆人员提升主动服务意识与信息整合意识，调动中小学图书馆整体力量，及时关注系统后台读者借阅信息，满足读者需求。

伴随着图书馆事业的现代化进程，中小学图书馆的内外部设计也进入现代化阶段。大多数传统中小学图书馆更加注重纸质文献资源建设，场地也往往与学生教学区域混合且不便于扩展。在当前中小学图书馆功能多样化的时代，图书馆要从设计上具备现代化观念，整合学校资源，加强建筑布局的合理性和内部设施的现代化，同时加大家具设备的个性化设计程度，在规划图书馆建设时要注意参考成功范例，最终建造成设计新颖、功能完备、环境舒适、利用便捷的现代化中小学图书馆。

目前，许多中小学图书馆在结构设置、人员招聘、日常运营方面的管理水平已达到一定高度，但是仍有许多经济落后的偏远地区中小学图书馆存在较大问题。在当前教育公平化的大背景下，基础设施薄弱的中小学图书馆要善于利用办学硬件水平标准化建设等机会，加大对基础设施的投入。中小学图书馆人员应积极参加行业培训，提高自己的业务水平，在工作中积极思考，努力成为专家型图书馆员。

（四）加强继续教育，提高馆员素质

《中小学图书馆（室）规程》（教基〔2018〕5号）要求，图书馆管理人员应当定期参加教育行政部门或专业学术团体组织的专业培训，并将这类培训纳入继续教育学分管理。支持图书馆管理人员参加专业学术团体。当前，中小学图书馆人员必须掌握现代信息服务技能，把握教育教学动态，主动利用专业知识和资源优势配合教师课堂教学，对学生进行有效阅读辅导，开展丰富多彩的读书活动，培养学生信息素养，尽快完成自身角色的转变与业务的提升。

《关于加强新时期中小学图书馆建设与应用工作的意见》（教基一〔2015〕2号）中明确提出："不断提高图书馆专业人员比例。通过多种方式吸纳优秀人才进入中小学图书馆管理人员队伍。对从事图书馆工作的兼职教师进行图书馆业务培训，在职务（称）评聘、晋升、评优评先、待遇等方面，给予图书馆管理人员与教师同等机会。创新培训机制，建立分层分级培训体系，制定培训计划，提倡利用网络资源平台开展远程培训。"① 文件鼓励各地充分利用高等院校图书馆及学术团体、行业组织专业优势，开展形式多样的中小学图书馆专（兼）职管理人员培训。加大高等学校培养中小学图书馆专门人才的力度。

目前，各级图书馆学会经常组织形式多样的培训活动，中小学图书馆人员应善于把握继续教育的机会，积极参加岗位培训、专题讲座、交流访学等活动。提升自己的专业素养。特别是对于兼职的图书馆员，更应加强学习，提高自身专业技能，培育职业精神。

（五）创新管理模式，加强社会合作

1. 政府建设、公共图书馆管理、学校社区受益模式

发展文化教育事业，提高全民族素质，建设和谐社会，是地区政府部门的职责。将政府、公共图书馆、中小学图书馆三者纳入统一管理，由公共图书馆专业人员管理学校图书馆，不占学校教师编制数，而且能实现专业化管

---

① 教育部 文化部 国家新闻出版广电总局关于加强新时期中小学图书馆建设与应用工作的意见［EB/OL］.［2024-06-17］.http://www.moe.gov.cn/srcsite/A06/jcys_jyzb/201505/t20150520_189496.html.

理；学校图书馆免费向社会开放，提高图书馆的利用效率，通过这种联动方式管理，可以达到多方受益的效果。

例如，广东省佛山市禅城区张槎中心小学图书馆，由区政府投资建成，是禅城区公共联合图书馆的五个分馆之一。这个图书馆由区政府提供日常运作经费、图书购置费用。经费的落实保证了图书馆的正常运作和逐年发展。小学没有图书馆学专业的教师，由禅城区公共联合图书馆派遣专业人员到学校图书馆实施管理，保证了图书馆的专业化管理和有效的利用。该馆建筑面积 600 平方米，主要收藏国内外出版的少儿书刊和电子出版物。藏书 10 万册，包括纸质图书 3 万册，电子图书资源 7 万册（件）。馆内设有阅览区和多功能活动区，不但服务于张槎中心小学的教育、教学、教研工作，也面向全区少年儿童免费开放，并兼顾服务于周边社区的居民。该图书馆是全国文化信息资源共享工程试验点，是禅城区少年儿童思想道德建设、科普知识普及、综合素质教育的第二课堂。张槎中心小学图书馆实现了政府投资、公共图书馆专业人员管理、兼顾学校使用及向社会开放，为中小学图书馆与公共图书馆共建共享提供了范例。

2. 企业建设、学校管理、社区受益模式

当前，已有一些中小学图书馆探索与社会合作共建的模式，实现多方受益。这种模式采用企业建设图书馆、学校管理图书馆、村（社区）利用图书馆三结合的形式办好中小学图书馆，既可以提升企业知名度，又使学校图书馆获得了社会尊重和学校的重视，而且社会居民素质的提高还净化了学校的周边环境。

杭州市萧山区第二高级中学图书馆经萧山区教育局批准命名为"三弘图书馆"，得到三弘集团的资金支持，实现了跨越式发展。该图书馆现有建筑面积达 3800 平方米，藏书 162 000 册，报纸杂志 600 种，音像资料 2000 余盘，合订报刊 13 000 册，电脑 78 台。并且该馆设有 5 个书库、五个阅览室以及一座能容纳 600 人的报告厅，另建的国学馆融古典与现代为一体，国学馆内有匾额、瓷器、明清桌椅、地契和中国近代名人蔡东藩、汤寿潜的真迹等，并收藏文渊阁本宣纸印刷的《四库全书》。图书馆内专门设立了"萧山区图书服务一体化专用书库"，藏书 20 000 余册，主要包括农业科技、实用技术、卫生保健、家庭生活、文学欣赏等社会居民喜爱的图书类别，该书库面向临浦镇的社区居民及农村居民开放。图书馆采用下设流通点，定期轮换借阅的开放模式，以每个村（社区）为一个流通点，由村（社区）派专人管理。图书馆开通远程查阅功能，在流通点就能方便查阅学校图书馆的所有书目。图书馆每次向每个流通点一次性外借 500 至 1000 册图书，每三个月更换一次。此举不仅方便了社会居民的就近借阅，也避免了因居民个人到学校借阅造成的校园管理混乱①。萧山区第二高级中学图书馆的成功实践，说明中小学图书馆与企业合作可以实现共赢，中小学图书馆向社会开放是可行的。

二、中小学图书馆新的使命

目前，我国中小学图书馆事业的发展存在着立法不全、社会重视程度不够、行业标准建立迟滞、从业人员素质有待提高、转型迟缓、地区发展不均衡等制约因素。为突破影响中小学图书馆事业发展的种种瓶颈，中小学图书馆需要明确事业使命，树立正确价值观，提升中小学图书馆事业使命感，寻求中小学图书馆事业发展的新路径。

（一）中小学图书馆职能使命

《中小学图书馆（室）规程》（教基〔2018〕5号）中规定，图书馆是中小学校的文献信息中心，是学校教育教学和教育科学研究的重要场所，是学校文化建设和课程资源建设的重要载体，是促进学生全面发展和推动教师专业成长的重要平台，是基础教育现代化的重要体现②。

作为我国图书馆事业的重要组成部分，中小学图书馆应遵循图书馆事业的服务使命，从文献、情报服务出发，筑牢信息基石，深化用户服务，利用大数据时代的"互联网＋"优势，将自身打造成为中小学师生教学科研和文化传承的实践场所。

---

① 中国图书馆学会,国家图书馆.中国图书馆事业发展报告2011［M］.北京:国家图书馆出版社,2012:175.

② 教育部关于印发《中小学图书馆（室）规程》的通知［EB/OL］.［2024-06-17］. http://www.moe.gov.cn/srcsite/A06/jcys_jyzb/201806/t20180607_338712.html.

中小学图书馆应坚持以中小学师生需求为导向，注重师生体验，积极应对社会变化，提升馆舍空间服务效率，与公共图书馆、高校图书馆开展交流，学习经验。中小学图书馆也应拓展自身的职能使命，建立健全学校文献信息和服务体系，协助教师开展教学教研活动，指导学生掌握检索与利用文献信息的知识与技能。还应积极开展阅读推广、创客空间服务，运用新媒体手段，结合大数据的发展向中小学师生提供精准化、个性化、便捷化服务，使中小学生爱上图书馆、爱上阅读，从而培养良好的阅读习惯和信息素养，使图书馆服务成为中小学生课余时间最重要的活动场所。

（二）中小学图书馆教育使命

中小学图书馆作为中小学校的文献信息中心，在实现知识存储、阅读推广的职能使命的基础上，还应更好发挥图书馆的教育功能。

随着大数据时代的来临，信息资源的政治经济意义日益凸显。作为社会主义公共文化服务体系的有机组成部分，中小学图书馆在完成贯彻党的教育方针，培育社会主义核心价值观，弘扬中华优秀传统文化，促进学生德智体美全面发展等基本任务的基础上，组织学生进行阅读活动，培养学生的阅读兴趣和阅读习惯，促进社会和谐。

中小学图书馆要从藏书、文献育人的角度出发，满足师生学习和科研的精神文化需求，明确自身的文化传播、环境熏陶、审美提升使命，推进、发扬中华优秀传统文化，推动未成年人阅读发展，使图书馆成为中小学校立德树人的重要实践场所。

（三）中小学图书馆员职业使命

美国图书馆学家戈曼（Michael German）认为，图书馆由图书馆员、馆藏、书目控制系统构成[①]。而在美国图书馆界的研究中发现，在图书馆服务中，图书馆员发挥着 75% 的作用[②]。可以说，图书馆员的职业精神、知识水平直接影响着图书馆效能的发挥。

---

① 亓建军,侯青,刘大文,等.知识经济时代的图书馆人力资源管理创新[J].实用医药杂志,2006（4）:501-503.
② 张雪松.现代图书馆管理的新理念——"馆员第一"之我见[J].医学信息,2007（1）:75-77.

　　我国中小学图书馆的馆员多为因身体原因、年龄原因等无法完成教学任务的兼职人员，具备专业图书馆学背景的专职馆员寥寥无几。这些中小学图书馆馆员没有经历过图书馆专业知识培训，普遍缺乏对图书馆工作的认同，无法将自身的定位从"图书管理员"转化为"图书馆员"。

　　中小学图书馆人员要完成职业使命，就需要在工作中不断学习，不断提升自己的管理能力、信息素养和服务意识。其工作范围不能局限于书目更新、书刊借阅、库藏整理等业务类工作，还要积极培养学生的信息素养，要成为信息的掌握者和提供者。

　　与任课教师和班主任相比，中小学图书馆人员尤其是年轻人员，更容易与中小学生保持良好亲和的关系。中小学图书馆人员要利用这一优势，积极参与图书馆教育活动，培养学生的阅读自学能力，营造良好校园文化氛围。图书馆人员要积极拓展教育形式，发挥自身亲和优势，通过活动组织、课堂授课、学生馆员培训、课下互动等方法，在这些教育活动中发挥积极作用。

　　此外，中小学图书馆人员还应提升个人学术水平，积极参与图书馆学科研活动，不断提升自身专业水平。中小学图书馆人员通过自身工作，在学生读者中树立能力出众、学识渊博的形象，改变以往工作简单、轻松随便的刻板印象，实现中小学图书馆员的职业使命。

附录1 中小学图书馆（室）规程

第一章 总则

第一条 为加强中小学图书馆（室）（以下简称图书馆）规范化、科学化、现代化建设，落实立德树人根本任务，提升服务教育教学能力，特制定本规程。

第二条 本规程适用于公办、民办全日制普通中小学校的图书馆。

第三条 图书馆是中小学校的文献信息中心，是学校教育教学和教育科学研究的重要场所，是学校文化建设和课程资源建设的重要载体，是促进学生全面发展和推动教师专业成长的重要平台，是基础教育现代化的重要体现，也是社会主义公共文化服务体系的有机组成部分。

第四条 图书馆的主要任务是：贯彻党的教育方针，培育社会主义核心价值观，弘扬中华优秀传统文化，促进学生德智体美全面发展；建立健全学校文献信息和服务体系，协助教师开展教学教研活动，指导学生掌握检索与利用文献信息的知识与技能；组织学生阅读活动，培养学生的阅读兴趣和阅读习惯。

第二章 体制与机构

第五条 县级以上教育行政部门负责行政区域内图书馆的规划和管理，指导教育技术装备机构和学校做好图书馆的建设、配备、管理、应用、培训、评估等工作。

第六条　图书馆实行校长领导下的馆长负责制，由一名校级领导分管图书馆工作。有关图书馆工作的重大事项应当听取图书馆馆长意见，最终由校长办公会决定。

第七条　学校可根据需要设立阅读指导机构，指导和协调全校阅读活动的开展。

阅读指导机构由一名校领导担任负责人，成员由学校图书馆及相关职能部门负责人、教师和学生代表组成，鼓励家长代表参加。

阅读指导机构应当定期召开会议，制定学校阅读计划，组织阅读活动的实施，反映师生意见和要求，向学校提出改进阅读活动的建议。

第三章　图书配备与馆藏文献信息建设

第八条　学校应根据发展目标，以师生需求为导向，统筹纸质资源、数字资源和其他载体资源，制定图书配备与其他馆藏文献信息建设发展规划。

第九条　图书馆藏书包括适合中小学生阅读的各类图书和报刊、供师生使用的工具书、教学参考书、教育教学理论书籍和应用型的专业书籍。民族地区中小学应当根据教育教学需要配备相应民族语言文字的文献资源。接收残疾学生随班就读的学校应当配备适合特殊学生阅读的盲文图书、大字本图书和有声读物等。

第十条　图书馆藏书量不得低于《中小学图书馆（室）藏书量》的规定标准。建立完善增新剔旧制度。图书馆每年生均新增（更新）纸质图书应当不少于一本。图书复本量应当根据实际需要合理确定。

第十一条　图书馆应当建立和完善馆藏资源采购、配备办法，定期公告资源更新目录，注重听取师生意见，建立意见反馈机制，不断提高资源质量和适宜性。定期开展清理审查，严禁盗版图书等非法出版物及不适合中小学生阅读的出版物进入图书馆。

第十二条　图书馆应当把《中小学图书馆（室）藏书分类比例表》和教育部指导编制的《全国中小学图书馆（室）推荐书目》作为中小学图书馆馆藏建设的主要参考依据，合理配置纸质书刊。

第十三条　图书馆应当重视数字资源建设，依托区域数字图书馆和信息资源中心获取数字图书和电子期刊等。

地方教育行政部门要统筹推进区域数字图书馆和文献信息资源中心建设，促进优质数字资源共建共享。

第十四条　根据需要，图书馆可参与学校的校本资源开发和建设。

第四章　图书馆与文献信息管理

第十五条　图书馆应当建立健全各项规章制度，并确保执行。

第十六条　图书馆应当建立书刊总括登录和个别登录两种账目。

第十七条　各类型文献应当按照《中国图书馆分类法》进行分类。

第十八条　图书著录应当遵循《普通图书著录规则》；期刊著录应当遵循《连续出版物著录规则》，计算机编目应当遵循《中文图书机读目录格式》。图书馆应当有明确的馆藏图书排架体系。

第十九条　图书馆应当对采集的文献信息进行科学分类编目，建立完善的书目检索系统，实现书名、著者、分类等多种途径的检索。

第二十条　图书馆应当以全开架借阅为主。以学校图书馆为中心，在确保安全的前提下，充分利用走廊、教室等空间，创新书刊借阅方式，优化借阅管理，创建泛在阅读环境。

第二十一条　图书馆应当纳入学校信息化建设整体规划，实行信息化、网络化管理。

第二十二条　图书馆应当建设文献信息管理和服务系统，建立数据长期保存机制，妥善保护师生个人信息、借阅信息及其他隐私信息，不得出售或以其他方式非法向他人提供，保障信息安全。

第二十三条　图书馆应当依据档案管理规范，制定科学管理流程，妥善保存档案资料。

第二十四条　图书馆应当建立完善的资产账目和管理制度。

第二十五条　图书馆应当如实填报各类统计数据，做好统计数据的分析和保存。

第五章　应用与服务

第二十六条　教学期间，图书馆每周开放时间原则上不少于 40 小时。鼓励课余时间、法定节假日和寒暑假期间对师生有效开放。

第二十七条　图书馆应当做好阅览、外借、宣传推荐服务工作；开设新生入馆教育、文献信息检索与利用、阅读指导课等，鼓励纳入教学计划；为教育教学和科研活动提供有效的文献信息支撑；创新各类资源使用方式，积极创建书香校园，组织形式多样的阅读活动，促进全民阅读工作；鼓励开展图书借阅数据分析，有针对性地改进学生阅读。

第二十八条　图书馆应当加强馆际交流，推动校际阅读活动、校本资源和特色资源的合作与共享。

第二十九条　图书馆应当积极与本地公共图书馆，特别是少年儿童图书馆、高等学校图书馆开展馆际合作，实现资源共享。

各地教育行政部门要重视和加强乡镇中心学校图书馆建设，辐射周边小规模学校。在确保校园安全的前提下，有条件的学校可以探索向家长、社区有序开放。

第三十条　鼓励有条件的图书馆开展纸质图书和数字图书资源的一体化编目和服务。

第六章　条件与保障

第三十一条　图书馆馆舍建设应当纳入学校建设总体规划。有条件的中小学校设立独立的图书馆舍。图书馆应当有采编、藏书、阅览、教学、读者活动等场所。

图书馆应当重视馆内环境的绿化美化，具备良好的通风、换气、采光、照明、防火、防潮、防虫、保洁、安全等条件。接收残疾生源的学校图书馆应当设置无障碍设施及相关标识。

第三十二条　图书馆应当配备书架、阅览桌椅、借阅台、报刊架、书柜、计算机等必要的设施设备，并有计划地配置文件柜、陈列柜、办公桌椅、借还机、打印机、扫描仪、电子阅读设备、复印设备、文献保护设施设备、装订、安全监测等相关设备。设施、设备应当符合学生年龄使用需要。

第三十三条 图书馆应当设专职管理人员并保持稳定性。图书馆管理人员编制在本校教职工编制总数内合理确定。

图书馆管理人员应当具备基本的图书馆专业知识与专业技能。中学图书馆管理人员应当具备大学本科以上文化程度，小学图书馆管理人员应当具备大学专科以上文化程度。

第三十四条 图书馆专业人员实行专业技术职务聘任制。图书馆管理人员专业技术职务聘任参照国家有关规定执行，有条件的地区和学校，可设立中小学图书馆图书资料系列专业技术岗位。图书馆管理人员在调资晋级或评奖时，与学科教师同等对待，并按国家相关规定享受相应的福利待遇。

第三十五条 图书馆管理人员应当定期参加教育行政部门或专业学术团体组织的专业培训，并纳入继续教育学分管理。支持图书馆管理人员参加专业学术团体。

第三十六条 各地教育行政部门和学校应当保障图书馆建设、配备、管理、应用、培训等所需经费，在经费预算和资金保障方面应当向农村学校和薄弱学校倾斜。

图书馆应当积极配合企事业单位、社会团体和公民个人以各种方式支持、参与图书馆建设，依法组织捐赠，确保质量。

第三十七条 地方各级教育行政部门应当建立健全出版物采购廉政风险防控机制，定期组织开展中小学图书馆藏书质量和管理服务的督导评估，推动提高馆藏文献信息质量和服务效能。图书馆建设与管理工作纳入学校和校长考核体系。

第七章 附则

第三十八条 特殊教育学校图书馆参照本规程执行。

第三十九条 本规程自 2018 年 6 月 1 日起施行，2003 年 5 月 1 日发布的《中小学图书馆（室）规程》同时废止。

附录 2　国际图联—联合国教科文组织学校图书馆宣言（1999）

[www.IFLA.org/publications/IFLAUNESCO-school-library-anifesto-1999]

中文版翻译者：张靖，中山大学资讯管理学院

学校图书馆为所有人的教与学而服务

学校图书馆为学校社群成员提供信息和思想，它们是人们在当今信息和知识社会中成功生活的基础。学校图书馆旨在培育学生终身学习的技能、开发他们的想象力、使得他们能够成为具有责任感的公民。

学校图书馆的使命

学校图书馆向学校社群成员提供用于学习的服务、书籍和资源，使得学校社群所有成员都能成为批判性思考者以及各种类型信息的有效利用者。根据联合国教科文组织《公共图书馆宣言》中所阐明的原则，学校图书馆与更多的图书馆和信息合作网络相连接。

图书馆工作人员致力于书籍及其他信息资源的现场和远程使用，从小说到纪录片、从印刷载体到电子载体。这些资料完善并丰富教材、教学资料和教学方法。

事实证明，当图书馆员和教师共同工作时，学生们能够习得更高水平的基本素养、阅读、学习、问题解决、信息和通信技术（ICT）等素养。

学校图书馆必须为学校社群所有成员公平提供服务，不论他们的年龄、种族、性别、宗教、国别、语言、专业和社会地位。学校图书馆必须为那些

不能使用图书馆主流服务和资料的用户提供特殊服务和资源。服务和馆藏的获取应以联合国《世界人权宣言》所维护的自由为基础，不应屈从于任何意识形态的、政治的或宗教的审查，或是商业压力。

资金提供立法与合作网络

对于所有与基本素养、教育、信息提供，以及经济、社会和文化发展有关的长期战略而言，学校图书馆都是至关重要的。地方、区域以及国家当局应当使学校图书馆得到专门的立法和政策支持。学校图书馆必须持续拥有充足的资金，以用于人员培训、资料、技术和设施的支出。学校图书馆必须免费开放。

学校图书馆是地方、区域和国家图书馆以及信息合作网络中必不可少的伙伴。

当其他类型的图书馆（如公共图书馆）与学校图书馆共享设施和资源时，必须承认和维护学校图书馆的特定目标。

学校图书馆的目标

学校图书馆是教育体系中不可或缺的一部分。

以下是学校图书馆服务的核心内容，它们对于服务对象的基本素养、信息素养、教学、学习和文化等方向的发展至关重要：

- 支持和推动学校的教育目标和课程的教学目标；
- 发展和维持儿童的阅读和学习习惯和兴趣，以及他们一生对于图书馆的使用；
- 提供（以知识、理解、想象和欣赏为目标而创造和使用信息的）体验机会；
- 支持所有学生学习和练习评估、使用各种信息的技能，包括对社区内沟通模式的敏感性；
- 为地方、区域、国家和全球提供资源，为学习者提供接触不同思想、经验和意见的机会；
- 组织能增进文化、社会意识及敏感度的活动；

● 与学生、教师、行政管理者和家长合作以完成学校的使命；

● 强调知识自由和信息获取对于有效行使公民权及积极的民主参与至关重要之理念；

● 向整个学校社群及其他社群推广阅读以及学校图书馆的资源和服务。

学校图书馆通过制定政策和服务、选择和获取资源、提供对适当信息来源的身体和智力访问、提供教学设施以及雇用训练有素的工作人员来履行这些职能。

工作人员

学校图书馆馆员具备专业资质，在工作人员数量充足的前提下，通过与学校社群的所有成员协作，并与公共图书馆等机构保持联系，负责学校图书馆的规划和管理。

在国家法律和财政允许的条件下，学校图书馆馆员的职责应因学校预算、课程和教学方法的不同而各异。在特定情境下，如果学校图书馆馆员要提升学校图书馆服务质量，就要充实关于资源、图书馆、信息管理和教学等方面的知识。

在网络环境逐渐普及的背景下，学校图书馆员必须具备面向师生传授信息处理技能的能力。因此他们必须持续地接受专业性训练来不断提升专业技能。

运营和管理

为了确保有效而可靠的运营：

● 必须制定学校图书馆服务相关政策，以界定与学校课程有关的目标、优先事项和服务；

● 学校图书馆的组织和维护必须符合专业标准；

● 服务必须向学校社区的所有成员开放，并在当地社区范围内运营；

● 必须鼓励图书馆馆员与教师、学校管理高层、行政管理者、家长、其他图书馆员和信息专业人员，以及社群组织等开展合作。

宣言的实施

敦促政府通过其教育职能部门制定战略、政策和计划以落实本宣言中各项原则的实施。计划应包括在图书馆馆员和教师的历次培训活动中宣传本宣言。

参考文献

［1］陈玉婷，束漫.我国香港智障儿童学校图书馆服务［J］.图书馆论坛，2018（3）：11-15，29.

［2］陈源蒸，张树华，毕世栋.中国图书馆百年纪事（1840—2000）［M］.北京：北京图书馆出版社，2004.

［3］曹磊.日本中小学图书馆发展因素探析［J］.国家图书馆学刊，2015（3）：65-71.

［4］崔春.美国《图书馆服务与技术法》2010年修订版解读［J］.图书馆杂志，2013（7）：75-78.

［5］柴会明.美国学校图书馆服务标准化进程述评［J］.中国图书馆学报，2015（1）：112-122.

［6］陈娟.日本图书馆行业协会的发展、特点及对我国的启示［J］.图书情报工作，2017（4）：40-47.

［7］晁明娣.美国图书馆协会年度报告解读与思考［J］.图书馆工作与研究，2017（4）：17-22.

［8］段明莲.韩国最新图书馆法研究［J］.大学图书馆学报，2014（3）：35-38.

［9］范并思，吕梅，胡海荣.公共图书馆未成年人服务［M］.北京：北京师范大学出版社，2015.

［10］傅文奇，吴小翠.图书馆电子书版权授权模式研究［J］.中国图书馆学报，2017（3）：104-118.

［11］勾学海.中日儿童图书馆相关组织比较研究［J］.图书馆建设，

2014（1）：86-90.

［12］霍瑞娟.国家文化治理环境下中国图书馆学会发展研究［M］.北京：社会科学文献出版社，2018.

［13］何兰满，王鸿飞.日本学校图书馆法律体系研究［J］.图书馆建设，2016（3）：85-90.

［14］黄宗忠.图书馆学导论［M］.武汉：武汉大学出版社，1988：1.

［15］吉士云，芮国金.我国中小学图书馆事业历史发展现状［J］.中小学图书情报世界，2004（3）：3-11.

［16］柯平.我们需要什么样的图书馆馆长［J］.国家图书馆学刊，2011（1）：6-10.

［17］柯平.社会公共服务体系中图书馆的发展趋势、定位与服务研究［M］.北京：国家图书馆出版社，2011.

［18］柯平.图书馆组织文化:CIS、形象设计与文化建设［M］.北京：国家图书馆出版社，2017.

［19］李彭元.《图书馆规程》和《通俗图书馆规程》的公共图书馆思想研究［J］.图书馆理论与实践，2013（1）：78-80，85.

［20］历力，柯平.图书馆学概论［M］.乌鲁木齐：新疆美术出版社，2015.

［21］刘菡，杨乃一，李思雨，等.未成年人阅读、学习与赋能国际研讨会综述［J］.图书馆建设，2019（3）：65-73.

［22］刘兹恒，武娇.公共图书馆未成年人服务的指导文件——学习《中国儿童发展纲要（2011—2020年）》［J］.图书与情报，2012（1）：1-3.

［23］刘小琴.我国少年儿童图书馆事业发展概况［J］.图书馆工作与研究，2001（6）：69-71.

［24］刘翠青.澳大利亚中小学图书馆标准演进及启示［J］.图书情报工作，2018（24）：134-141.

［25］林崇德.中国学生发展核心素养:深入回答"立什么德、树什么人"［J］.人民教育，2016（19）：14-16.

［26］雷淑霞.西部地区中小学图书馆现代化建设路向［J］.中国图书馆

学报，2005（2）：95-97.

［27］赖嘉梅，曾海燕 . 我国少年儿童图书馆建设的回顾与前瞻［J］. 中国图书馆学报，2000（2）：72-75，83.

［28］梁文莉，张雅琪，盛小平 . 我国图书馆法律制度体系现状、作用与问题分析［J］. 图书情报工作，2014（10）：55-61.

［29］卢海燕，田贺龙 . 国外图书馆法律选编［M］. 北京：知识产权出版社，2014.

［30］儒言剑文 . 抓住机遇　促进发展——全国首届中小学图书馆计算机管理研讨会综述［J］. 中小学图书情报世界，1997（1）：3-4.

［31］饶书林 . 我国中小学创客空间的现状调查与建构策略［D］. 武汉：华中师范大学，2018.

［32］施建国 . 中小学图书馆管理［M］. 杭州：浙江文艺出版社，2008.

［33］沈丽云 . 日本图书馆概论［M］. 上海：上海科学技术文献出版社，2010：163-165.

［34］盛小平，张旭 . 美国图书馆法律制度体系及其作用分析［J］. 图书情报工作，2014（10）：35-41.

［35］图书馆·情报与文献学名词审定委员会 . 图书馆·情报与文献学名词［M］. 北京：科学出版社，2017：72.

［36］谈维新 .（日本）学校图书馆法［J］. 广东图书馆学刊，1987（1）：95-96.

［37］覃凤兰 . 中小学图书馆（室）研究综述［J］. 图书馆理论与实践，2017（8）：68-72.

［38］陶蕾 . 图书馆创客空间建设研究［J］. 图书情报工作，2013（14）：72-76，113.

［39］陶蕾 . 创客空间——创客运动下的图书馆新模式探索及规划研究［J］. 现代情报，2014（2）：52-57.

［40］王绍平，陈兆山，陈钟鸣，等 . 图书情报词典［M］. 上海：汉语大词典出版社，1990.

［41］吴慰慈，董焱 . 图书馆学概论［M］.4 版 . 北京：国家图书馆出版社，

2019.

［42］吴梦 . 我国中小学图书馆阅读指导课发展路径探析［J］. 新世纪图书馆，2018（9）：33-37.

［43］吴惠茹 . 大陆与台湾地区中小学图书馆建设标准比较分析与思考［J］. 图书情报工作，2015（20）：54-59.

［44］吴觉妮，王冬梅 . 中美图书馆创客空间研究对比分析［J］. 图书馆工作与研究，2015（10）：110-112.

［45］汪东波 . 公共图书馆概论［M］. 北京：国家图书馆出版社，2012.

［46］王冬桦 . 教育环境与环境教育——世纪世界基础教育热点展望［J］. 外国中小学教育，1999（6）：33-36.

［47］王京山，王锦贵 . 中小学图书馆员教育培训问题研究［J］. 中国图书馆学报，2001（5）：18-20.

［48］翁晖 . 走特色之路，育创新之花——对中小学数字图书馆建立特色数据库的若干思考［J］. 图书情报工作，2012（S1）：161-163，191.

［49］邢素丽，廖虹 . 中小学图书馆：让工具更有价值［J］. 中小学管理，2013（8）：47-48.

［50］谢敏 . 芬兰的学校图书馆［J］. 中小学图书情报世界，2000（1）：27-28.

［51］谢灼华 . 论 20 世纪前半叶的中国图书馆［J］. 大学图书馆学报，1999（6）：22-28.

［52］徐英杰 . 澳大利亚图书馆管理的理论与实践［D］. 上海：华东师范大学，2016.

［53］徐斌 . 国际图联《中小学图书馆宣言（1999）》解析［J］. 中国图书馆学报，2001（5）：91-93.

［54］于良芝 . 图书馆学导论［M］. 北京：科学出版社，2003.

［55］于良芝 . 图书馆情报学概论［M］. 北京：国家图书馆出版社，2016.

［56］杨乃一，高俊宽 . 海峡两岸中小学图书馆建设标准研究［J］. 新世纪图书馆，2016（8）：13-16.

［57］杨文建，李秦 . 现代图书馆空间设计的原则、理论与趋势［J］. 国

家图书馆学刊，2015（5）：91-98.

［58］于斌斌.国外中小学图书馆对学生学业表现的影响研究综述［J］. 中国图书馆学报，2013（5）：98-108.

［59］叶和浓.中小学数字图书馆建设的探索［J］.图书情报工作，2011 （S2）：49-50.

［60］于斌斌，杨利清.中学图书馆利用对中学生学业表现的影响研究——以苏州市 A 中学为案例［J］.图书情报工作，2013（12）：60-66.

［61］游萍，赵锡奎，钟璞.我国西部中小学校图书馆资源配置探析——基于东西部的对比［J］.图书情报工作，2012（21）：83-87.

［62］中国图书馆学会，国家图书馆.中国图书馆事业发展报告 2011 ［M］.北京：国家图书馆出版社，2012：1.

［63］朱永新，许庆豫.论基础教育均衡发展［J］.中国教育学刊，2002 （6）：1-4.

［64］张靖，林琳，张盈.IFLA 国际标准的中国适用性调查——以《学校图书馆指南》为例［J］.图书情报知识，2017（1）：29-39.

［65］张树华，董焱.中小学图书馆工作概论［M］.北京：海洋出版社，1993.

［66］张丽.推动美国中小学图书馆发展的两部教育法［J］.国家图书馆学刊，2010（3）：89-94.

［67］张丽.英国学校图书馆服务研究——以诺丁汉郡的教育机构图书馆服务为例［J］.图书馆理论与实践，2017（9）：88-93.

［68］张文彦，姚婧雅.图书馆未成年人服务的教育学理论基础研究［J］. 上海高校图书情报工作研究，2018（4）：55-60.

［69］张文彦，王丽.发达国家图书馆未成年人服务研究综述［J］.图书情报工作，2014（12）：136-143，89.

［70］张文彦.2003 与 2018 年版《中小学图书馆（室）规程》比较研究 ［J］.国家图书馆学刊，2019（1）：37-45.

［71］沃斯，德莱顿.学习的革命——通向 21 世纪的个人护照［M］.修订版.上海：上海三联书店，1998.

［72］钟伟.试论日本学校图书馆专业职务制度对我国中小学图书馆发展的启示［J］.图书馆工作与研究，2012（9）：117-121.

［73］赵力沙.法律为图书馆注入活力——美国图书馆立法成就与图书馆价值［J］.图书馆建设，2006（5）：19-21.

［74］周旖，于沛.公共图书馆的基本立场与社会角色——对《公共图书馆宣言》1949年版、1972年版和1994年版的分析［J］.图书馆论坛，2014（5）：1-7.

［75］詹玮，周媛，刘志军.中小学图书馆员职业倦怠的影响因素分析［J］.图书情报工作，2012（19）：69-73，94.

［76］DUTTON E A, YOUN K J. School library advocacy literature in the United States: an exploratory content analysis［J］. Library & information science research，2015:236-243.

［77］ANDERSON J, MATTHEWS P.A Malawian school library: culture, literacy and reader development［J］.Aslib proceedings，2010：570-584.

［78］CHU W . Library exposure from the prior years: an examination of public high school library websites［J］. Journal of academic librarianship，2013，39（5）:392-400.

［79］CHIU, DICKSON K W, LO, PATRICK, et al.Effective School Librarianship［M］.Apple Academic Press，2018.

［80］FERRAREZI L, ROMAO L M S. The meaning of school Library in the information science discourse［J］. Informao & sociedade-estudos，2008，18（3）：29-44.

［81］HANSON-BALDAUF D, HASSELL S H. The information and communication technology competencies of students enrolled in school library media certification programs［J］. Library & information science research，2009，31（1）:3-11.

［82］HUGHES H, BLAND D, WILLIS J, et al. A happy compromise: collaborative a proaches to school library designing［J］. Australian library journal，2015，64（4）:321-334.

[83] HIRSH S G.Children's relevance criteria and information seeking on electronic resources [J] .Journal of the American society for information science, 1999:1265-1283.

[84] JORON P, KRISTIN S, TONE C C. Teacher and librarian partnerships in literacy education in the 21st century [M] .Rotterdam:SensePublishers, 2017.

[85] KLEIJNEN E, HUYSMANS F, LIGTVOET R, et al. Effect of a school library on the reading attitude and reading behaviour in Non-Western migrant students [J] . Journal of librarianship & information science, 2015, 49 (3): 269-286.

[86] GAVIGAN K, PRIBESH S, DICKINSON G. Fixed or flexible schedule? Schedule impacts and school library circulation [J] . Library & information science research, 2010, 32 (2) :131-137.

[87] KURTTILA-MATERO E, HUOTARI M L, KORTELAINEN T. Conceptions of teaching and learning in the context of a school library project: preliminary findings of a follow-up study [J] . Libri, 2010, 60 (3): 203-211.

[88] Farmer L S J, SAFER A M.Trends in school library programs 2007-2012: analysis of AASL's school libraries count! Data sets [J] . Journal of librarianship and information science, 2019, 51 (2) :497-510.

[89] Ministry of Education and National Library of New Zealand. The school library and learning in the information landscape—guidelines for New Zealand Schools [M] . Wellington: Learning Media Limited, 2002:22-23.

[90] MEYERS E M . From Activity to Learning: Using Cultural Historical Activity Theory to Model School Library Programmes and Practices [J/OL] . Information research, 2007, 12 (3) . [2020-07-13] . https://eric.ed.gov/contentdelivery/servlet/ERICServlet?accno=EJ1104707.

[91] THOMAS N P, Crow S R, FRANKLIN L.Information literacy and information skills instruction: applying research to practice in the 21st century school library [M] . Westport:Libraries Unlimited, 2011.

[92] PAPERT S, HAREL L.Constructionism: research reports and essays,

1985——1990〔M〕.Norwood, NJ:AblexPublishing Corporation, 1991.

〔93〕PRIBESH S, GAVIGAN K, DICKINSON G. The access gap: poverty and characteristics of school library media centers〔J〕. Library quarterly, 2011, 81（2）:143-160.

〔94〕SCHULTZ-JONES B, OBERG D. Global action on school library guidelines〔M〕.New York:De Gruyter Saur, 2011.

〔95〕SAITO, J .Structure of staff Awareness and challenges in the resource selection in school libraries: interview survey of school library staff in public junior high schools〔J〕.Library and information science, 2019（82）:1-22.

〔96〕SOPER M E, et al. The librarian's thesaurus:a concise guide to library and information terms〔M〕.Chicago:American Library Association, 1990.

〔97〕WALKER J, BATES J. Developments in LGBTQ provision in secondary school library services since the abolition of section 28〔J〕. Journal of librarianship & information science, 2016, 48（3）:269-283.

〔98〕ROLF E, CAROLYN M. Designing a school library media center for the future〔M〕.Chicago:Amer Library Assn, 2009.

〔99〕ZHANG J, LIN L, MADDEN A D, et al. On the applicability of IFLA standards in different local contexts: the case of IFLA school library guidelines in china〔J〕. The library quarterly, 2019, 89（3）:232-253.